# 2022年
## 国家统一法律职业资格考试

# 客观题
# 民事诉讼法题库

杨洋◎编著

愿为你们的诉讼法复习
"加诉度"
杨洋

中国政法大学出版社

2022·北京

**图书在版编目（ＣＩＰ）数据**

2022 年国家统一法律职业资格考试客观题民事诉讼法题库/杨洋编著. —北京：中国政法大学出版社，2022.1
ISBN 978-7-5764-0250-6

Ⅰ.①2… Ⅱ.①杨… Ⅲ.①民事诉讼法－中国－资格考试－自学参考资料 Ⅳ.①D925.1

中国版本图书馆CIP 数据核字(2022)第 007545 号

-------------------------------------------------------------------------------------------------------------------------------------

| | |
|---|---|
| 出 版 者 | 中国政法大学出版社 |
| 地　　址 | 北京市海淀区西土城路 25 号 |
| 邮寄地址 | 北京 100088 信箱 8034 分箱　邮编 100088 |
| 网　　址 | http://www.cuplpress.com（网络实名：中国政法大学出版社） |
| 电　　话 | 010-58908285(总编室) 58908433（编辑部）58908334(邮购部) |
| 承　　印 | 北京鑫海金澳胶印有限公司 |
| 开　　本 | 787mm×1092mm　1/16 |
| 印　　张 | 11.25 |
| 字　　数 | 270 千字 |
| 版　　次 | 2022 年 1 月第 1 版 |
| 印　　次 | 2022 年 1 月第 1 次印刷 |
| 定　　价 | 45.00 元 |

# 目　录

# 专题一　民事诉讼及民事诉讼法

1. 关于民事诉讼法的性质，下列哪一说法是正确的？（2011 – 3 – 35，单）

A. 根据其调整的社会关系，民事诉讼法是程序法

B. 根据其在法律体系中的地位，民事诉讼法是程序法

C. 根据其规定的内容，民事诉讼法是程序法

D. 根据公法与私法的划分标准，民事诉讼法是程序法

【解析】本题考查民事诉讼法的性质。依据不同的分类标准，民事诉讼法具有不同的性质。

（1）从民事诉讼法调整的社会关系看，它是部门法。因为它调整的是平等主体之间的人身和财产权益关系，此一关系属于社会关系中具有自身独立特点的一类社会关系，由此决定民事诉讼法能够成为一个独立的法律部门。因此 A 项错误。

（2）就民事诉讼法在我国社会主义法律体系的地位而言，它属于基本法，其效力仅低于根本法宪法，因此 B 项错误。

（3）从民事诉讼法的内容看，它是程序法。民法为实体法，其本身规范权利和义务的分配，而民事诉讼法则多为关于审判和执行的程序规范。因此 C 项正确。

（4）依据公法与私法的划分，民事诉讼法是公法。因为诉讼法涉及国家的司法主权，民事诉讼法律关系的主体中不仅包含代表国家行使司法权的人民法院，民事诉讼法中亦同时包含了大量关于诉讼参与人应当服从国家审判权行使与落实的规范内容。因此，D 项错误。

本题答案为 C。

# 专题二　民事诉讼法的基本原则与基本制度

## 一、基本原则

1. 当事人可对某些诉讼事项进行约定，法院应尊重合法有效的约定。关于当事人的约定及其效力，下列哪些表述是错误的？（2014-3-79，多）

A. 当事人约定"合同是否履行无法证明时，应以甲方主张的事实为准"，法院应根据该约定分配证明责任

B. 当事人在诉讼和解中约定"原告撤诉后不得以相同的事由再次提起诉讼"，法院根据该约定不能再受理原告的起诉

C. 当事人约定"如果起诉，只能适用普通程序"，法院根据该约定不能适用简易程序审理

D. 当事人约定"双方必须亲自参加开庭审理，不得无故缺席"，如果被告委托了代理人参加开庭，自己不参加开庭，法院应根据该约定在对被告两次传唤后对其拘传

【解析】本题实际是对处分原则的变相考查，当事人对哪些事项可以约定，即意味着哪些事项可以处分。

证明责任的分配由法律法规或司法解释作出规定，没有规定的，法院可根据公平原则进行分配。A项中的"合同是否履行无法证明时"的证明责任分配，根据"谁主张，谁举证"的原则规定，应由负有履行义务的当事人承担举证责任。即证明责任的分配具有法定性，该事项当事人不能进行约定，故A项法院根据约定分配证明责任的做法是错误的。

根据《民事诉讼法解释》第214条规定，原告撤诉或者人民法院按撤诉处理后，原告以同一诉讼请求再次起诉的，人民法院应予受理。故B项中当事人的约定无效，如果再次起诉的，只要符合受理条件，法院应该受理。

根据《民事诉讼法》第136条规定，人民法院对受理的案件，分别情形，予以处理：（1）当事人没有争议，符合督促程序规定条件的，可以转入督促程序；（2）开庭前可以调解的，采取调解方式及时解决纠纷；（3）根据案件情况，确定适用简易程序或者普通程序；（4）需要开庭审理的，通过要求当事人交换证据等方式，明确争议焦点。适用何种程序由法院依职权处理。依据《民事诉讼法》规定，当事人可以约定适用简易程序，而不能约定适用普通程序。故C项错误。

拘传的对象具有特定性，根据《民事诉讼法》第112条规定，拘传的对象一般是必须到庭的被告。必须到庭的被告经两次传票传唤，无正当理由拒不到庭的，人民法院可以拘传。故对于是否采取拘传措施，当事人是不能约定的，D项错误。不仅如此，我们知道，代理人是当事人的代言人，因此在一般的民事案件中（离婚案件除外）代理人出庭的，当事人本人可以不出庭。本题答案为A、B、C、D。

2. 执法为民是社会主义法治的本质要求，据此，法院和法官应在民事审判中遵守诉讼程序，履行释明义务。下列哪一审判行为符合执法为民的要求？（2013－3－36，单）

A. 在李某诉赵某的欠款纠纷中，法官向赵某释明诉讼时效，建议赵某提出诉讼时效抗辩

B. 在张某追索赡养费的案件中，法官依职权作出先予执行裁定

C. 在杜某诉阎某的离婚案件中，法官向当事人释明可以同时提出离婚损害赔偿

D. 在罗某诉华兴公司房屋买卖合同纠纷中，法官主动走访现场，进行勘察，并据此支持了罗某的请求

【解析】根据《诉讼时效规定》第2条的规定，当事人未提出诉讼时效抗辩，人民法院不应对诉讼时效问题进行释明，A项错误。

根据《民事诉讼法》第109条规定，人民法院对下列案件，根据当事人的申请，可以裁定先予执行：（1）追索赡养费、扶养费、抚养费、抚恤金、医疗费用的；（2）追索劳动报酬的；（3）因情况紧急需要先予执行的。先予执行的裁定只能根据当事人的申请作出，B项错误。

法官主动走访现场，进行勘察实际上考查的是法院依职权调查收集证据的情形。我们知道，为保持审判的中立性，法官一般不会主动调查收集证据，调查收集证据的启动一般依据当事人的申请。根据《民事诉讼法解释》第96条规定，只有下列情况，法院会依职权收集证据：（1）涉及可能损害国家利益、社会公共利益的；（2）涉及身份关系的；（3）涉及公益诉讼的；（4）当事人有恶意串通损害他人合法权益可能的；（5）涉及依职权追加当事人、中止诉讼、终结诉讼、回避等程序性事项的。而D项情况不符合上述规定情形，因此法官不得主动走访现场，进行勘察，D项错误。

C项没有禁止性规定。为保证救济的全面性，法官可以告知当事人可以提出损害赔偿请求，但法官告知后当事人是否提出该请求，由当事人自主决定。当事人不提出的，法官不得进行裁判，即不告不理。本题答案为C。

3. 关于法院依职权调查事项的范围，下列哪些选项是正确的？（2012－3－83，多）

A. 本院是否享有对起诉至本院案件的管辖权

B. 委托诉讼代理人的代理权限范围

C. 当事人是否具有诉讼权利能力

D. 合议庭成员是否存在回避的法定事由

【解析】在民事诉讼的考题中，对于法院依职权调查的事项，考生只要记住做题规律即可。如果一个事项与法院的审判有关，那么就可以依职权，如果一个事项与当事人的私权利有关，那么就可以依申请启动。

A项，法院对案件具有管辖权，属于法院受理起诉的条件之一，是法院行使审判权的前提，因而属于法院依职权调查的事项。

B项，民事诉讼权利能力是指能够成为民事诉讼当事人，享有诉讼权利，承担诉讼义务的资格。当事人是否具有诉讼权利能力，关系到当事人能否成为民事诉讼适格当事人，因而属于法院依职权调查的事项范围。

C项，诉讼代理人的代理权和代理权限，影响到代理人在诉讼过程中的行为效力，因关乎审判而属于法院依职权调查的事项范围。

D项，合议庭成员是否存在回避的法定事由直接关系到法院作出的裁判是否违反法定程序，因此回避的事由是否存在也属于法院依职权调查的事项范围。本题答案为A、B、C、D。

4. 社会主义法治的价值追求是公平正义，因此必须坚持法律面前人人平等原则。下列哪一民事诉讼基本原则最能体现法律面前人人平等原则的内涵？（2014－3－35，单）

A. 检察监督原则
B. 诚实信用原则
C. 当事人诉讼权利平等原则
D. 同等原则和对等原则

【解析】依据《民事诉讼法》第14条规定，人民检察院有权对民事诉讼实行法律监督。这是检察监督原则的规定。《民事诉讼法》第13条第1款规定了诚信原则，是指当事人或其他诉讼参与人在民事诉讼中行使诉讼权利或履行诉讼义务，以及法官在民事诉讼中行使国家审判权进行审判时，应当公正、诚实、守信。诚信原则与诉讼公正价值一脉相承，是诉讼公正这一基本价值目标的具体化。故B项错误。

我国《民事诉讼法》第8条规定：民事诉讼当事人有平等的诉讼权利。人民法院审理民事案件，应当保障和便利当事人行使诉讼权利，对当事人在适用法律上一律平等。当事人平等原则，包含以下几方面的内容：（1）双方当事人的诉讼地位平等。诉讼地位平等，也就是诉讼权利和义务平等。（2）人民法院平等地保障双方当事人行使诉讼权利。（3）对当事人在适用法律上一律平等。对一切诉讼当事人，不分民族、种族、性别、职业、社会出身、宗教信仰、受教育的程度、财产状况、居住期限，在适用法律上一律平等。任何公民，都应毫无例外地遵守法律，享受法律规定的权利，履行法律规定的义务。当事人诉讼权利平等原则体现了法律面前人人平等的内涵，故C项正确。

《民事诉讼法》第5条规定了同等原则和对等原则，这一原则，是维护国家主权的需要，也是保护我国公民、法人和其他组织合法权益的需要。但并不是完全体现法律面前人人平等，尤其是对等原则，有可能会导致对参诉人有不同的权利限制。故D项说法错误。本题答案为C。

5. 依法治国要求树立法律权威，依法办事，因此在民事纠纷解决的过程中，各方主体都须遵守法律的规定。下列哪一行为违背了相关法律？（2014－3－36，单）

A. 法院主动对确有错误的生效调解书启动再审
B. 派出所民警对民事纠纷进行调解
C. 法院为下落不明的被告指定代理人参加调解
D. 人民调解委员会主动调解当事人之间的民间纠纷

【解析】根据《民事诉讼法》第205条规定，各级人民法院院长对本院已经发生法律效力的判决、裁定、调解书，发现确有错误，认为需要再审的，应当提交审判委员会讨论决定。最高人民法院对地方各级人民法院已经发生法律效力的判决、裁定、调解书，上级人民法院对下级人民法院已经发生法律效力的判决、裁定、调解书，发现确有错误的，有权提审或者指令下级人民法院再审（司法解释删除了指令下级人民法院再审的方式）。故 A 项说法符合法律规定，不当选。

派出所民警在当事人自愿和合法的情况下，也可以对民事纠纷进行调解，故 B 说法正确，不当选。

被告下落不明的，人民法院可以公告传唤其应诉。公告期满后被告仍不应诉的，可以缺席判决。故这并不属于指定代理人的情形，故 C 项中法院做法错误，当选。

根据《人民调解法》第 17 条规定，当事人可以向人民调解委员会申请调解。人民调解委员会也可以主动调解，当事人一方明确拒绝调解的，不得调解。故 D 项说法正确。本题答案为 C。

6. 根据《民事诉讼法》规定的诚信原则的基本精神，下列哪一选项符合诚信原则？（2014－3－37，单）
　　A. 当事人以欺骗的方法形成不正当诉讼状态
　　B. 证人故意提供虚假证言
　　C. 法院根据案件审理情况对当事人提供的证据不予采信
　　D. 法院对当事人提出的证据任意进行取舍或否定

大咖点拨区

扫码听课

【解析】《民事诉讼法》第 13 条第 1 款规定了诚信原则，是指当事人或其他诉讼参与人在民事诉讼中行使诉讼权利或履行诉讼义务，以及法官在民事诉讼中行使国家审判权进行审判行为时，应当公正、诚实、守信。

（1）诚信原则在民事诉讼中，主要表现在当事人的诉讼行为上。

①当事人的真实陈述义务，要求当事人在诉讼中陈述案件事实时应当符合真实案情，不得虚构事实。

②促进诉讼义务，要求当事人在诉讼中不得实施迟延或拖延诉讼行为或干扰诉讼的进行。应协助法院有效率地进行诉讼，完成审判。

③禁止以欺骗方法形成不正当诉讼状态，要求当事人不得以欺骗方法形成不正当的诉讼状态，从而获得不当法益。故 A 项说法错误，不符合诚信原则。

④禁反言，是指一方当事人在诉讼外或诉讼中的言行已使对方当事人产生某种合理的期待，当对方按照此期待行动时，一方当事人却作出与此前自己的言行相反或相矛盾的言行。禁反言论就是对于侵害了对方当事人利益的这种言行，可依据诚信原则对其法律效果予以否定。

⑤禁止滥用诉讼权利，要求当事人不得恶意或无根据地行使诉讼权利，防止当事人以此获得不当法益。

（2）诚信原则对其他诉讼参与人和法官在诉讼中的行为，也有约束。一方面，它要求其他诉讼参与人也应当本着诚实和善意的心态来实施诉讼行为。例如，证人不得故意提供虚假的证言；鉴定人不得故意出具与事实不符的鉴定意见；翻译人员不得故意作与诉讼主体的意思不符的翻译；诉讼代理人不得滥用代理权或超越代理权等等。故 B 项说法错误。另一方面，法官在行使民事审判权的过程中也应当公正、合理。具体来说：法官在运用自由裁量权认定实体问题和程序问题时，应当本着诚实、善意的理念，不得滥用司法裁量权；在审查证据、认定事实的过程中，应当实事求是、客观中立，不得对当事人提出的证据任意加以取舍和否定；应当切实充分地尊重和保障当事人的程序权益，不得进行突袭裁判。故 C 项说法正确，D 项错误。本题答案为 C。

7. 关于民事诉讼基本原则的表述，下列哪一选项是正确的？（2013-3-45，单）

A. 外国人在我国进行民事诉讼时，与中国人享有同等的诉讼权利义务，体现了当事人诉讼权利平等原则

B. 法院未根据当事人的自认进行事实认定，违背了处分原则

C. 当事人主张的法律关系与法院根据案件事实作出的认定不一致时，根据处分原则，当事人可以变更诉讼请求

D. 环保组织向法院提起公益诉讼，体现了支持起诉原则

【解析】根据《民事诉讼法》第5条规定，同等原则是指外国当事人和我国当事人居于平等的诉讼地位，享有同等的诉讼权利义务；而平等原则调整的主体是双方当事人，并不区分国籍，平等原则在民事诉讼中表现为两种情况：一是双方当事人享有相同的诉讼权利，如双方当事人都有委托代理、申请回避、提供证据、请求调解、进行辩论、提起上诉、申请执行等权利；二是双方当事人享有对等的诉讼权利，如原告有提起诉讼的权利，被告有提出反驳和反诉的权利。因此，选项A应当是同等原则，错误。

处分原则是指民事诉讼当事人有权在法律规定的范围内，处分自己的民事权利和诉讼权利。在民事诉讼中，当事人处分的权利对象多种多样，但无非两大类：一是基于实体法律关系而产生的民事实体权利；二是基于民事诉讼法律关系所产生的诉讼权利。对实体权利的处分主要表现在三个方面：第一，诉讼主体在起诉时可以自由地确定请求司法保护的范围和选择保护的方法。第二，诉讼开始后，原告可以变更诉讼请求，即将诉讼请求部分或全部撤回，代之以另一诉讼请求；也可以扩大（追加）或缩小（部分放弃）原来的请求范围。因此，法律规定，诉讼过程中，当事人主张的法律关系的性质或者民事行为的效力与人民法院根据案件事实作出的认定不一致的，不受上述违反举证时限的法律后果的限制，人民法院应当告知当事人可以变更诉讼请求。C项正确。第三，在诉讼中，原告可全部放弃其诉讼请求，被告可部分或全部承认原告的诉讼请求；当事人双方可以达成或拒绝达成调解协议；在判决未执行完毕之前，双方当事人随时可就实体问题自行和解。

所谓自认，是指一方当事人对另一方当事人主张的案件事实予以承认。当事人所承认的事实就是自认的事实。自认的法律效果表现在，承认对方事实主张的当事人要受自己承认行为的约束，法院也要受该承认行为的约束。在对方已经承认的情况下，法院一般应当以该自认的事实作为裁判的依据。但是自认是有例外的，如身份关系不适用自认，法院查明的事实与自认的事实不相符等。在不适用自认的情形下，法院未根据当事人的自认进行事实认定，就不违背处分原则，B项错误。

支持起诉原则不同于公益诉讼，根据《民事诉讼法》第58条规定，有权提出公益诉讼的机关和组织是以自己的名义以原告的身份参加到诉讼中，而支持起诉的主体只是提供法律上的支持和帮助，并不能以自己的名义参加诉讼，也不是诉讼当事人，D项错误。本题答案为C。

8. 村民甲、乙因相邻关系发生纠纷，甲诉至法院，要求判决乙准许其从乙承包的土地上通过。审理中，法院主动了解和分析甲通过乙土地的合理性，听取其

他村民的意见，并请村委会主任做双方工作，最终促成双方同意调解。调解时邀请了村中有声望的老人及当事人的共同朋友参加，双方互相让步达成协议，恢复和睦关系。关于法院的做法，下列哪一说法是正确的？（2012 - 3 - 35，单）

A. 法院突破审判程序，违反了依法裁判原则

B. 他人参与调解，影响当事人意思表达，违反了辩论原则

C. 双方让步放弃诉求和权益，违反了处分原则

D. 体现了司法运用法律手段，发挥调解功能，能动履职的要求

【解析】《民事诉讼法》第 9 条规定：人民法院审理民事案件，应当根据自愿和合法的原则进行调解；调解不成的，应当及时判决。根据这一规定，人民法院审理民事案件时，要多做说服教育和疏导工作，促使双方达成协议，解决纠纷。题目中，法院组织当事人调解并促使达成协议体现了法院调解自愿和合法原则，因此 D 项正确，A 项错误。

根据《民事诉讼法》第 12 条的规定，人民法院审理民事案件时，当事人有权进行辩论。辩论原则是指在人民法院主持下，当事人有权就案件事实和争议问题，各自陈述自己的主张和根据，互相进行反驳和答辩，以维护自己的合法权益。根据《民事诉讼法》第 98 条规定，人民法院进行调解，可以邀请有关单位和个人协助。被邀请的单位和个人，应当协助人民法院进行调解。法院请村委会主任做双方工作，最终促成双方同意调解，双方当事人是在自愿的情况下接受调解，意思表示自由，并未违反辩论原则，因此 B 项错误。

《民事诉讼法》第 13 条第 2 款规定：当事人有权在法律规定的范围内处分自己的民事权利和诉讼权利。处分原则是指民事诉讼当事人有权在法律规定的范围内，处分自己的民事权利和诉讼权利。在民事诉讼中，当事人处分的权利分为两大类：一是对民事实体权利的处分；二是对民事诉讼权利的处分。当事人双方在调解中让步放弃诉求和权益，达成调解协议正是当事人对实体权利处分的表现，因此 C 项错误。本题答案为 D。

9. 关于《民事诉讼法》基本原则在民事诉讼中的具体体现，下列哪一说法是正确的？（2011 - 3 - 38，单）

A. 当事人有权决定是否委托代理人代为进行诉讼，是诉讼权利平等原则的体现

B. 当事人均有权委托代理人代为进行诉讼，是处分原则的体现

C. 原告与被告在诉讼中有一些不同但相对等的权利，是同等原则的体现

D. 当事人达成调解协议不仅要自愿，内容也不得违法，是法院调解自愿和合法原则的体现

【解析】本题是对民事诉讼基本原则的综合考查。

A、B 选项涉及的是当事人诉讼权利平等原则与处分原则。对当事人诉讼权利平等原则，《民事诉讼法》第 8 条有明确的规定：民事诉讼当事人有平等的诉讼权利。而处分原则是指当事人可以处分自己实体权利与诉讼权利的原则。就委托代理人事项而言，委托还是不委托代理人、委托哪个代理人当事人有权自主决定，这体现的是处分原则；当事人不论是原告、被告还是第三人都可以委托代理人，在这方面当事人之间是平等的，这体现的是诉讼权利平等原则。A、B 选项的表述恰好颠倒了，因此都是错误的。

扫码听课

大咖点拨区

C选项涉及同等原则，同等原则是指外国当事人和我国当事人享有同等的诉讼权利、同等履行诉讼义务的原则。这一原则是诉讼权利平等原则在涉外诉讼领域的延伸。题中所述原告与被告在诉讼中有一些不同但相对等的权利，与涉外民事诉讼无关，这是对诉讼权利平等原则应有内涵的具体体现。我们说过，同等原则需要区分国籍，一定是一个中国人和一个外国人，其本身体现的是对待中国人和外国人一个样，即一视同仁。不仅如此，诉讼权利平等并不意味着诉讼权利相同，基于当事人诉讼角色的不同，当事人之间有些权利是相对的而不是相等的，比如，原告享有起诉权、被告享有答辩权，故C项错误。

D选项是对法院调解自愿和合法原则的直接表述，因此D选项正确。本题答案为D。

10. 在民事诉讼中，下列哪一选项属于当事人可以协商确定的事项？（2008延-3-46，单）

A. 审判组织形式　　　　　　　B. 合同案件的管辖法院
C. 案件是否开庭审理　　　　　D. 举证责任的分配

【解析】处分原则允许当事人处分自己的实体权利与程序权利。对程序权利的处分就体现在当事人可以协商确定诉讼中的事项。不过，诉讼法作为公法，需要注意的是当事人对程序权利的处分，对诉讼事项的约定，必须有明确的法律依据，否则不能协商确定，只能由法院决定。就本题所涉及的四个选项，只有B选项所述合同案件的管辖法院可以由当事人协商确定。《民事诉讼法》第35条中有明确规定：合同或者其他财产权益纠纷的当事人可以书面协议选择被告住所地、合同履行地、合同签订地、原告住所地、标的物所在地等与争议有实际联系的地点的人民法院管辖，但不得违反本法对级别管辖和专属管辖的规定。所以，本题只有B项正确。作为应试准备，本题考查的知识点很有价值，需要记住民事诉讼中当事人可以约定的事项是很有限的，除了约定管辖之外，还有约定举证期限、约定鉴定机构。而本题中所涉及的审判组织形式、案件是否开庭审理、举证责任的分配是比较典型的立法明确规定的事项。本题答案为B。

11. 关于当事人的诉讼处分行为，下列哪些选项是正确的？（2008延-3-80，多）

A. 必要共同原告中一人或数人与对方当事人达成和解协议经其他共同原告的承认，才对其他共同原告发生效力

B. 诉讼代表人与对方当事人进行和解，必须经被代表的当事人同意

C. 无独立请求权第三人可以承认、放弃、变更诉讼请求，进行和解，申请撤诉

D. 法定诉讼代理人代为承认、放弃、变更诉讼请求，进行和解，必须有当事人的特别授权

【解析】本题考查处分原则在当事人制度与诉讼代理制度中的体现。

根据《民事诉讼法》第55条的规定，必要共同诉讼中，其中一人的诉讼行为经其他共同诉讼人承认，对其他共同诉讼人发生效力，A项正确。

根据《民事诉讼法》第56条的规定，当事人一方人数众多的共同诉讼，可以由当事人推选代表人进行诉讼。代表人的诉讼行为对其所代表的当事人发生效力，但代表人变更、放弃诉讼请求或者承认对方当事人的诉讼请求，进行和解，

必须经被代表的当事人同意，B 项正确。

根据《民事诉讼法解释》第 82 条的规定，无独立请求权的第三人无权提出管辖异议，无权放弃、变更诉讼请求或者申请撤诉，但是无独立请求权第三人可以承认诉讼请求，C 项错误。

（4）法定代理人与委托代理人不同，其代理权的取得源于法律规定而非当事人授权。法定代理人具有同被代理的当事人同样的权利，不论进行任何诉讼事项都不需要特别授权，D 项错误。本题答案为 A、B。

12. 关于辩论原则的表述，下列哪些选项是正确的？（2009 – 3 – 82，多）

A. 当事人辩论权的行使仅局限于一审程序中开庭审理的法庭调查和法庭辩论阶段

B. 当事人向法院提出起诉状和答辩状是其行使辩论权的一种表现

C. 证人出庭陈述证言是证人行使辩论权的一种表现

D. 督促程序不适用辩论原则

【解析】根据《民事诉讼法》第 12 条规定：人民法院审理民事案件时，当事人有权进行辩论。对于辩论权应掌握以下几点：（1）辩论权的行使贯穿于诉讼的整个过程，不仅指法庭辩论。一审程序中开庭审理的法庭调查，一审的起诉与答辩阶段当事人也可以进行辩论；不仅在一审程序中当事人有辩论权，在二审程序、再审程序中当事人也都有辩论权，所以 A 项错误。（2）辩论的形式既包括口头形式也包括书面形式。法庭辩论环节是当事人口头辩论的体现，而当事人向法院提出起诉状和答辩状正是书面辩论的一种表现，所以 B 项正确。（3）辩论权的行使主体是诉讼当事人，不包括证人，也不包括法院，因此 C 项不正确。（4）督促程序是一种非讼程序，辩论原则针对争议的诉讼案件，非讼案件不适用辩论原则，故 D 项正确。本题答案为 B、D。

## 二、基本制度

### （一）合议制度

1. 不同的审判程序，审判组织的组成往往是不同的。关于审判组织的适用，下列哪一选项是正确的？（2016 – 3 – 35，单）

A. 适用简易程序审理的案件，当事人不服一审判决上诉后发回重审的，可由审判员独任审判

B. 适用简易程序审理的案件，判决生效后启动再审程序进行再审的，可由审判员独任审判

C. 适用普通程序审理的案件，当事人双方同意，经上级法院批准，可由审判员独任审判

D. 适用选民资格案件审理程序的案件，应组成合议庭审理，而且只能由审判员组成合议庭

【解析】本题是对合议制度的综合考查。

根据《民事诉讼法》第 41 条规定，人民法院审理第二审民事案件，由审判员组成合议庭。合议庭的成员人数，必须是单数。中级人民法院对第一审适用简易程序审结或者不服裁定提起上诉的第二审民事案件，事实清楚、权利义务关系明确的，经双方当事人同意，可以由审判员一人独任审理。发回重审的案件，原

审人民法院应当按照第一审程序另行组成合议庭。审理再审案件，原来是第一审的，按照第一审程序另行组成合议庭；原来是第二审的或者是上级人民法院提审的，按照第二审程序另行组成合议庭。故二审发回重审以及再审审理，都应该组成合议庭进行审理，故 A、B 项说法错误，不选。

根据《民事诉讼法》第 160 条规定，基层人民法院和它的派出法庭决定适用普通程序审理的案件，当事人双方在开庭审理前可以约定适用简易程序，即简易程序可以约定适用或协议选择。而此种约定适用不需要上级法院批准，由本院决定是否准许即可。故 C 项说法错误。

根据《民事诉讼法》第 185 条规定，依照特别程序审理的案件，一般由审判员独任审理。但选民资格案件、重大、疑难案件，或担保财产标的额超过基层法院管辖范围的担保物权实现案件，应当由审判员组成合议庭审理。故 D 项说法正确，本题答案为 D。

2. 根据《民事诉讼法》和相关司法解释，关于中级人民法院，下列哪一表述是正确的？（2011－3－39，单）

A. 既可受理一审涉外案件，也可受理一审非涉外案件

B. 审理案件组成合议庭时，均不可邀请陪审员参加

C. 审理案件均须以开庭审理的方式进行

D. 对案件所作出的判决均为生效判决

【解析】本题综合考查中级人民法院的级别管辖、审判组织、审理方式、判决效力。

关于级别管辖。《民事诉讼法》第 19 条规定了中级人民法院管辖下列第一审民事案件：①重大涉外案件；②在本辖区有重大影响的案件；③最高人民法院确定由中级人民法院管辖的案件，具体包括海事案件、专利纠纷案件、商标民事纠纷、著作权纠纷、重大的涉港、澳、台民事案件、申请撤销仲裁裁决、申请不予执行仲裁裁决的案件等。由此可见，中级人民法院既可受理一审涉外案件，也可受理一审非涉外案件，当然中院受理的涉外案件一定是重大的。A 项正确。

就审判组织而言，有合议庭与独任庭之分。合议庭又可分为陪审合议庭与审判员合议庭。《民事诉讼法》第 40 条规定：人民法院审理第一审民事案件，由审判员、陪审员共同组成合议庭或者由审判员组成合议庭。合议庭的成员人数，必须是单数。第 41 条规定：人民法院审理第二审民事案件，由审判员组成合议庭。合议庭的成员人数，必须是单数。由此可见，是否可以有人民陪审员参加合议庭，看的是一审程序还是二审程序，而不是看法院级别，因此 B 项说中级人民法院组成合议庭，不可邀请陪审员参加是错误的，中级人民法院作为一审审理法院时，合议庭仍然可以有人民陪审员。

总结：陪审员可以出现在一审普通程序、对一审案件的再审程序、发回重审案件的合议庭中；二审案件、对二审案件的再审程序不能有陪审员参加合议庭。

就审理方式而言，一审案件必须开庭审理；二审案件比较特殊，可以在特定情形下不开庭审理。《民事诉讼法》第 176 条规定：第二审人民法院对上诉案件，应当开庭审理。经过阅卷、调查和询问当事人，对没有提出新的事实、证据或者理由，人民法院认为不需要开庭审理的，可以不开庭审理。换言之，是否必须开庭审理要看中级人民法院审理的是一审案件还是二审案件，不能一概而论，因此

C 项错误。

就判决效力而言，中级人民法院作出的可以是二审判决也可以是一审判决，中级人民法院作出的一审判决只有经过法定上诉期才成为生效裁判，因此 D 项错误。本题答案为 A。

3. 关于合议庭评议案件，下列哪一表述是正确的？（2010－3－38，单）

A. 审判长意见与多数意见不同的，以其意见为准判决

B. 陪审员意见得到支持、形成多数的，可按该意见判决

C. 合议庭意见存在分歧的，也可提交院长审查决定

D. 审判人员的不同意见均须写入笔录

**【解析】** 根据《民事诉讼法》第 45 条的规定，合议庭评议案件，实行少数服从多数的原则。评议应当制作笔录，由合议庭成员签名。评议中的不同意见，必须如实记入笔录。因此，D 项正确。

根据最高人民法院《关于人民法院合议庭工作的若干规定》第 11 条第 1 款的规定，合议庭进行评议的时候，如果意见分歧，应当按多数人的意见作出决定，但是少数人的意见应当写入笔录。另据该规定第 12 条的规定，合议庭应当依照规定的权限，及时对评议意见一致或者形成多数意见的案件直接作出判决或者裁定。合议庭在适用法律方面有重大意见分歧的，合议庭应当提请院长决定提交审判委员会讨论决定。换言之，审判长的评议意见与其他合议庭成员的评议意见的效力是一样的，诉讼中合议庭评议只遵循少数服从多数原则，没有审判长最终决定原则，因此，A 项错误。根据上述规定，合议庭意见存在分歧的，一般性的意见分歧，仍遵循少数服从多数原则。如果在适用法律方面有重大意见分歧，合议庭应当提请院长决定提交审判委员会讨论决定。无论哪种情形，院长都没有审查决定权，故 C 项错误。

本题最容易出错的是 B 项。B 项错误是因为"可按该意见判决"的"可"字错了，按照少数服从多数原则，应该是"应当按该意见判决"，除此之外别无选择。另外，这一选项中的"可以"有矮化人民陪审员在审判中的地位的意思。我们应知道，在审判活动中，除不能担任审判长外，人民陪审员与审判员具有同样的权力。审判员在合议庭评议时提出的意见如果是多数意见，必须按该意见作出裁判。人民陪审员在合议庭评议时提出的意见如果是多数意见，也必须按该意见作出裁判。本题答案为 D。

**（二）回避制度**

1. 刘某因买卖合同纠纷向法院起诉，要求被告冯某履行合同并承担违约责任。法院按照普通程序审理该案件，决定由法官张某和人民陪审员乔某、吉某组成合议庭，张某任审判长。刘某得知陪审员乔某是被告的表弟，便要求其回避，但回避申请被张法官当场拒绝。法庭审理后作出判决，原告不服判决，提起上诉。关于本案，下列说法正确的是？（2021 年回忆版真题）

A. 刘某申请回避理由成立

B. 乔某作为人民陪审员，其是否应当回避审判长有权决定

C. 对法院作出的决定不服的，刘某可以提出上诉

D. 发回重审后，应当组成新的合议庭进行审理，且合议庭组成人员中不得有人民陪审员

【解析】本题是对回避制度的考查。

审判人员的回避应当由院长决定，人民陪审员属于审判人员，故其回避应当由院长决定，B 项错误。

当事人对回避的决定不服的有权申请复议，而非上诉救济，C 项错误。

二审发回重审，发回给原一审法院，原一审法院应当适用普通程序进行审理（重审案件不能适用简易程序），故应当组成新的合议庭进行审理正确，但合议庭组成人员中可以有人民陪审员，D 项错误。本题答案为 A。

2. 孙某诉朱某借款合同纠纷案，朱某得知人民陪审员唐某曾违反规定私下会见孙某的代理律师李某，遂向法院提出回避申请。关于本案的回避，下列表述中正确的有？（2018 年回忆版真题）

A. 唐某有权就回避决定申请复议

B. 朱某申请回避时，必须说明理由

C. 唐某的回避应由法院院长决定

D. 朱某应向法院院长提出针对唐某的回避申请

【解析】本题是对回避制度的考查。

当事人有权对驳回回避申请的决定申请复议一次，但被决定回避的主体无权申请复议。本案中唐某作为被回避的对象，其本身没有复议申请权，A 项错误。

当事人申请回避的应当说明理由，即我国诉讼法上的回避属于典型的"有因回避"，B 项正确。

审判人员的回避应当由院长决定，人民陪审员属于审判人员，故其回避应当由院长决定，C 项正确。

法律并未要求当事人必须向院长提出回避申请，D 项错误。本题答案为 B、C。

3. 某区法院审理原告许某与被告某饭店食物中毒纠纷一案。审前，法院书面告知许某合议庭由审判员甲、乙和人民陪审员丙组成时，许某未提出回避申请。开庭后，许某始知人民陪审员丙与被告法定代表人是亲兄弟，遂提出回避申请。关于本案的回避，下列哪一说法是正确的？（2015－3－36，单）

A. 许某可在知道丙与被告法定代表人是亲兄弟时提出回避申请

B. 法院对回避申请作出决定前，丙不停止参与本案审理

C. 应由审判长决定丙是否应回避

D. 法院作出回避决定后，许某可对此提出上诉

【解析】本题是对回避制度的考查。

根据《民事诉讼法》第 48 条第 1 款规定，当事人申请回避，原则上是在案件开始审理时提出；若回避事由在案件开始审理后知道的，最迟可以在法庭辩论终结前提出。许某在开庭后才知道丙存在回避情形，因此其可以在法庭辩论终结前提出回避申请，故 A 项正确。

根据《民事诉讼法》第 48 条第 2 款规定，被申请回避的人员在人民法院作出是否回避的决定前，应当暂停参与本案的工作，但案件需要采取紧急措施的除外。本案没有体现需要采取紧急措施（保全或先予执行），故 B 项说法错误。

根据《民事诉讼法》第 49 条规定，院长担任审判长或者独任审判员时的回避，由审判委员会决定；审判人员的回避，由院长决定；其他人员的回避，由审

判长或者独任审判员决定。此处审判人员包括审判员和人民陪审员，作为人民陪审员丙的回避决定应该由院长决定，故 C 项说法错误。

根据《民事诉讼法》第 50 条规定，人民法院对当事人提出的回避申请，应当在申请提出的 3 日内，以口头或者书面形式作出决定。申请人对决定不服的，可以在接到决定时申请复议一次。复议期间，被申请回避的人员，不停止参与本案的工作。人民法院对复议申请，应当在 3 日内作出复议决定，并通知复议申请人。因此对于回避决定不服，救济途径是申请复议（原法院，即作出是否回避决定的法院），而不是上诉，故 D 项说法错误。本题答案为 A。

4. 关于回避，下列哪一说法是正确的？（2010 - 3 - 37，单）

A. 当事人申请担任审判长的审判人员回避的，应由审委会决定

B. 当事人申请陪审员回避的，应由审判长决定

C. 法院驳回当事人的回避申请，当事人不服而申请复议，复议期间被申请回避人不停止参与本案的审理工作

D. 如当事人申请法院翻译人员回避，可由合议庭决定

【解析】根据《民事诉讼法》第 47 条和《民事诉讼法解释》第 49 条规定，需要回避的人员包括审判人员（审判员、人民陪审员）、书记员、翻译人员、鉴定人员、勘验人员、执行人员。

根据《民事诉讼法》第 49 条规定：院长担任审判长或者独任审判员时的回避，由审判委员会决定；审判人员的回避，由院长决定；其他人员的回避，由审判长或者独任审判员决定。故决定回避与否的权力层次有三级。最低一级是审判长，审判长可以决定书记人员、翻译人员、鉴定人员、勘验人员的回避。中间一级是院长，院长可以决定审判员与人民陪审员的回避。最高一级是审判委员会，它决定的是院长的回避。故 A、B、D 项说法错误。A 项，审判人员的回避由院长决定；B 项，人民陪审员也属于审判人员，也是由院长决定；D 项，翻译人员的回避应当由审判长决定。

根据《民事诉讼法》第 50 条规定：人民法院对当事人提出的回避申请，应当在申请提出的 3 日内，以口头或者书面形式作出决定。申请人对决定不服的，可以在接到决定时申请复议一次。复议期间，被申请回避的人员，不停止参与本案的工作。人民法院对复议申请，应当在 3 日内作出复议决定，并通知复议申请人。故 C 项正确。本题答案为 C。

### （三）公开审判制度

1. 唐某作为技术人员参与了甲公司一项新产品研发，并与该公司签订了为期 2 年的服务与保密合同。合同履行 1 年后，唐某被甲公司的竞争对手乙公司高薪挖走，负责开发类似的产品。甲公司起诉至法院，要求唐某承担违约责任并保守其原知晓的产品。关于该案的审判，下列哪一说法是正确的？（2012 - 3 - 36，单）

A. 只有在唐某与甲公司共同提出申请不公开审理此案的情况下，法院才可以不公开审理

B. 根据法律的规定，该案不应当公开审理，但应当公开宣判

C. 法院可以根据当事人的申请不公开审理此案，但应当公开宣判

D. 法院应当公开审理此案并公开宣判

【解析】《民事诉讼法》第 137 条规定：人民法院审理民事案件，除涉及国家

秘密、个人隐私或者法律另有规定的以外，应当公开进行。离婚案件，涉及商业秘密的案件，当事人申请不公开审理的，可以不公开审理。《民事诉讼法》第151条规定：人民法院对公开审理或者不公开审理的案件，一律公开宣告判决。申请不公开审理并非需要双方当事人都提出申请，所以 A 项错误。题中案件涉及商业秘密，属于申请不公开案件而非绝对不公开案件，因此 B、D 项错误。C 项符合法律规定，本题答案为 C。

2. 关于民事诉讼中的公开审判制度，下列哪一选项是错误的？（2007 - 3 - 35，单）

A. 公开审判制度是指法院审理民事案件，除法律规定的情况外，审判过程及结果应当向群众、社会公开

B. 公开审判是指法院审理案件和宣告判决一律公开进行的制度

C. 涉及国家秘密的案件，属于法定不公开审理的案件

D. 离婚案件，属于当事人申请不公开审理，法院决定可以不公开审理的案件

【解析】本题考查公开审判制度。公开审判制度是民事诉讼的基本制度之一。它是指审理案件与宣告判决要向群众公开、向新闻媒体公开的制度。公开审判制度是有例外的。就审判过程而言，评议过程是不公开的。因此，在学习过程中，经常会听到一句话"评议一定不公开、宣判一定要公开"；另一方面，从案件类型角度看，民事诉讼中有两类不公开审判的案件，一类是应当不公开审判的案件，另一类是经申请可以不公开审判的案件。应当不公开审判的案件是涉及国家秘密的案件与涉及个人隐私的案件；经申请可以不公开审判的案件包括离婚案件与涉及商业秘密的案件。需要注意，对于离婚案件与涉及商业秘密的案件并不是当事人申请了就一定不公开审判，最终还要审判人员来决定是否公开审判。因此 B 项错误。本题答案为 B。

### 三、综合

王某与钱某系夫妻，因感情不和王某提起离婚诉讼，一审法院经审理判决不准予离婚。王某不服提出上诉，二审法院经审理认为应当判决离婚，并对财产分割与子女抚养一并作出判决。关于二审法院的判决，下列哪些选项违反了《民事诉讼法》的原则或制度？（2010 - 3 - 88，多）

A. 处分原则　　　　　　　　B. 辩论原则

C. 两审终审制度　　　　　　D. 回避制度

【解析】本题是对基本原则与基本制度的综合考察。

《民事诉讼法解释》第329条第1款规定："一审判决不准离婚的案件，上诉后，第二审人民法院认为应当判决离婚的，可以根据当事人自愿的原则，与子女抚养、财产问题一并调解；调解不成的，发回重审。"本题中二审法院没有进行调解，而是直接对财产分割与子女抚养一并作出判决。根据两审终审制度的要求，二审法院的裁判当然生效，因此二审法院直接判的做法剥夺了双方当事人的上诉权，因此违背了 C 项两审终审制度。同时，本题中，一审法院判决不准离婚，肯定没有对财产分割和子女抚养问题作出处理。二审法院直接对子女抚养与财产分割问题作出判决，剥夺了当事人对此一问题的辩论权和处分权，因此 A、B 两项正确，本题答案为 A、B、C。

# 专题三 主管与管辖

## 一、主管

1. 张某与李某产生邻里纠纷，张某将李某打伤。为解决赔偿问题，双方同意由人民调解委员会进行调解。经调解员黄某调解，双方达成赔偿协议。关于该纠纷的处理，下列哪一说法是正确的？（2010 - 3 - 35，单）

A. 张某如反悔不履行协议，李某可就协议向法院提起诉讼

B. 张某如反悔不履行协议，李某可向法院提起人身损害赔偿诉讼

C. 张某如反悔不履行协议，李某可向法院申请强制执行调解协议

D. 张某可以调解委员会未组成合议庭调解为由，向法院申请撤销调解协议

【解析】《人民调解法》第32条规定：经人民调解委员会调解达成调解协议后，当事人之间就调解协议的履行或者调解协议的内容发生争议的，一方当事人可以向人民法院提起诉讼。因此，A项正确。

人民调解协议是不具有强制执行力的。人民调解协议经过司法确认程序，确认有效，才具有强制执行力，根据《民事诉讼法》第202条规定，人民法院受理申请后，经审查，符合法律规定的，裁定调解协议有效，一方当事人拒绝履行或者未全部履行的，对方当事人可以向人民法院申请执行；不符合法律规定的，裁定驳回申请，当事人可以通过调解方式变更原调解协议或者达成新的调解协议，也可以向人民法院提起诉讼。C项错误；

当事人请求人民法院变更或者撤销调解协议的事由主要包括：重大误解、显失公平、欺诈、胁迫或者乘人之危等情形。调解委员会是否组成合议庭调解并非向法院申请撤销人民调解协议的事由；另一方面，并无法律规定调解委员会要组成合议庭调解。D项错误。

就B项而言，双方当事人达成的调解协议并不具有禁止当事人就原纠纷提起民事诉讼的效力，因此B项也是正确的。本题有争议的是B项。依据司法部的观点，当事人达成调解协议后，对方不履行或不完全履行，起诉人应针对调解协议起诉，而不是就原纠纷进行起诉，因此B项错误。故司法部答案为A。

2. 甲、乙因遗产继承发生纠纷，双方书面约定由某仲裁委员会仲裁。后甲反悔，向遗产所在地法院起诉。法院受理后，乙向法院声明双方签订了仲裁协议。关于法院的做法，下列哪一选项是正确的？（2010 - 3 - 43，单）

A. 裁定驳回起诉

B. 裁定驳回诉讼请求

C. 裁定将案件移送某仲裁委员会审理

D. 法院裁定仲裁协议无效，对案件继续审理

【解析】解答本题的基本思路是：有效仲裁协议排斥法院的主管，无效仲裁协议对法院的受理与审理不发生影响。根据《仲裁法》第5条的规定，当事人达

成仲裁协议，一方向人民法院起诉的，人民法院不予受理，但仲裁协议无效的除外。根据《仲裁法》第17条的规定，约定的仲裁事项超出法律规定的仲裁范围的，仲裁协议无效。另据《仲裁法》第3条的规定，下列纠纷不能仲裁：（1）婚姻、收养、监护、扶养、继承纠纷；（2）依法应当由行政机关处理的行政争议。综上所述，本题中就遗产继承纠纷达成的仲裁协议属于无效协议，因此对法院的审理不产生影响，D项正确。本题答案为D。

3. 甲公司与乙公司签订了一份钢材购销合同，约定因该合同发生纠纷双方可向A仲裁委员会申请仲裁，也可向合同履行地B法院起诉。关于本案，下列哪些选项是正确的？（2010－3－84，多）

A. 双方达成的仲裁协议无效

B. 双方达成的管辖协议有效

C. 如甲公司向A仲裁委员会申请仲裁，乙公司在仲裁庭首次开庭前未提出异议，A仲裁委员会可对该案进行仲裁

D. 如甲公司向B法院起诉，乙公司在法院首次开庭时对法院管辖提出异议，法院应当驳回甲公司的起诉

【解析】根据最高人民法院《关于适用〈中华人民共和国仲裁法〉若干问题的解释》（以下简称《仲裁法解释》）第7条的规定，当事人约定争议可以向仲裁机构申请仲裁也可以向人民法院起诉的，仲裁协议无效。但一方向仲裁机构申请仲裁，另一方未在《仲裁法》第20条第2款规定的期间内提出异议的除外。因此，A项正确。

不过需要注意的是，此种或裁或审协议的无效，对于法院而言是绝对无效，但对于仲裁委员会而言则是相对无效。符合一定条件，此种协议下的纠纷仍然可以申请仲裁，其条件是看对方当事人是否在仲裁庭首次开庭前提出异议，具体法律依据就是上述《仲裁法解释》第7条的后半段。因此，C项正确。

根据《民事诉讼法》第35条的规定，合同或者其他财产权益纠纷的当事人可以书面协议选择被告住所地、合同履行地、合同签订地、原告住所地、标的物所在地等与争议有实际联系的地点的人民法院管辖，但不得违反本法对级别管辖和专属管辖的规定。本题中，既然约定的仲裁是无效的，那么约定合同履行地法院进行诉讼管辖属于有效的管辖协议，因为题目中并未给出该管辖协议采取了非书面形式等导致管辖协议无效的情形，所以B项正确。

当事人到法院起诉，只要符合受理条件就要受理，既然该仲裁协议是无效的，就不能成为对方当事人进行管辖权异议的依据，法院更不能裁定驳回起诉。因此，D项错误。本题答案为A、B、C。

4. 王某是某电网公司员工，在从事高空作业时受伤，为赔偿问题与电网公司发生争议。王某可以采用哪些方式处理争议？（2006－3－80，多）

A. 可以向本公司劳动争议调解委员会申请调解，调解不成的，可以申请劳动仲裁

B. 可以直接向劳动争议仲裁委员会申请仲裁，对仲裁裁决不服的，可以向法院提起诉讼

C. 可以不申请劳动仲裁而直接向法院起诉

D. 如果进行诉讼并按简易程序处理，法院开庭审理时，可以申请先行调解

扫码听课

扫码听课

【解析】本题的考点是劳动争议案件的主管问题。

对劳动争议案件的主管问题的法律依据是《劳动法》第79条的规定。根据该规定，劳动争议发生后，当事人可以向本单位劳动争议调解委员会申请调解；调解不成，当事人一方要求仲裁的，可以向劳动争议仲裁委员会申请仲裁。当事人一方也可以直接向劳动争议仲裁委员会申请仲裁。对仲裁裁决不服的，可以向人民法院提起诉讼。可见，劳动争议解决实行劳动仲裁前置制度，当事人不经过劳动仲裁程序不能直接向法院起诉，所以，A、B项正确，C项错误。

先行调解的案件范围的法律依据是《简易程序规定》第14条的规定。根据该规定，工伤事故引起的权利义务关系较为明确的损害赔偿纠纷，人民法院在开庭审理时应当先行调解。不过，对于根据案件的性质和当事人的实际情况不能调解或者显然没有调解必要的可以不先行调解。（《民事诉讼法》第125条亦规定：当事人起诉到人民法院的民事纠纷，适宜调解的，先行调解，但当事人拒绝调解的除外。）因此，D项所述"可以"先行调解是正确的。本题答案为A、B、D。

## 二、级别管辖

1. 根据《民事诉讼法》相关司法解释，下列哪些法院对专利纠纷案件享有管辖权？（2015 - 3 - 77，多）

A. 知识产权法院

B. 所有的中级法院

C. 最高法院确定的中级法院

D. 最高法院确定的基层法院

【解析】专利纠纷属于知识产权纠纷，原则上由中级人民法院管辖。但是这里的中级法院并非是所有的中级法院，而是最高人民法院确定的中级法院，因此B项错误，C项正确。同时，根据《专利法司法解释》的规定，"最高人民法院根据实际情况，可以指定基层人民法院管辖第一审专利纠纷案件"，即专利纠纷的一审可以由最高法院确定的基层法院管辖。而根据《民诉法司法解释》第2条之规定，专利纠纷也可以由知识产权法院管辖。本题A项、D项正确。故本题答案为A、C、D。

2. 关于管辖，下列哪一表述是正确的？（2014 - 3 - 39，单）

A. 军人与非军人之间的民事诉讼，都应由军事法院管辖，体现了专门管辖的原则

B. 中外合资企业与外国公司之间的合同纠纷，应由中国法院管辖，体现了维护司法主权的原则

C. 最高法院通过司法解释授予部分基层法院专利纠纷案件初审管辖权，体现了平衡法院案件负担的原则

D. 不动产纠纷由不动产所在地法院管辖，体现了管辖恒定的原则

【解析】我国除设立地方法院外，还设有军事法院、海事法院、铁路运输法院等专门法院。这些专门法院也受理一定范围的民事纠纷。A项错在前半句，军人与非军人的之间的民事诉讼并不都由军事法院管辖。根据修改后的《民事诉讼法解释》第11条规定，只有双方当事人均为军人或者军队单位的民事案件才由

扫码听课

扫码听课

军事法院管辖。

根据《民事诉讼法》第273条规定，因在中华人民共和国履行中外合资经营企业合同、中外合作经营企业合同、中外合作勘探开发自然资源合同发生纠纷提起的诉讼，由中华人民共和国人民法院管辖。因此，并不是所有的中外合资企业的合同纠纷都由中国法院管辖，故B项说法错误。

C项说法正确。由于专利纠纷案件，所涉及的法律问题较为复杂，因而一般应当由中级人民法院管辖。但为了平衡案件负担，最高人民法院通过司法解释，授予了一小部分具有知识产权审判能力的基层法院初审管辖权。《民事诉讼法解释》第2条规定：专利纠纷案件由知识产权法院、最高人民法院确定的中级人民法院和基层人民法院管辖。海事、海商案件由海事法院管辖。

D项说法错误，不动产案件由不动产所在地法院管辖，体现了专属管辖原则。而管辖恒定原则则是指确定案件管辖权，以起诉时为标准，案件起诉时对案件有管辖权的法院，不因确定管辖的事实在诉讼过程中发生变化而丧失其管辖权。本题答案为C。

### 三、地域管辖

1. A市东区居民朱某（男）与A市西县刘某结婚，婚后双方住A市东区。一年后，公司安排刘某赴A市南县分公司工作。三年之后，因感情不合朱某向A市东区法院起诉离婚。东区法院受理后，发现刘某经常居住地在南县，其对该案无管辖权，遂裁定将案件移送南县法院。南县法院收到案件后，认为无管辖权，将案件移送刘某户籍所在地西县法院。西县法院收到案件后也认为无管辖权。关于本案的管辖问题，下列哪些说法是正确的？（2016-3-77，多）

A. 东区法院有管辖权

B. 南县法院有管辖权

C. 西县法院有管辖权

D. 西县法院认为自己没有管辖权，应当裁定移送有管辖权的法院

【解析】本题是对离婚案件管辖法院的考查。

根据《民事诉讼法解释》第12条第1款规定，夫妻一方离开住所地超过1年，另一方起诉离婚的案件，可以由原告住所地人民法院管辖。本题中，刘某离开住所地已经3年，现在没有离开住所地的朱某起诉离婚，故本案有管辖权的法院可以是原告住所地和被告住所地。原告住所地即朱某住所地A市东区，由于被告刘某已经到A市南县工作了3年，A市南县已经成为其经常居住地，故被告住所地应为A市南县。所以A、B项说法正确，C项说法错误。

根据《民事诉讼法》第37条规定，人民法院发现受理的案件不属于本院管辖的，应当移送有管辖权的人民法院，受移送的人民法院应当受理。受移送的人民法院认为受移送的案件依照规定不属于本院管辖的，应当报请上级人民法院指定管辖。不得再自行移送。西县法院接到移送来的案件后，如果认为自己也没有管辖权的，应该报请上级法院指定管辖，不能再次移送，故D项说法错误。本题答案为A、B。

2. 甲县的葛某和乙县的许某分别拥有位于丙县的云峰公司50%的股份。后由于二人经营理念不合，已连续四年未召开股东会，无法形成股东会决议。许某遂向法院请求解散公司，并在法院受理后申请保全公司的主要资产（位于丁县的一块土地的使用权）。依据法律，对本案享有管辖权的法院是：(2014-3-96，任)

A. 甲县法院　　　　　　　　B. 乙县法院
C. 丙县法院　　　　　　　　D. 丁县法院

**大咖点拨区**

扫码听课

【解析】本题考查公司诉讼管辖。根据《民事诉讼法》第27条规定，因公司设立、确认股东资格、分配利润、解散等纠纷提起的诉讼，由公司住所地人民法院管辖。本题中许某向法院请求解散公司，属于典型的公司诉讼管辖，故根据《民事诉讼法》第27条之规定本题的答案为C。

3. 根据《民事诉讼法》以及相关司法解释，关于离婚诉讼，下列哪些选项是正确的？(2011-3-77，多)

A. 被告下落不明的，案件由原告住所地法院管辖
B. 一方当事人死亡的，诉讼终结
C. 判决生效后，不允许当事人申请再审
D. 原则上不公开审理，因其属于法定不公开审理案件范围

【解析】本题综合考查离婚诉讼的管辖、审理及再审申请范围。

离婚诉讼适用一般地域管辖规则。通常情况下，离婚诉讼由被告住所地法院管辖。但《民事诉讼法》第23条规定：对下落不明或者宣告失踪的人提起的有关身份关系的诉讼，由原告住所地人民法院管辖；原告住所地与经常居住地不一致的，由原告经常居住地人民法院管辖。离婚诉讼是最典型的有关身份关系的诉讼，因此当被告下落不明时，离婚案件由原告住所地管辖，A项正确。

关于离婚诉讼的审理，B项本题涉及特殊情形处理中的诉讼终结问题。就诉讼终结而言，《民事诉讼法》第154条规定：有下列情形之一的，终结诉讼：（1）原告死亡，没有继承人，或者继承人放弃诉讼权利的；（2）被告死亡，没有遗产，也没有应当承担义务的人的；（3）离婚案件一方当事人死亡的；（4）追索赡养费、扶养费、抚养费以及解除收养关系案件的一方当事人死亡的。因此，该条第（3）项规定的就是离婚案件的终结问题，选项B正确。

D项涉及离婚案件是否公开审理的问题，就是否公开审理而言，根据《民事诉讼法》第137条规定，涉及国家秘密的案件与涉及个人隐私的案件属于法定不公开审理的案件范围，而离婚案件与涉及商业秘密的案件属于申请不公开审理的案件范围，即经当事人申请，可以不公开审理，也可以公开审理。因此，D项错误。

C项涉及关于申请再审的范围的问题，根据《民事诉讼法》第209条规定：当事人对已经发生法律效力的解除婚姻关系的判决、调解书，不得申请再审。即为了维护身份关系的稳定性，身份关系的解除发生效力后当事人不得申请再审。但是，离婚诉讼的判决除了包括解除婚姻关系的部分外，还包括财产分割、子女抚养等问题，因此当财产分割、子女抚养等问题存在错误，当事人在特定情形下是可以就这部分问题申请再审的。因此，C项以偏概全，表述错误。本题答案为A、B。

4. 常年居住在 Y 省 A 县的王某早年丧妻，独自一人将两个儿子和一个女儿养大成人。大儿子王甲居住在 Y 省 B 县，二儿子王乙居住在 Y 省 C 县，女儿王丙居住在 W 省 D 县。2000 年以来，王某的日常生活费用主要来自大儿子王甲每月给的 800 元生活费。2003 年 12 月，由于物价上涨，王某要求二儿子王乙每月也给一些生活费，但王乙以自己没有固定的工作、收入不稳定为由拒绝。于是，王某将王乙告到法院，要求王乙每月支付给自己赡养费 500 元。关于对本案享有管辖权的法院，下列选项正确的是？（2009 - 3 - 98，任）

A. Y 省 A 县法院　　　　　　　　B. Y 省 B 县法院

C. Y 省 C 县法院　　　　　　　　D. W 省 D 县法院

【解析】本题的关键是要明白追索赡养费案件是必要共同诉讼案件，因为负有赡养义务的子女的义务是共同的。在本题中，尽管王某只告了王乙，法院也要追加王甲、王丙作为共同被告。因此，本题案件中的被告实为王甲、王乙、王丙。根据地域管辖原则的规定，即《民事诉讼法》第 22 条的规定，对公民提起的民事诉讼，由被告住所地人民法院管辖；被告住所地与经常居住地不一致的，由经常居住地人民法院管辖。对法人或者其他组织提起的民事诉讼，由被告住所地人民法院管辖。同一诉讼的几个被告住所地、经常居住地在两个以上人民法院辖区的，各该人民法院都有管辖权。可知三个被告的住所地法院都有权管辖。同时，《民事诉讼法解释》第 9 条规定：追索赡养费、抚育费、抚养费案件的几个被告住所地不在同一辖区的，可以由原告住所地人民法院管辖。可见在本题这一特殊案件中，三个被告的住所地不一致，除了被告住所地有管辖权外，原告住所地法院也有权管辖，因此 A、B、C、D 四项全选。本题答案为 A、B、C、D。

5. 甲县的电热毯厂生产了一批电热毯，与乙县的昌盛贸易公司在丙县签订了一份买卖该批电热毯的合同。丁县居民张三在出差到乙县时从昌盛贸易公司购买了一条该批次的电热毯，后在使用过程中电热毯由于质量问题引起火灾，烧毁了张三的房屋。张三欲以侵权损害为由诉请赔偿。下列哪些法院对该纠纷有管辖权？（2007 - 3 - 80，多）

A. 甲县法院　　　　　　　　　　B. 乙县法院

C. 丙县法院　　　　　　　　　　D. 丁县法院

【解析】本题考查产品质量侵权案件的管辖。《民事诉讼法解释》第 26 条规定：因产品、服务质量不合格造成他人财产、人身损害提起的诉讼，产品制造地、产品销售地、服务提供地、侵权行为地和被告住所地人民法院都有管辖权。本题中，甲县为产品制造地、乙县为产品销售地、丁县为侵权结果发生地，亦即侵权行为地，丙县作为制造者和销售者的合同签订地与侵权纠纷无关。需要注意的是：一方面，本题中甲县和乙县又同为被告住所地，因为产品质量侵权纠纷，被告既可以是制造者，可以是销售者；另一方面，考生需要明确的是产品质量纠纷存在请求权的竞合，本题可以改成诉由是违约赔偿。若诉由是违约赔偿则属于合同纠纷，应由 B 项乙县法院管辖。本题答案为 A、B、D。

6. 居住在甲市的吴某与居住在乙市的王某在丁市签订了一份协议，吴某将一幅名人字画以 10 万元的价格卖给王某，并约定双方在丙市一手交钱一手交货，后吴某反悔并电告王某自己已将字画卖给他人。王若想追究吴的违约责任，应向何地法院起诉？（2003 - 3 - 25，单）

A. 甲市法院　　　　　　　　　B. 乙市法院
C. 丙市法院　　　　　　　　　D. 丁市法院

【解析】本题考查未实际履行合同纠纷的管辖。根据《民事诉讼法解释》第18条第3款的规定，合同没有实际履行，当事人双方住所地都不在合同约定的履行地的，由被告住所地人民法院管辖。在本题中，吴某翻悔并电告王某自己已将字画卖给他人属于典型的合同没有实际履行，双方约定的履行地丙市又不在双方住所地甲市和乙市，故应由被告住所地——甲市法院管辖。A项正确。本题答案为A。

### 四、特殊的管辖制度

#### （一）协议管辖

主要办事机构在A县的五环公司与主要办事机构在B县的四海公司于C县签订购货合同，约定：货物交付地在D县；若合同的履行发生争议，由原告所在地或者合同签订地的基层法院管辖。现五环公司起诉要求四海公司支付货款。四海公司辩称已将货款交给五环公司业务员付某。五环公司承认付某是本公司业务员，但认为其无权代理本公司收取货款，且付某也没有将四海公司声称的货款交给本公司。四海公司向法庭出示了盖有五环公司印章的授权委托书，证明付某有权代理五环公司收取货款，但五环公司对该授权书的真实性不予认可。根据案情，法院依当事人的申请通知付某参加了诉讼。对本案享有管辖权的法院包括？（2015－3－95，任）

A. A县法院　　　　　　　　　B. B县法院
C. C县法院　　　　　　　　　D. D县法院

【解析】根据《民事诉讼法解释》第30条第2款规定，管辖协议约定两个以上与争议有实际联系的地点的人民法院管辖，原告可以向其中一个人民法院起诉。本题中，双方约定由原告住所地或合同签订地法院管辖，此约定是有效的，故合同签订地（C县）法院和原告住所地（A县）法院均有管辖权，故本题答案为A、C。

#### （二）管辖权异议

1. 韩某发现购买的九都公司产品存在质量问题，于是起诉至法院要求赔偿损失，九都公司一审败诉后提起上诉。在二审中，九都公司提出管辖权异议。对于该管辖权异议的处理，下列哪一说法是正确的？（2018年网络回忆版）

A. 如果管辖权异议成立，二审法院应当裁定撤销原判决，驳回韩某的起诉
B. 如果管辖权异议成立，二审法院应当裁定撤销原判决，移送管辖
C. 二审法院不予审查管辖权异议
D. 如果管辖权异议成立，二审法院应当裁定撤销原判决，发回重审

【解析】本题是对管辖权异议的提出时间的考查。

管辖权异议提出的时间为一审答辩期间。这里的一审为因起诉而开始的初始一审。故《民事诉讼法解释》第39条第2款规定：人民法院发回重审或者按第一审程序再审的案件，当事人提出管辖异议的，人民法院不予审查。本题已经进入二审，因此对于此时提出的管辖权异议，人民法院应当不予审查，C项正确。本题答案为C。

2. 住所在A市B区的甲公司与住所在A市C区的乙公司签订了一份买卖合

扫码听课

扫码听课

扫码听课

同，约定履行地为D县。合同签订后尚未履行，因货款支付方式发生争议，乙公司诉至D县法院。甲公司就争议的付款方式提交了答辩状。经审理，法院判决甲公司败诉。甲公司不服，以一审法院无管辖权为由提起上诉，要求二审法院撤销一审判决，驳回起诉。关于本案，下列哪一表述是正确的？（2017-3-36，单）

A. D县法院有管辖权，因D县是双方约定的合同履行地

B. 二审法院对上诉人提出的管辖权异议不予审查，裁定驳回异议

C. 二审法院应裁定撤销一审判决，发回一审法院重审

D. 二审法院应裁定撤销一审判决，裁定将案件移送有管辖权的法院审理

【解析】 本题是对合同纠纷管辖规则以及管辖权异议制度的综合考查。

《民事诉讼法》第24条规定，因合同纠纷提起的诉讼，由被告住所地或合同履行地法院管辖。然而，关于合同履行地，不能笼统记忆，要看合同是否实际履行。具体而言，（1）如果合同履行了，那就直接按一般规定，被告住所地和合同履行地人民法院都有管辖权；（2）如果合同没有实际履行，当事人双方住所地又都不在合同约定的履行地的，应当由被告住所地人民法院管辖。本题的合同没有履行，约定的履行地为D县又不在双方当事人的住所地，因此D县法院没有管辖权，A项错误。

《民事诉讼法》第130条第2款规定：当事人未提出管辖异议，并应诉答辩的，视为受诉人民法院有管辖权，但违反级别管辖和专属管辖规定的除外。在乙公司诉至D县法院的情况下，甲公司就争议的付款方式提交了答辩状，已经构成应诉管辖。同时，《民诉法司法解释》第39条第2款规定，人民法院发回重审或者按第一审程序再审的案件，当事人提出管辖异议的，人民法院不予审查，即现行立法将管辖权异议的时间限定在因起诉而开始的初始一审的答辩期间。据此，对于甲公司以一审法院无管辖权为由提起上诉，要求二审法院撤销一审判决，驳回起诉之请求，二审法院应当不予审查，裁定驳回异议，故B项正确。本题答案为B。

3. 法院受理案件后，被告提出管辖异议，依据法律和司法解释规定，其可以采取下列哪些救济措施？（2016-3-78，多）

A. 向受诉法院提出管辖权异议，要求受诉法院对管辖权的归属进行审查

B. 向受诉法院的上级法院提出异议，要求上级法院对案件的管辖权进行审查

C. 在法院对管辖异议驳回的情况下，可以对该裁定提起上诉

D. 在法院对案件审理终结后，可以以管辖错误作为法定理由申请再审

【解析】 本题是对管辖权异议制度的考查。

根据《民事诉讼法》第130条第1款规定，人民法院受理案件后，当事人对管辖权有异议的，应当在提交答辩状期间提出。人民法院对当事人提出的异议，应当审查。异议成立的，裁定将案件移送有管辖权的人民法院；异议不成立的，裁定驳回。提出管辖权异议是向受理案件的法院提出，而不是向其上级法院提出，所以A项说法正确，B项说法错误。

根据《民事诉讼法》第157条规定，裁定适用于下列范围：（1）不予受理；（2）对管辖权有异议的；（3）驳回起诉；（4）财产保全和先予执行；（5）准许或者不准许撤诉；（6）中止或者终结诉讼；（7）补正判决书中的笔误；（8）中止或者终结执行；（9）撤销或者不予执行仲裁裁决；（10）不予执行公证机关赋予强制执行效力的债权文书；（11）其他需要裁定解决的事项。对前款（1）～

（3）项裁定，可以上诉。管辖权异议的裁定被驳回的，当事人可以就该裁定提起上诉，故 C 项说法正确。

根据《民事诉讼法》第 207 条的规定，再审的事由共有 13 项，管辖错误已不再是申请再审的理由，故 D 项说法错误。本题答案为 A、C。

4. 红光公司起诉蓝光公司合同纠纷一案，A 市 B 区法院受理后，蓝光公司提出管辖权异议，认为本案应当由 A 市中级法院管辖。B 区法院裁定驳回蓝光公司异议，蓝光公司提起上诉。此时，红光公司向 B 区法院申请撤诉，获准。关于本案，下列哪一选项是正确的？（2010 - 3 - 50，单）

A. B 区法院裁定准予撤诉是错误的，因为蓝光公司已经提起上诉

B. 红光公司应当向 A 市中级法院申请撤诉，并由其裁定是否准予撤诉

C. B 区法院应当待 A 市中级法院就蓝光公司的上诉作出裁定后，再裁定是否准予撤诉

D. B 区法院裁定准予撤诉后，二审法院不再对管辖权异议的上诉进行审查

【解析】根据最高人民法院《关于审理民事级别管辖异议案件若干问题的规定》第 2 条的规定，在管辖权异议裁定作出前，原告申请撤回起诉，受诉人民法院作出准予撤回起诉裁定的，对管辖权异议不再审查，并在裁定书中一并写明。此条文中的管辖权异议裁定不仅包括一审的管辖权异议裁定，也包括二审的管辖权异议裁定。因此，D 项正确。本题答案为 D。

### （三）移送管辖

1. 根据《民事诉讼法》和相关司法解释的规定，法院的下列哪些做法是违法的？（2014 - 3 - 78，多）

A. 在一起借款纠纷中，原告张海起诉被告李河时，李河居住在甲市 A 区。A 区法院受理案件后，李河搬到甲市 D 区居住，该法院知悉后将案件移送 D 区法院

B. 王丹在乙市 B 区被黄玫打伤，以为黄玫居住乙市 B 区，而向该区法院提起侵权诉讼。乙市 B 区法院受理后，查明黄玫的居住地是乙市 C 区，遂将案件移送乙市 C 区法院

C. 丙省高院规定，本省中院受理诉讼标的额 1000 万元至 5000 万元的财产案件。丙省 E 市中院受理一起标的额为 5005 万元的案件后，向丙省高院报请审理该案

D. 居住地为丁市 H 区的孙溪要求居住地为丁市 G 区的赵山依约在丁市 K 区履行合同。后因赵山下落不明，孙溪以赵山为被告向丁市 H 区法院提起违约诉讼，该法院以本院无管辖权为由裁定不予受理

【解析】根据《民事诉讼法解释》第 37 条的规定，案件受理后，受诉人民法院的管辖权不受当事人住所地、经常居住地变更的影响。原告张海起诉被告李河时，李河居住在甲市 A 区，因此 A 区法院受理案件后，不因李河搬到甲市 D 区居住而丧失管辖权，A 区法院自己有管辖权而移送，其做法违反了管辖恒定原则，当选。

根据《民事诉讼法》第 29 条规定，因侵权行为提起的诉讼，由侵权行为地或者被告住所地人民法院管辖。B 项中的王丹在乙市 B 区被打伤，故乙市 B 区法院作为侵权行为地具有对该案件的管辖权。根据《民事诉讼法》第 37 条规定，移送管辖的前提是受理案件的法院对所受理的案件没有管辖权。B 项中的案件不

符合移送管辖的要求，故 B 区法院移送案件的做法是错误的。

根据最高人民法院《关于审理民事级别管辖异议案件若干问题的规定》第 4 条规定，对于应由上级人民法院管辖的第一审民事案件，下级人民法院不得报请上级人民法院交其审理。C 项中，丙市中院受理的标的额 5005 万案件，超出其管辖范围，应该将该案件移送给上级法院审理，而不能报请上级法院交其审理。

根据《民事诉讼法》第 23 条规定，对下落不明或者宣告失踪的人提起的有关身份关系的诉讼，应由原告住所地人民法院管辖。D 项中虽然被告赵山下落不明，但是该案件并不是身份关系的诉讼，故仍应按照一般管辖规则来确定管辖法院。

根据《民事诉讼法解释》第 18 条规定，因合同纠纷提起的诉讼，如果合同没有实际履行，当事人双方住所地都不在合同约定的履行地的，由被告住所地人民法院管辖。D 项中合同没有实际履行，故只能由被告住所地丁市 D 区法院管辖。所以丁市 H 区法院以本院无管辖权为由裁定不予受理的做法正确。本题答案为 A、B、C。

2. 根据《民事诉讼法》和司法解释的相关规定，关于级别管辖，下列哪些表述是正确的？（2012 - 3 - 78，多）

A. 级别管辖不适用管辖权异议制度

B. 案件被移送管辖有可能是因为受诉法院违反了级别管辖的规定而发生的

C. 管辖权转移制度是对级别管辖制度的变通和个别的调整

D. 当事人可以通过协议变更案件的级别管辖

【解析】 根据最高人民法院《关于审理民事级别管辖异议案件若干问题的规定》第 5 条规定，被告以受诉人民法院同时违反级别管辖和地域管辖规定为由提出管辖权异议的，受诉人民法院应当一并作出裁定。因此级别管辖也适用管辖权异议制度，故 A 项错误。

移送管辖通常发生在同级法院之间，用来纠正地域管辖的错误，但有时也发生在上下级法院之间。根据最高人民法院《关于审理民事级别管辖异议案件若干问题的规定》第 6 条的规定，当事人未依法提出管辖权异议，但受诉法院发现其没有管辖权的，应当将案件移送有管辖权的人民法院审理。因为，移送管辖就是纠正管辖错误的情况，级别管辖也可能存在错误，比如某基层人民法院受理了一起专利侵权纠纷，受理以后发现本院对专利案件没有管辖权（最高人民法院也没有指定该院有权管辖专利案件），该案应当由中级人民法院管辖，那么就应当将该案移送给中级人民法院。因此案件被移送管辖有可能因受诉法院违反级别管辖的规定而发生，故 B 项正确。

管辖权转移，是指依据上级法院的决定或同意，将案件的管辖权从原来有管辖权的法院转移至无管辖权的法院，使无管辖权的法院因此而取得管辖权。《民事诉讼法》第 39 条规定：上级人民法院有权审理下级人民法院管辖的第一审民事案件；确有必要将本院管辖的第一审民事案件交下级人民法院审理的，应当报请其上级人民法院批准。下级人民法院对它所管辖的第一审民事案件，认为需要由上级人民法院审理的，可以报请上级人民法院审理。

因此，管辖权转移在上下级法院之间进行，是对级别管辖的变通和个别调整，故 C 项正确。

无论是国内案件的协议管辖还是涉外案件的协议管辖都不得违反级别管辖和专属管辖的规定，D 项错误。本题答案为 B、C。

3. 孔某在 A 市甲区拥有住房二间，在孔某外出旅游期间，位于 A 市乙区的建筑工程队对孔某隔壁李某房屋进行翻修；在翻修过程中，施工队不慎将孔某家的山墙砖块碰掉，砖块落入孔某家中，损坏电视机等家用物品。孔某旅游回来后发现此情，遂交涉，但未获结果。孔某向乙区法院起诉。乙区法院认为甲区法院审理更方便，故根据被告申请裁定移送至甲区法院，甲区法院却认为由乙区法院审理更便利，不同意接受移送。以下哪些说法是正确的？（2002 - 3 - 72，多）

A. 甲、乙二区对本案都有管辖权

B. 向何法院起诉，由原告选择决定

C. 乙区法院的移送管辖是错误的

D. 甲区法院不得再自行移送，如果认为无管辖权，应报 A 市中级法院指定管辖

【解析】本题考查侵权案件的地域管辖、移送管辖和指定管辖问题。

对于选项 A，根据《民事诉讼法》第 29 条规定，因侵权行为提起的诉讼，由侵权行为地或者被告住所地人民法院管辖。甲地应为侵权行为地，乙地应为被告住所地，故选项 A 正确。

对于选项 B，根据《民事诉讼法》第 36 条规定，两个以上人民法院都有管辖权的诉讼，原告可以向其中一个人民法院起诉；原告向两个以上有管辖权的人民法院起诉的，由最先立案的人民法院管辖。选项 B 中的原告有权选择向何法院起诉是正确的。

对于选项 C、D，根据《民事诉讼法》第 37 条规定，人民法院发现受理的案件不属于本院管辖的，应当移送有管辖权的人民法院，受移送的人民法院应当受理。受移送的人民法院认为受移送的案件依照规定不属于本院管辖的，应当报请上级人民法院指定管辖，不得再自行移送。本题中乙区法院自己有管辖权，所以移送管辖是错误的，C 项正确；移送管辖中移送的次数只能是一次，因此甲区法院不得再自行移送，如果认为无管辖权，应报 A 市中级法院（上级法院）指定管辖是正确的。D 项正确。本题答案为 A、B、C、D。

（四）综合

1. 关于管辖制度的表述，下列哪些选项是不正确的？（2013 - 3 - 79，多）

A. 对下落不明或者宣告失踪的人提起的民事诉讼，均应由原告住所地法院管辖

B. 因共同海损或者其他海损事故请求损害赔偿提起的诉讼，被告住所地法院享有管辖权

C. 甲区法院受理某技术转让合同纠纷案后，发现自己没有级别管辖权，将案件移送至甲市中院审理，这属于管辖权的转移

D. 当事人可以书面约定纠纷的管辖法院，这属于选择管辖

【解析】根据《民事诉讼法》第 23 条的规定，对下落不明或者被宣告失踪的人提起的有关身份关系的诉讼，由原告住所地法院管辖。注意此处限定的是"身份关系的诉讼"，而非所有的民事诉讼。A 项错误。

根据《民事诉讼法》第 33 条规定，因共同海损提起的诉讼，由船舶最先到

大咖点拨区

扫码听课

扫码听课

达地、共同海损理算地或者航程终止地的人民法院管辖。因此，共同海损案件中并没有被告住所地法院。B项错误。需要提示的是，在所有的侵权纠纷中，海难救助费用案件和共同海损案件的被告住所地法院是没有管辖权的。

移送管辖是指法院在受理民事案件后，发现自己对案件并无管辖权，依法将案件移送到有管辖权的法院审理。在诉讼实务中，移送管辖通常发生在同级法院之间，用来纠正地域管辖的错误，但有时也发生在上下级法院之间。管辖权转移是指依据上级法院的决定或同意，将案件的管辖权从原来有管辖权的法院转移至无管辖权的法院，使无管辖权的法院因此而取得管辖权。管辖权转移在上下级法院之间进行，通常在直接的上下级法院间进行，是对级别管辖的变通和个别调整。管辖权转移的情形有两种：向上转移和向下转移。两者在适用上的典型区别是，移送管辖是没有管辖权的法院将案件移送给有管辖权的法院（从无到有）；而管辖权转移是有管辖权的法院将案件和管辖权转移给没有管辖权的法院（从有到无）。本题中，C项甲区法院是发现自己没有管辖权而将案件移送给中级人民法院，属于移送管辖，而非管辖权的转移，C项错误。

选择管辖则是指当两个以上的法院对诉讼都有管辖权时，当事人可以选择其中一个法院提起诉讼。因此D项属于协议管辖，D项错误。本题答案为A、B、C、D。

2. 2009年2月，家住甲市A区的赵刚向家住甲市B区的李强借了5000元，言明2010年2月之前偿还。到期后赵刚一直没有还钱。2010年3月，李强找到赵刚家追讨该债务，发生争吵。赵刚因所牵宠物狗易受惊，遂对李强说："你不要大声喊，狗会咬你。"李强不理，仍然叫骂，并指着狗叫喊。该狗受惊，扑向李强并将其咬伤。李强治伤花费6000元。李强起诉要求赵刚返还欠款5000元、支付医药费6000元，并向法院提交了赵刚书写的借条、其向赵刚转账5000元的银行转账凭证、本人病历、医院的诊断书（复印件）、医院处方（复印件）、发票等。赵刚称，其向李强借款是事实，但在2010年1月卖给李强一块玉石，价值5000元，说好用玉石货款清偿借款。当时李强表示同意，并称之后会把借条还给赵刚，但其一直未还借条。赵刚还称，李强故意激怒狗，被狗咬伤的责任应由李强自己承担。对此，赵刚提交了邻居孙某出具的书面证词，该证词描述了李强当时骂人和骂狗的情形。

赵刚认为，李强提交的诊断书、医院处方均为复印件，没有证明力。请回答第（1）～（6）题。（2012-3-95～100，任）

（1）关于李强与赵刚之间欠款的诉讼管辖，下列选项正确的是？

A. 甲市A区法院　　　　　　　　　B. 甲市B区法院

C. 甲市中级法院　　　　　　　　　D. 应当专属甲市A区法院

【解析】《民事诉讼法》第24条规定：因合同纠纷提起的诉讼，由被告住所地或者合同履行地人民法院管辖。家住甲市A区的赵刚与家住甲市B区的李强之间的纠纷属于自然人间的借贷纠纷，被告住所地即赵刚所在地甲市A区法院具有管辖权。本案当双方当事人没有约定合同履行地，根据《民事诉讼法解释》第18条第2款的规定，合同对履行地点没有约定或者约定不明确，争议标的为给付货币的，接收货币一方所在地为合同履行地，即本案作为出借一方的李强是接受货币的一方，故合同履行地应当为出借一方原告李强的住所地即甲市B区。故关于李强与赵刚之间欠款的诉讼，甲市 A 区法院和甲市 B 区法院都有管辖权。本题答案为 A、B。

（2）关于李强要求赵刚支付医药费的诉讼管辖，下列选项正确的是？

A. 甲市 A 区法院　　　　　　　　B. 甲市 B 区法院

C. 甲市中级法院　　　　　　　　D. 应当专属甲市 A 区法院

**【解析】**《民事诉讼法》第 29 条规定：因侵权行为提起的诉讼，由侵权行为地或者被告住所地人民法院管辖。李强要求赵刚支付医药费的诉讼属于侵权纠纷，本案中被告住所地与侵权行为地重合，都是被告赵刚的住所地，即甲市 A 区法院，故 A 项正确，其他选项错误。需要注意的是，虽然本案的管辖法院重合为一个，即只能由甲市 A 区法院管辖。但这并不等于专属管辖，民事诉讼中的专属管辖具有特定性，只有三类案件，即不动产纠纷、港口作业纠纷、遗产继承纠纷，故 D 项错误。本题答案是 A。

（3）关于法院对李强提出的返还欠款 5000 元和支付医药费 6000 元的诉讼审理，下列选项正确的是？

A. 可以分别审理，分别作出判决　　B. 可以合并审理，一起作出判决

C. 可以合并审理，分别作出判决　　D. 必须分别审理，分别作出判决

**【解析】**诉的合并是指法院将两个或两个以上彼此之间有牵连的诉合并到一个诉讼程序中审理和裁判。诉的合并的条件是彼此独立的几个诉在主体或客体上具有关联性。因此诉的合并包括两种：

①诉的主体的合并，是将数个当事人合并到同一诉讼程序中审理和裁判。在一原告对数个被告或数原告对一个或数个被告提起诉讼时，均会产生诉的主体的合并。引起诉的主体合并的原因有：a. 必要共同诉讼或普通共同诉讼；b. 原告或被告于诉讼进行中死亡，数个继承人承受诉讼。

②诉的客体（诉讼标的——实体法律关系）的合并，是指将同一原告对同一被告提起的两个以上的诉或者反诉与本诉合并到同一诉讼程序中审理。必须指出的是，无论是同一原告对同一被告提起的两个以上的诉还是反诉与本诉，毕竟都是两个独立的诉，因此，此时的合并不是必须的，法院可以选择分别审理，分别作出判决，故 A 项正确。

本题符合诉的客体合并的条件，因此法院也可选择合并审理，从而便利当事人参加诉讼，提高诉讼效率。但李强提出的返还欠款 5000 元和支付医药费 6000元的诉讼是基于不同的法律关系，即存在两个诉讼标的不同的独立之诉，因此即使合并审理，最后的判决也要分别作出，也就是我们常说的两个诉讼，两个判决，故 C 项正确，B、D 两项错误。本题答案为 A、C。

（4）关于赵刚向李强借款 5000 元的证据证明问题，下列选项正确的是？

A. 李强提出的借条是本证

B. 李强提出的其向赵刚转账 5000 元的银行转账凭证是直接证据

C. 赵刚承认借款事实属于自认

D. 赵刚所言已用卖玉石的款项偿还借款属于反证

**【解析】**按照证据与当事人所主张事实的关系，可以把证据分为本证与反证。本证是负有证明责任的当事人所提出的能证明其主张成立的证据材料；反证是指不负有举证责任的当事人为推翻或反驳对方的主张，以证据证明相反事实存在的

证据材料。本案中，原告主张被告应返还逾期借款，他向法院提交的被告书写的借条是为了证明借款事实的存在，而赵刚所言已用卖玉石的款项偿还借款是为了证明借款事实已经消灭。根据谁主张谁举证的证明规则，法律关系或事实产生和存在由原告负证明责任，法律关系或事实变更和消灭由被告负证明责任，所以，借款事实存在是由李强承担举证责任，借款因为玉石款项而偿还的事实应当由赵刚承担举证责任。因此，李强提出的借条和赵刚所言已用卖玉石的款项偿还借款的当事人陈述都属于承担举证责任的人提供的证据，都属于本证，故 A 项正确，D 项错误。

按照单个证据与待证事实之间的关系，可以把证据分为直接证据和间接证据。直接证据是指能够单独地、直接地证明待证事实的证据。如原告提出购销合同以证明他与被告之间存在购销关系，该合同就属直接证据，因为它单独地、直接地证明了原被告之间存在购销关系。间接证据是指单个证据无法直接证明待证事实，而得通过与其他证据联合在一起，方有可能证明待证事实的证据。李强提出的其向赵刚转账 5000 元的银行转账凭证并不能单独地、直接地证明赵刚曾向自己借款 5000 元的事实，因此属于间接证据，故 B 项错误。

所谓自认，是指一方当事人对另一方当事人主张的案件事实予以承认。当事人所承认的事实就是自认的事实。自认的对象仅限于事实，法律法规、经验法则、法律解释、法律问题都不是自认的对象。因此，赵刚承认借款事实属于自认，故 C 项正确。本题答案为 A、C。

（5）关于本案李强被狗咬伤的证据证明问题，下列选项正确的是？
A. 赵刚的证人提出的书面证词属于书证
B. 李强提交的诊断书、医院处方为复印件，肯定无证明力
C. 李强是因为挑逗赵刚的狗而被狗咬伤的事实的证明责任由赵刚承担
D. 李强受损害与被赵刚的狗咬伤之间具有因果关系的证明责任由李强承担

【解析】经人民法院通知，证人应当出庭作证。但在特定的情形之下，证人可以通过书面证言的方式进行作证。因此，赵刚的证人提出的书面证词在证据的法定种类上仍属于证人证言，故 A 项错误。

《民事诉讼法》第 73 条规定：书证应当提交原件。物证应当提交原物。提交原件或者原物确有困难的，可以提交复制品、照片、副本、节录本。因此，虽然李强提交的诊断书、医院处方为复印件，但并非一定无证明力，只是通常情况下其证明力低于原件而已，故 B 项错误。

C、D 两项考查饲养动物致人损害的侵权纠纷的举证责任分配，《民法典》第一千二百四十五条规定：饲养的动物造成他人损害的，动物饲养人或者管理人应当承担侵权责任；但是，能够证明损害是因被侵权人故意或者重大过失造成的，可以不承担或者减轻责任。因此免责、减责事由由被告证明。故李强是因为挑逗赵刚的狗而被狗咬伤的事实的证明责任由被告赵刚承担，故 C 项正确。

饲养动物致人损害的侵权纠纷不属于因果关系举证责任倒置的情形，因此因果关系应当由原告证明，故李强遭受损害与被赵刚的狗咬伤之间具有因果关系的证明责任由原告李强承担，故 D 项正确。本题答案为 C、D。

（6）关于赵刚"用玉石货款清偿借款"的辩称，下列选项正确的是？
A. 将该辩称作为赵刚偿还借款的反驳意见来审查，审查的结果可以作为判决

扫码听课

扫码听课

的根据

    B. 赵刚应当以反诉的形式提出请求，法院可以与本诉合并进行审理

    C. 赵刚必须另行起诉，否则法院不予处理

    D. 赵刚既可以反诉的形式提出，也可另行起诉

【解析】反诉是指在诉讼程序进行中，本诉被告针对本诉原告向法院提出的独立的反请求。被告提出反诉，目的在于抵销或吞并原告提起的本诉，使原告的诉讼目的无法全部实现或部分实现。

但是，反诉不同于反驳，反驳是指被告针对原告提出的诉讼请求和理由，从实体上和程序上、从事实上和法律上予以全部否定或部分否定。反驳是被告依法享有的诉讼权利，也是被告在诉讼中经常采用的防御手段。反驳的目的虽然也在于使原告的诉讼目的无法实现，但它并非向原告提出独立的诉讼请求，反驳只是一种言辞上的辩驳，其会因原告撤诉而丧失其存在的意义，而反诉则是被告通过发动进攻来进行防御。区分反诉和反驳的关键就在于被告提出反诉是以承认本诉的存在为前提。

本案当中，赵刚承认借款事实的存在，即承认本诉提出的前提，只是主张玉石货款已经清偿了借款。因此，赵刚"用玉石货款清偿借款"的辩称并非反驳，而是反诉，故 A 项错误。

"用玉石货款清偿借款"的辩称符合反诉的条件，因此赵刚既可以反诉的形式提出，也可不在本诉进行中提出反诉，而是选择另行起诉解决争议。选项 B 赵刚应当以反诉的形式提出请求的表述有误，这里的"应当"需要改为"可以"，故 D 项正确，B、C 两项错误，但司法部给出的答案认为选项 B 也是正确的。本题司法部给出答案为 B、D，作者答案为 D。

3. 2011 年 7 月 11 日，A 市升湖区法院受理了黎明丽（女）诉张成功（男）离婚案。7 月 13 日，升湖区法院向张成功送达了起诉状副本。7 月 18 日，张成功向升湖区法院提交了答辩状，未对案件的管辖权提出异议。8 月 2 日，张成功向升湖区法院提出管辖权异议申请，称其与黎明丽已分居 2 年，分别居住于 A 市安平区各自父母家中。A 市升湖区法院以申请管辖权异议超过申请期限为由，裁定驳回张成功管辖权异议申请。后，升湖区法院查明情况，遂裁定将案件移送安平区法院。安平区法院接受移送，确定适用简易程序审理此案。

安平区法院在案件开庭审理时组织调解。

黎明丽声称：2005 年 12 月，其与张成功结婚，后因张成功有第三者陈佳，感情已破裂，现要求离婚。黎明丽提出，离婚后儿子张好帅由其行使监护权，张成功每月支付抚养费 1500 元。现双方存款 36 万元（存折在张成功手中），由 2 人平分，生活用品归各自所有，不存在其他共有财产分割争议。

张成功承认：2005 年 12 月，其与黎明丽结婚，自己现在有了第三者，36 万元存款在自己手中，同意离婚，同意生活用品归各自所有，同意不存在其他共有财产分割争议。不同意支付张好帅抚养费，因其是黎明丽与前男友所生。

黎明丽承认：张好帅是其与前男友所生，但在户籍登记上，张成功与张好帅为父子关系，多年来父子相称，形成事实上的父子关系，故要求张成功支付抚养费。

调解未能达成协议。在随后的庭审中，黎明丽坚持提出的请求；张成功对调

✐ 大咖点拨区

解中承认的多数事实和同意的请求予以认可，但否认了有第三者一事，仍不同意支付张好帅抚养费。黎明丽要求法院通知第三者陈佳以无独立请求权的第三人身份参加诉讼。

安平区法院作出判决：解除黎明丽、张成功婚姻关系；张好帅由黎明丽行使监护权，张成功每月支付抚养费700元；存款双方平分，生活用品归个人所有，不存在其他共有财产分割争议。法院根据调解中被告承认自己有第三者的事实，认定双方感情破裂，张成功存在过失。请回答第（1）～（6）题。（2011-3-95～100，任）

（1）关于本案管辖，下列选项正确的是？

A. 张成功行使管辖异议权符合法律的规定

B. 张成功主张管辖异议的理由符合法律规定

C. 升湖区法院驳回张成功的管辖异议符合法律规定

D. 升湖区法院对案件进行移送符合法律规定

【解析】《民事诉讼法》第130条规定：人民法院受理案件后，当事人对管辖权有异议的，应当在提交答辩状期间提出。答辩期间是起诉状副本送达被告之日起15日内的期间。本案中，升湖区人民法院于7月13日向张成功送达了起诉状副本，8月2日，张成功向升湖区人民法院提出管辖权异议申请，已经超过法律规定的15天答辩期。因此，张成功行使管辖异议权不符合法律的规定，升湖区法院驳回张成功的管辖异议符合法律规定，故A项错误，C项正确。

《民事诉讼法解释》第12条规定：夫妻一方离开住所地超过1年，另一方起诉离婚的案件，可以由原告住所地人民法院管辖。夫妻双方离开住所地超过1年，一方起诉离婚的案件，由被告经常居住地人民法院管辖；没有经常居住地的，由原告起诉时被告居住地人民法院管辖。本题中，张成功向升湖区法院称其与黎明丽已分居2年，分别居住于A市安平区各自父母家中，符合夫妻双方离开住所地超过1年的规定。因此，应当由被告张成功的经常居住地安平区人民法院管辖。所以，张成功主张管辖异议的理由符合法律规定，故B项正确。

根据《民事诉讼法》第37条的规定，移送管辖必须同时具备以下三个条件：①法院已受理了案件；②移送的法院对案件没有管辖权；③受移送的法院对案件有管辖权。法院对符合上述三个条件的案件应当移送，根据一般地域管辖规则，本案的确应由被告张成功的经常居住地安平区法院管辖。根据《民事诉讼法》第130条规定，当事人未提出管辖异议，并应诉答辩的，视为受诉人民法院有管辖权，但违反级别管辖和专属管辖规定的除外。本案中，当事人已经提交了答辩状，根据应诉管辖的规则，此时升湖区法院获得了该案件的管辖权。那么升湖区法院发现自己没有管辖权，能不能依职权移送呢？根据《民事诉讼法解释》第35条规定，当事人在答辩期间届满后未应诉答辩，人民法院在一审开庭前，发现案件不属于本院管辖的，应当裁定移送有管辖权的人民法院。该解释明确限制了法院依职权移送的两个条件：一是没有应诉答辩；二是在一审开庭前。本案已经应诉答辩了，故不能再依职权移送。所以D项错误。本题答案为B、C。

（2）关于本案调解，下列选项正确的是？

A. 法院在开庭审理时先行调解的做法符合法律或司法解释规定

B. 法院在开庭审理时如不先行组织调解，将违反法律或司法解释规定

C. 当事人未达成调解协议，法院在当事人同意情况下可以再次组织调解

D. 当事人未达成调解协议，法院未再次组织调解违法

【解析】本题考查离婚诉讼中法院的调解。

《简易程序规定》第 14 条规定：下列民事案件，人民法院在开庭审理时应当先行调解：①婚姻家庭纠纷和继承纠纷；②劳务合同纠纷；③交通事故和工伤事故引起的权利义务关系较为明确的损害赔偿纠纷；④宅基地和相邻关系纠纷；⑤合伙协议纠纷；⑥诉讼标的额较小的纠纷。但是根据案件的性质和当事人的实际情况不能调解或者显然没有调解必要的除外。不仅如此，关于先行调解，2012 年《民事诉讼法》做出扩大适用，即无论普通程序或简易程序，能够调解的案件，都应当先行调解。《民事诉讼法》第 136 条规定，人民法院对受理的案件，分别情形，予以处理：

（1）当事人没有争议，符合督促程序规定条件的，可以转入督促程序；

（2）开庭前可以调解的，采取调解方式及时解决纠纷；

（3）根据案件情况，确定适用简易程序或者普通程序；

（4）需要开庭审理的，通过要求当事人交换证据等方式，明确争议焦点。

本案属于离婚案件，不属于调解的消极范围，因此先行调解是法定的程序，A、B 项正确。

《民事诉讼法》第 145 条规定：法庭辩论终结，应当依法作出判决。判决前能够调解的，还可以进行调解，调解不成的，应当及时判决。因此当事人未达成调解协议，法院在当事人同意的情况下可以再次组织调解，C 项正确；再次组织调解征得了当事人同意，体现了自愿原则，法院未再次组织调解并不违法，因此 D 项错误。本题答案为 A、B、C。

（3）对黎明丽要求陈佳以无独立请求权第三人参加诉讼的请求，下列选项正确的是？

A. 法院可以根据黎明丽的请求，裁定追加陈佳为无独立请求权第三人

B. 如张成功同意，法院可通知陈佳以无独立请求权第三人名义参加诉讼

C. 无论张成功是否同意，法院通知陈佳以无独立请求权第三人名义参加诉讼都是错误的

D. 如陈佳同意，法院可通知陈佳以无独立请求权第三人名义参加诉讼

【解析】本题考查不得作为无独立请求权第三人通知其参加诉讼的情形。

《民事诉讼法》第 59 条第 2 款规定：对当事人双方的诉讼标的，第三人虽然没有独立请求权，但案件处理结果同他有法律上的利害关系的，可以申请参加诉讼，或者由人民法院通知他参加诉讼。人民法院判决承担民事责任的第三人，有当事人的诉讼权利义务。这是无独立请求权第三人参加诉讼的条件，即"虽然没有独立请求权，但案件处理结果同他有法律上的利害关系的"。同时，最高人民法院《关于在经济审判工作中严格执行〈中华人民共和国民事诉讼法〉的若干规定》第 9 - 11 条规定下列人员不得作为无独立请求权第三人：①与原被告双方争议的诉讼标的无直接牵连和不负有返还或者赔偿等义务的人；②与原告或被告约定仲裁或有约定管辖的案外人，或专属管辖案件的一方当事人；③产品质量纠纷案件中，对原被告之间法律关系以外的下列人员：a. 有证据证明其已经提供了合同约定或者符合法律规定的产品的人；b. 案件中的当事人未在规定的质量异议期

🖊 大咖点拨区

扫码听课

内向其提出异议的人；c.案件中的收货方已经认可其提供产品质量的人；④已经履行了义务，或者依法取得了一方当事人的财产，并支付了相应对价的原被告之间法律关系以外的人。

本题中，需要考量的就是该条第1项的规定，陈佳是否与原被告双方争议的诉讼标的无直接牵连和不负有返还或者赔偿等义务。案例中没有证据证明张成功用作为夫妻共同财产的钱款给陈佳买车、买房或者使陈佳获得其他经济上的利益。综合以上两个方面，陈佳属于与原被告双方争议的诉讼标的无直接牵连和不负有返还或者赔偿等义务的人。因此，法院不应通知陈佳以无独立请求权第三人名义参加诉讼，C项正确，A、B、D三项错误。本题答案为C。

（4）下列双方当事人的承认，不构成证据制度中自认的是？

A. 张成功承认与黎明丽存在婚姻关系

B. 张成功承认家中存款36万在自己手中

C. 张成功同意生活用品归各自所有

D. 黎明丽承认张成功不是张好帅的亲生父亲

【解析】本题考查自认的规则。自认是指当事人在诉讼活动中，对于己方不利的事实予以明示或默示的认可。本题涉及的是自认规则的适用范围。通过当事人自认认定案件事实具有一定风险性，因此自认规则适用案件的范围是有限的，涉及身份关系的案件不能适用自认规则。在有关身份关系的案件中，如涉及收养关系、婚姻关系等的案件，涉及身份关系的事实主张不能因为对方当事人的承认而免除其证明责任。因此，A、D两项不属于自认，应选。B项内容属于身份之诉中与身份事实无关的涉及财产状况的事实，可以自认，不应选；另外，民事诉讼中的自认与认诺是有区别的。自认是承认对自己不利的事实，认诺是认可或承认对方诉讼请求，C选项内容构成认诺，而非自认，因此C项错误，应选。本题答案为A、C、D。

（5）下列可以作为法院判决根据的选项是？

A. 张成功承认与黎明丽没有其他财产分割争议

B. 张成功承认家中36万存款在自己手中

C. 黎明丽提出张成功每月应当支付张好帅抚养费1500元的主张

D. 张成功在调解中承认自己有第三者

【解析】本题考查法院裁判的根据。人民法院应当根据庭审中当事人出示的证据能够证明的事实、无需举证也可以确定的事实，来适用法律作出裁判。A、B两项所述事实，构成民事诉讼法上自认的事实，是无需举证也可以确定的事实，因此可以作为法院判决的根据，因此A、B项正确；D项所述张成功在调解中承认自己有第三者的事实与上面两个事实不同，不构成自认的事实，根据《民事诉讼法解释》第107条的规定，在诉讼中，当事人为达成调解协议或者和解协议作出妥协而认可的事实，不得在后续的诉讼中作为对其不利的根据，但法律另有规定或者当事人均同意的除外。本案即属于此种情形，调解未能达成协议且在随后的庭审中，张成功否认了有第三者一事，因此，D选项不能作为对其不利的证据，不构成法院判决的根据，D项错误；C选项所述为黎明丽的诉讼请求，诉讼请求只是限定了法院裁判的范围，并不构成法院判决的根据，因此C项错误。本题答案为A、B。

（6）关于法院宣判时应当向双方当事人告知的内容，下列选项正确的是?

A. 上诉权利 　　　　　　　　　B. 上诉期限

C. 上诉法院 　　　　　　　　　D. 判决生效前不得另行结婚

【解析】本题考查离婚案件一审法院宣判时应告知的内容。对此，《民事诉讼法》第151条规定：人民法院对公开审理或者不公开审理的案件，一律公开宣告判决。当庭宣判的，应当在10日内发送判决书；定期宣判的，宣判后立即发给判决书。宣告判决时，必须告知当事人上诉权利、上诉期限和上诉的法院。宣告离婚判决，必须告知当事人在判决发生法律效力前不得另行结婚。根据上述规定，本题答案为A、B、C、D。

4. 2008年7月，家住A省的陈大因赡养费纠纷，将家住B省甲县的儿子陈小诉至甲县法院，该法院受理了此案。2008年8月，经政府正式批准，陈小居住的甲县所属区域划归乙县管辖。甲县法院以管辖区域变化对该案不再具有管辖权为由，将该案移送至乙县法院。乙县法院则根据管辖恒定原则，将案件送还至甲县法院。下列哪些说法是正确的？（2009 - 3 - 80，多）

A. 乙县法院对该案没有管辖权

B. 甲县法院的移送管辖是错误的

C. 乙县法院不得将该案送还甲县法院

D. 甲县法院对该案没有管辖权

【解析】本题考查的管辖恒定原则。

管辖恒定原则指的是确定案件管辖以起诉时为标准，原告起诉时有管辖权的法院不因当事人住所地、法院行政区域的变更而丧失管辖权。本题原告陈大起诉时被告陈小居住在甲县，作为被告住所地法院的甲县法院不因法院行政区划变更而丧失管辖权，故本案中甲县法院有管辖权，乙县法院没有管辖权。A项正确，D项错误。

根据《民事诉讼法解释》第38条规定：有管辖权的人民法院受理案件后，不得以行政区域变更为由，将案件移送给变更后有管辖权的人民法院。甲县法院自己有管辖权，因此其移送管辖当然是错误的。B项正确。

根据《民事诉讼法》第37条的规定可知，在移送管辖中，受移送的法院不得拒绝移送，也不能退还给移送法院。故C项正确。本题答案为A、B、C。

# 专题四 诉的基本原理

## 一、诉

甲因乙久拖房租不付，向法院起诉，要求乙支付半年房租6000元。在案件开庭审理前，甲提出书面材料，表示时间已过去1个月，乙应将房租增至7000元。关于法院对甲增加房租的要求的处理，下列哪一选项是正确的？（2011－3－37，单）

A. 作为新的诉讼受理，合并审理

B. 作为诉讼标的变更，另案审理

C. 作为诉讼请求增加，继续审理

D. 不予受理，告知甲可以另行起诉

【解析】本题从事实判断上很容易看出，在案例中发生了原告增加诉讼请求金额的事实，但无论其要求的房租是6000还是7000，其诉讼标的均是双方的租赁合同关系。既然诉讼标的没有变化，那么就还是原来的诉讼。因此，既不是新的诉讼也不是诉讼标的变更，A、B选项错误。对原告增加诉讼请求金额的处理方式，《民事诉讼法解释》将当事人增加、变更诉讼请求的时间扩展到案件受理后，法庭辩论结束前。本题中给出的甲增加请求的时间是"案件开庭审理前"，符合上述增加诉讼请求的时间规定，因此C项正确。本题答案为C。

## 二、诉的分类

1. 李某驾车不慎追尾撞坏刘某轿车，刘某向法院起诉要求李某将车修好。在诉讼过程中，刘某变更诉讼请求，要求李某赔偿损失并赔礼道歉。针对本案的诉讼请求变更，下列哪一说法是正确的？（2015－3－37，单）

A. 该诉的诉讼标的同时发生变更

B. 法院应依法不允许刘某变更诉讼请求

C. 该诉成为变更之诉

D. 该诉仍属给付之诉

【解析】诉讼标的是指当事人之间发生争议并要求法院作出裁判的民事权利义务关系。本案中诉讼标的始终为李某和刘某之间的侵权关系，故A项说法错误。

根据《民事诉讼法解释》第232条规定，增加、变更诉讼请求应当在法庭辩论结束前提出，本案中，刘某在诉讼过程中变更诉讼请求，法院应当允许，故B项说法错误。

诉具有不同的类型，在不同类型的诉中，诉讼标的也有所不同。给付之诉的诉讼标的是原告要求被告履行给付义务的请求所基于的原告与被告之间的实体法律关系；确认之诉的诉讼标的是原告请求法院确认他与被告之间存在或者不存在

某一实体法律关系；变更之诉的诉讼标的则是原告请求法院变更或消灭与被告之间存在的某种法律关系。本案中，变更前的诉讼请求是"将车修好"，变更后的诉讼请求是"赔偿损失并赔礼道歉"这两个请求都是要求被告履行一定的给付义务，故都属于给付之诉，D项正确，C项错误。故本题答案为D。

扫码听课

2. 关于诉的分类的表述，下列哪一选项是正确的？（2013－3－37，单）

A. 孙某向法院申请确认其妻无民事行为能力，属于确认之诉

B. 周某向法院申请宣告自己与吴某的婚姻无效，属于变更之诉

C. 张某在与王某协议离婚后，又向法院起诉，主张离婚损害赔偿，属于给付之诉

D. 赵某代理女儿向法院诉请前妻将抚养费从每月1000元增加为2000元，属于给付之诉

【解析】依据诉讼请求的内容不同，民事诉讼中的诉可以分为三类：确认之诉、变更之诉和给付之诉。确认之诉，是指原告请求法院确认与被告之间是否存在某种民事法律关系的诉。给付之诉，是指原告请求法院判令被告向其履行某种特定给付义务的诉讼。变更之诉又称形成之诉，是指原告请求法院以判决改变或者消灭既存的某种民事法律关系的诉。本题A选项中，孙某向法院申请确认其妻无民事行为能力，是特别程序中的认定公民为无民事行为能力、限制民事行为能力的案件，属于非争议案件的一种，根本就不属于诉，因而也就不属于确认之诉；B选项中周某向法院申请宣告自己与吴某的婚姻无效，属于消极的确认之诉，而非变更之诉；C选项中张某主张离婚损害赔偿，实际上是请求法院判令被告向其履行一定的义务，是给付之诉，C项正确，当选；D选项中赵某请求将抚养费从每月1000元增加为2000元，改变了原有法律关系中的请求内容，因此，属于变更之诉，D项错误，不当选。特别需要说明的是本题中的D选项。部分考生认为选项D改变的仅仅是诉讼请求，因此依然属于给付之诉。我们可以这样思考，若真是诉讼请求的变更，那本案中就应该存在在前和在后的两种诉讼请求，而本选项中自始至终只存在一个诉讼请求，即"将抚养费从每月1000元增加为2000元"。本选项的核心要义在于本案的诉讼标的为抚养权法律关系，根据此一法律关系，前妻的义务系每月给付女儿1000元抚养费。原告起诉的目标在于将抚养权这一既存法律关系中的内容，即抚养数额予以变更，因此属于变更之诉。本题答案为C。

3. 下列哪一种民事诉讼请求属于给付之诉？（2004－3－36，单）

A. 甲起诉请求乙停止损害其名誉

B. 丙起诉丁请求撤销二人之间的房屋买卖合同

C. 男方起诉前妻，请求将二人之子判归前妻抚养

D. 王某起诉李某，请求解除收养关系

扫码听课

【解析】本题考查诉的种类。对于给付之诉，根据要求被告履行义务的内容，可将给付之诉分为财产给付之诉与行为给付之诉。根据要求被告履行的行为义务是进行某种行为还是停止某种行为，又可以将行为给付之诉分为积极的行为给付之诉与消极的行为给付之诉。据此，本题中，A项属于消极的行为给付之诉，而B、C、D项均属于变更之诉。本题答案为A。

大咖点拨区

## 三、反诉

1. 郑某起诉林某，审理过程中林某提起反诉，后郑某撤回起诉，法院以原告撤回起诉为由裁定驳回了林某的反诉。林某对该裁定不服，提起上诉，二审法院应当如何处理？（2019年回忆版真题）

A. 组织当事人调解，调解不成，告知另行起诉

B. 裁定驳回上诉，维持原裁定

C. 二审法院撤销驳回反诉的裁定，同时发回重审

D. 二审法院撤销原裁定，同时指定原审法院审理

【解析】本题是对反诉独立性的考查。

本诉和反诉相互独立。反诉独立于本诉而存在，其不因本诉的撤回而撤回。因此，郑某撤回起诉后，人民法院对于林某的反诉应当继续审理，故一审法院裁定驳回林某反诉的裁定是错误的。而针对驳回起诉裁定的上诉案件，二审法院发现该裁定有错的，应当裁定撤销原驳回起诉裁定，指令原审法院继续审理，D项正确。本题答案为D。

2. 甲、乙两公司签订了一份家具买卖合同，因家具质量问题，甲公司起诉乙公司要求更换家具并支付违约金3万元。法院经审理判决乙公司败诉，乙公司未上诉。之后，乙公司向法院起诉，要求确认该家具买卖合同无效。对乙公司的起诉，法院应采取下列哪一处理方式？（2017-3-42，单）

A. 予以受理　　　　　　　B. 裁定不予受理

C. 裁定驳回起诉　　　　　D. 按再审处理

【解析】本题是对反诉提出时间条件的考查。

乙公司向法院起诉，要求确认该家具买卖合同无效的主张构成一种反诉。然而根据反诉提出的条件要求，反诉须在本诉的进行中提出，即最迟在本诉的法庭辩论结束前提出。在本题中，由于乙公司反诉提出的时间超过了本诉的法庭辩论终结前，不满足提出的时间条件要求，人民法院应当裁定不予受理。本题答案为B。

3. 刘某与曹某签订房屋租赁合同，后刘某向法院起诉，要求曹某依约支付租金。曹某向法院提出的下列哪一主张可能构成反诉？（2014-3-43，单）

A. 刘某的支付租金请求权已经超过诉讼时效

B. 租赁合同无效

C. 自己无支付能力

D. 自己已经支付了租金

【解析】反诉是指在已经开始的诉讼程序（本诉）的进行中，本诉的被告针对本诉原告向人民法院提出独立的反请求，目的在于抵销或吞并本诉原告提出的诉讼请求。因此，反诉是一种独立的诉的形态，反诉是相对于本诉而言的。

考试中常常要求我们学会区分反诉与反驳，两个概念在性质与主体上存在差异，具体而言：

（1）性质不同：反诉是一种独立的诉，而反驳是一种诉讼行为。广义的反驳是指在诉讼中当事人否定对方主张的全部诉讼行为。狭义的反驳是指否定对方证据的合法性、真实性的诉讼行为。

（2）主体不同：反诉的提出者只能是被告，而进行反驳的可以是原告也可以是被告。

总结一句：构成反诉有两点最基本的要求，第一，被告提出反诉是以承认本诉的存在为前提，这是区别反诉与反驳的关键；第二，反诉中必须具有独立的反请求。B项曹某主张合同无效，既承认合同法律关系存在，又提出了独立反请求，故 B 项是反诉。而 A（典型的抗辩，并非独立反请求）、C、D 三项因为不满足反诉构成的两个基本要求而不构成反诉。本题答案为 B。

4. 关于反诉，下列哪些表述是正确的？（2013 - 3 - 80，多）

A. 反诉的原告只能是本诉的被告

B. 反诉与本诉必须适用同一种诉讼程序

C. 反诉必须在答辩期届满前提出

D. 反诉与本诉之间须存在牵连关系，因此必须源于同一法律关系

【解析】反诉是指在本诉诉讼程序进行中，本诉被告针对本诉原告向法院提出的独立的反请求。《民事诉讼法解释》第233条对反诉作出了明确的规定："反诉的当事人应当限于本诉的当事人的范围。反诉与本诉的诉讼请求基于相同法律关系、诉讼请求之间具有因果关系，或者反诉与本诉的诉讼请求基于相同事实的，人民法院应当合并审理。反诉应由其他人民法院专属管辖，或者与本诉的诉讼标的及诉讼请求所依据的事实、理由无关联的，裁定不予受理，告知另行起诉。"根据该条规定，反诉的提出要同时满足如下五个条件：

（1）须由本诉的被告向本诉的原告提出。反诉要求当事人是恒定的，本诉的被告成为反诉的原告，本诉的原告成为反诉的被告。故 A 项正确。

（2）须在本诉进行中提出，《民事诉讼法解释》第232条规定，反诉应在案件受理后，法庭辩论终结前提出。故 C 项说法错误。

（3）须向受理本诉的法院提出，且受诉法院对反诉有管辖权。

（4）须与本诉适用同一诉讼程序。故 B 项说法正确。

（5）须反诉与本诉之间存在牵连关系，所谓存在牵连关系，是指本诉和反诉之间存在法律上的联系或事实上的联系，即牵连关系可以分为法律上的牵连和事实上的牵连两大类。而法律上的牵连又进一步划分为源于同一法律关系或源于相关联的法律关系的牵连两种；前者如原告提出请求被告交付买卖标的物的本诉，被告则提出请求支付价款或请求确认买卖合同无效的反诉；后者如原告基于所有权请求被告交付所占有的动产，被告则反诉请求法院确认其对该动产享有的职权。因此 D 项说法错误。本题答案为 A、B。

5. 关于反诉，下列哪些表述是正确的？（2012 - 3 - 80，多）

A. 反诉应当向受理本诉的法院提出，且该法院对反诉所涉及的案件也享有管辖权

B. 反诉中的诉讼请求是独立的，它不会因为本诉的撤销而撤销

C. 反诉如果成立，将产生本诉的诉讼请求被依法驳回的法律后果

D. 本诉与反诉的当事人具有同一性，因此，当事人在本诉与反诉中诉讼地位是相同的

【解析】在反诉中，本诉双方当事人的地位发生了转换：本诉的被告成为原告，本诉的原告则成为被告，因此本诉与反诉的当事人虽然具有同一性，但当事

人在本诉与反诉中诉讼地位是不同的。故 D 项错误。

反诉是本诉被告利用已开始的诉讼程序向本诉原告提出的反请求，这种反请求尽管与原告的诉讼请求存在牵连关系，但它本身具有独立性，不因本诉的消灭而消灭。反诉提出后，即使本诉的诉讼请求被放弃或撤回，也不影响反诉的存在，法院仍然要对反诉的诉讼请求进行审理并作出裁判。因此 B 项正确。

被告提出反诉，目的在于抵销或吞并原告提起的诉，使原告的诉讼目的无法全部实现或部分实现。因此，反诉如果成立，本诉的诉讼请求未必一定被依法驳回。因此 C 项错误。

法律规定反诉的意义即在于将反诉与本诉在同一个诉讼程序中一并解决，因此反诉须向受理本诉的法院提出，且受诉法院对反诉有管辖权。如果本诉被告的反请求没有向受理本诉的法院提出，或者应属于其他法院管辖，如涉及到专属管辖或协议管辖等，则不能构成反诉。故 A 项正确。综上，本题答案是 A、B。

6. 甲公司起诉要求乙公司交付货物。被告乙公司向法院主张合同无效，应由原告甲公司承担合同无效的法律责任。关于本案被告乙公司主张的性质，下列哪一说法是正确的？（2009 - 3 - 36，单）

A. 该主张构成了反诉　　　　　　B. 该主张是一种反驳

C. 该主张仅仅是一种事实主张　　D. 该主张是一种证据

【解析】 本题考查的命题点是反诉与反驳的区别。

反诉与反驳在性质与主体上存在差异，具体而言：（1）性质不同：反诉是一种独立的诉，而反驳是一种诉讼行为。广义的反驳是指在诉讼中当事人否定对方主张的全部诉讼行为。狭义的反驳是指否定对方证据的合法性、真实性的诉讼行为。（2）主体不同：反诉的提出者只能是被告，而进行反驳的可以是原告也可以是被告。

总结一句：构成反诉有两点最基本的要求，第一，被告提出反诉是以承认本诉的存在为前提，这是区别反诉与反驳的关键；第二，反诉中必须具有独立的反请求。本题中被告乙公司主张合同无效，合同无效不同于合同不存在，合同无效意味着合同关系存在，只不过效力是无效的。因此本题中被告乙公司承认合同法律关系的存在，同时提出了一个确认无效的独立反请求，因此构成反诉。本题答案为 A。

# 专题五　当事人

## 一、诉讼权利能力与诉讼行为能力

1. 关于当事人能力与当事人适格的概念，下列哪些表述是正确的？（2012 – 3 – 81，多）

A. 当事人能力又称当事人诉讼权利能力，当事人适格又称正当当事人

B. 有当事人能力的人一定是适格当事人

C. 适格当事人一定具有当事人能力

D. 当事人能力与当事人适格均由法律明确加以规定

【解析】诉讼权利能力，又称当事人诉讼权利能力或者当事人能力，是指成为民事诉讼当事人，享有民事诉讼权利和承担民事诉讼义务所必需的诉讼法上的资格。当事人适格，又称正当当事人，是指对于具体的诉讼，有作为本案当事人起诉或应诉的资格。根据定义，A 项正确。

当事人适格与诉讼权利能力不同。诉讼权利能力是作为抽象的诉讼当事人的资格，它与具体的诉讼无关，通常取决于有无民事权利能力。当事人适格是作为具体的诉讼当事人的资格，是针对具体的诉讼而言的；对于当事人适格与否，只能将当事人与具体的诉讼联系起来，看当事人与特定的诉讼标的有无直接联系。例如，在甲与乙的贷款纠纷中，丙向法院起诉要求甲返还乙的贷款，由于丙与甲乙之间争议的诉讼标的无直接联系，丙就不是本案的适格当事人，但丙本身具有当事人能力。故 B 项错误，C 项正确。

公民的诉讼权利能力始于出生，终于死亡。法人和其他组织的诉讼权利能力，始于成立，终于终止，因此，可以说当事人能力由法律加以规定。一般来讲，判断在具体个案中当事人是否适格，应当以当事人是否是所争议的民事法律关系（即本案诉讼标的）的主体，即有没有直接的利害关系作为标准。但在某些例外的情况下，与本案没有直接利害关系的主体也可能成为适格的当事人，主要是指基于当事人的意思或法律的规定，依法对他人的民事法律关系或民事权利享有管理权的人或组织，如遗产管理人、遗嘱执行人等。当受其管理的民事法律关系或民事权利发生争议以后，这些人或组织可以以自己的名义起诉或应诉。因此，当事人适格并非均由法律明确加以规定，还可能是基于当事人的意思，如著作权集体管理组织。本题正确选项是 A、C。

## 二、当事人适格

1. 刘某工商登记注册个体餐馆，命名为"刘大厨私房菜"，与张某协议由张某实际经营餐馆。张某在经营中因供货质量问题与供应商甲发生争执，拟提起诉讼，本案的适格原告为？（2020 年回忆版真题）

A. 刘某为原告　　　　　　　B. 张某为原告

扫码听课

扫码听课

C. "刘大厨私房菜"为原告　　　　D. 刘某和张某共同原告

【解析】 本题是对个体工商户在具体案件中原告和被告主体资格确定规则的考查。

《民事诉讼法解释》第59条规定：在诉讼中，个体工商户以营业执照上登记的经营者为当事人。有字号的，以营业执照上登记的字号为当事人，但应注明该字号经营者的基本信息。营业执照上的登记经营者与实际经营者不一致的，以登记的经营者和实际经营者为共同诉讼人。本题属于典型的个体工商户转让经营，但是工商手续未变更，故刘某和张某当为共同诉讼人，D项正确。本题答案为D。

2. 程某的房子临街，把房子租给陆某，双方约定租赁期间产生的一切责任由陆某承担。陆某在阳台养花，小区物业多次提醒其花盆掉下容易砸伤楼下行人，不要在阳台放花盆。某日狂风暴雨致使阳台花盆掉落，正巧砸中楼下的李某。李某欲请求赔偿，则本案的被告为？(2020年回忆版真题)

A. 程某和陆某为共同被告　　　　B. 程某为被告

C. 小区物业为被告　　　　　　　D. 陆某为被告

【解析】 本题是对建筑物和物件损害侵权中当事人确定的考查。

《民法典》第1253条规定：建筑物、构筑物或者其他设施及其搁置物、悬挂物发生脱落、坠落造成他人损害，所有人、管理人或者使用人不能证明自己没有过错的，应当承担侵权责任。所有人、管理人或者使用人赔偿后，有其他责任人的，有权向其他责任人追偿。本案中，程某作为所有人，陆某作为使用人均应承担相应的法律责任，双方约定租赁期间产生的一切责任由陆某承担不能阻却程某作为所有人的法律责任，故本案当以程某和陆某为共同被告，A项正确，本题答案为A。

扫码听课

3. 薛某雇杨某料理家务。一天，杨某乘电梯去楼下扔掉厨房垃圾时，袋中的碎玻璃严重划伤电梯中的邻居乔某。乔某诉至法院，要求赔偿其各项损失3万元。关于本案，下列哪一说法是正确的？(2017-3-40，单)

A. 乔某应起诉杨某，并承担杨某主观有过错的证明责任

B. 乔某应起诉杨某，由杨某承担其主观无过错的证明责任

C. 乔某应起诉薛某，由薛某承担其主观无过错的证明责任

D. 乔某应起诉薛某，薛某主观是否有过错不是本案的证明对象

【解析】 本题是对诉讼中，原告和被告确定规则的考查。

依据《民法典》及《民事诉讼法》的相关规定，个体工商户、农村承包经营户、合伙组织雇用的人员在进行雇用合同规定的生产经营活动中造成他人损害的，其雇主为当事人。因此，受害人乔某应当起诉雇主薛某，A、B两项错误。

同时，根据侵权案件中举证证明责任的分配规则，过错之证明应当依据归责原则来确定，即过错责任——原告证明；过错推定责任——被告证明；无过错责任——无需证明。《民法典》第1192条关于雇工责任由雇主承担之规定，实际上采用的是无过错责任，即雇主对外承担责任不以过错为要件。因此C项错误，D项正确，本题答案为D。

扫码听课

扫码听课

4. 精神病人姜某冲入向阳幼儿园将入托的小明打伤，小明的父母与姜某的监护人朱某及向阳幼儿园协商赔偿事宜无果，拟向法院提起诉讼。关于本案当事人的确定，下列哪一选项是正确的？(2016-3-36，单)

A．姜某是被告，朱某是无独立请求权第三人

B．姜某与朱某是共同被告，向阳幼儿园是无独立请求权第三人

C．向阳幼儿园与姜某是共同被告

D．姜某、朱某、向阳幼儿园是共同被告

【解析】本题是对无民事行为能力人或限制民事行为能力人侵权案件中，当事人确定的考查。

根据《民法典》第1201条的规定，无民事行为能力人或者限制民事行为能力人在幼儿园、学校或者其他教育机构学习、生活期间，受到幼儿园、学校或者其他教育机构以外的第三人人身损害的，由第三人（侵权人）承担侵权责任；幼儿园、学校或者其他教育机构未尽到管理职责的，承担相应的补充责任。在本案中，精神病人姜某冲入幼儿园，将小明打伤，姜某依法应当承担赔偿责任。而幼儿园由于未尽职责范围内的管理职责，应当承担相应的补充赔偿责任。因此，姜某和向阳幼儿园都是本案的被告。A、B项说法错误。

根据《民事诉讼法解释》第67条规定，无民事行为能力人、限制民事行为能力人造成他人损害的，无民事行为能力人、限制民事行为能力人和其监护人为共同被告。因此姜某的监护人朱某也是本案的被告。故本题答案为D。

5．小桐是由菲特公司派遣到苏拉公司工作的人员，在一次完成苏拉公司分配的工作任务时，失误造成路人周某受伤，因赔偿问题周某起诉至法院。关于本案被告的确定，下列哪一选项是正确的？（2016－3－37，单）

A．起诉苏拉公司时，应追加菲特公司为共同被告

B．起诉苏拉公司时，应追加菲特公司为无独立请求权第三人

C．起诉菲特公司时，应追加苏拉公司为共同被告

D．起诉菲特公司时，应追加苏拉公司为无独立请求权第三人

【解析】本题是对劳务派遣侵权案件中如何确定当事人的考查。

根据《民事诉讼法解释》第58条规定，在劳务派遣期间，被派遣的工作人员因执行工作任务造成他人损害的，以接受劳务派遣的用工单位为当事人。当事人主张劳务派遣单位承担责任的，该劳务派遣单位为共同被告。因此周某如果单独起诉接受劳务派遣的用工单位苏拉公司时，苏拉公司作为被告，此时不需要追加派遣单位菲特公司作为当事人，故A、B项说法错误。如果起诉劳务派遣单位菲特公司时，则法院应当追加苏拉公司为共同被告。故C项说法正确，D项说法错误，本题答案为C。

6．徐某开设打印设计中心并以自己名义登记领取了个体工商户营业执照，该中心未起字号。不久，徐某应征入伍，将该中心转让给同学李某经营，未办理工商变更登记。后该中心承接广告公司业务，款项已收却未能按期交货，遭广告公司起诉。下列哪一选项是本案的适格被告？（2015－3－39，单）

A．李某　　　　　　　　　B．李某和徐某

C．李某和该中心　　　　　D．李某、徐某和该中心

【解析】根据《民事诉讼法解释》第59条规定，在诉讼中，个体工商户以营业执照上登记的经营者为当事人。有字号的，以营业执照上登记的字号为当事人，但应同时注明该字号经营者的基本信息。营业执照上登记的经营者与实际经营者不一致的，以登记的经营者和实际经营者为共同诉讼人。本题中该打印设计

中心未起字号，且徐某转让后未办理工商变更登记，属于营业执照上登记的经营者与实际经营者不一致，故本案应以李某和徐某为共同被告，B 项正确。本题答案为 B。

7. 根据民事诉讼理论和相关法律法规，关于当事人的表述，下列哪些选项是正确的？（2014 - 3 - 81，多）

A. 依法解散、依法被撤销的法人可以自己的名义作为当事人进行诉讼
B. 被宣告为无行为能力的成年人可以自己的名义作为当事人进行诉讼
C. 不是民事主体的非法人组织依法可以自己的名义作为当事人进行诉讼
D. 中国消费者协会可以自己的名义作为当事人，对侵害众多消费者权益的企业提起公益诉讼

【解析】 根据《民事诉讼法解释》第 64 条规定，企业法人解散的，依法清算并注销前，以该企业法人为当事人；未依法清算即被注销的，以该企业法人的股东、发起人或者出资人为当事人。故 A 项说法错误。

根据《民事诉讼法》第 60 条规定，无诉讼行为能力人由他的监护人作为法定代理人代为诉讼。因此被宣告为无行为能力的未成年人仍然是当事人，只是由他的法定代理人代为诉讼。故 B 项说法正确。

根据《民事诉讼法解释》第 52 条规定，民事诉讼法规定的其他组织是指合法成立、有一定的组织机构和财产，但又不具备法人资格的组织，包括：（1）依法登记领取营业执照的个人独资企业；（2）依法登记领取营业执照的合伙企业；（3）依法登记领取我国营业执照的中外合作经营企业、外资企业；（4）依法成立的社会团体的分支机构、代表机构；（5）依法设立并领取营业执照的法人的分支机构；（6）依法设立并领取营业执照的商业银行、政策性银行和非银行金融机构的分支机构；（7）经依法登记领取营业执照的乡镇企业、街道企业；（8）其他符合本条规定条件的组织。故 C 项说法正确。

根据《民事诉讼法》第 58 条规定，对污染环境、侵害众多消费者合法权益等损害社会公共利益的行为，法律规定的机关和有关组织可以向人民法院提起诉讼。又根据修订后的《消费者权益保护法》第 47 条规定，对侵害众多消费者合法权益的行为，中国消费者协会以及在省、自治区、直辖市设立的消费者协会，可以向人民法院提起诉讼。故 D 项说法正确。本题答案为 B、C、D。

8. 甲县的葛某和乙县的许某分别拥有位于丙县的云峰公司 50% 的股份。后由于二人经营理念不合，已连续四年未召开股东会，无法形成股东会决议。许某遂向法院请求解散公司，并在法院受理后申请保全公司的主要资产（位于丁县的一块土地的使用权）。关于本案当事人的表述，下列说法正确的是？（2014 - 3 - 95，任）

A. 许某是原告
B. 葛某是被告
C. 云峰公司可以是无独立请求权第三人
D. 云峰公司可以是有独立请求权第三人

扫码听课

【解析】 根据《公司法解释（二）》第 4 条第 1 款规定，股东提起解散公司诉讼应当以公司为被告。原告以其他股东为被告一并提起诉讼的，人民法院应当告知原告将其他股东变更为第三人；原告坚持不予变更的，人民法院应当驳回原告

对其他股东的起诉。原告提起解散公司诉讼应当告知其他股东，或者由人民法院通知其参加诉讼。其他股东或者有关利害关系人申请以共同原告或者第三人身份参加诉讼的，人民法院应予准许。故许某起诉要求解散公司，原告为许某，被告应为公司，故本题答案为 A。

9. 2010 年 7 月，甲公司不服 A 市 B 区法院对其与乙公司买卖合同纠纷的判决，上诉至 A 市中级法院，A 市中级法院经审理维持原判决。2011 年 3 月，甲公司与丙公司合并为丁公司。之后，丁公司法律顾问在复查原甲公司的相关材料时，发现上述案件具备申请再审的法定事由。关于该案件的再审，下列哪一说法是正确的？（2012 - 3 - 45，单）

扫码听课

A. 应由甲公司向法院申请再审
B. 应由甲公司与丙公司共同向法院申请再审
C. 应由丁公司向法院申请再审
D. 应由丁公司以案外人身份向法院申请再审

【解析】　本题考查的是诉讼承担的问题。根据《民事诉讼法解释》第 63 条规定，企业法人合并的，因合并前的民事活动发生的纠纷，以合并后的企业为当事人；企业法人分立的，因分立前的民事活动发生的纠纷，以分立后的企业为共同诉讼人。本题中甲公司与丙公司合并为丁公司，因此应以合并后的丁公司为当事人。故 C 项正确，A、B、D 项错误。本题答案为 C。

10. 三合公司诉两江公司合同纠纷一案，经法院审理后判决两江公司败诉。此后，两江公司与海大公司合并成立了大江公司。在对两江公司财务进行审核时，发现了一份对前述案件事实认定极为重要的证据。关于该案的再审，下列哪一说法是正确的？（2011 - 3 - 45，单）

扫码听课

A. 应当由两江公司申请再审并参加诉讼
B. 应当由海大公司申请再审并参加诉讼
C. 应当由大江公司申请再审并参加诉讼
D. 应当由两江公司申请再审，但必须由大江公司参加诉讼

【解析】　本题考查的是诉讼承担的问题。

根据《民事诉讼法》的相关规定，有权提出申请再审的是原审中的当事人，即原审中的原告、被告、有独立请求权的第三人和判决其承担义务的无独立请求权的第三人以及上诉人和被上诉人。本题的关键是在于公司合并后当事人的认定，在民事诉讼中，法人的合并与分立导致的法律后果就是诉讼承担。简言之，就是要由合并、分立后的法人承受被合并、分立的法人的诉讼权利与义务以及实体权利与义务。据此诉讼承担的原理，本题情形下，应当由合并后的法人大江公司申请再审并参加诉讼。因此，本题答案为 C。

11. 甲在丽都酒店就餐，顾客乙因地板湿滑不慎滑倒，将热汤洒到甲身上，甲被烫伤。甲拟向法院提起诉讼。关于本案当事人的确定，下列哪一说法是正确的？（2010 - 3 - 46，单）

扫码听课

A. 甲起诉丽都酒店，乙是第三人
B. 甲起诉乙，丽都酒店是第三人
C. 甲起诉，只能以乙或丽都酒店为单一被告
D. 甲起诉丽都酒店，乙是共同被告

**【解析】** 本题的难点在于确定丽都酒店与乙在侵权过程中的相互关系，选择的困难发生在 A、B、C 项与 D 项之间。根据《民法典》第1172条规定，二人以上分别实施侵权行为造成同一损害，能够确定责任大小的，各自承担相应的责任；难以确定责任大小的，平均承担赔偿责任。本题中，丽都酒店没有注意到自己酒店地板湿滑问题，有过失。乙手持热汤，在行走时没有注意到地板状况并未多加小心，将热汤洒在甲身上，也有过失。不过，二者并无共同过失或者共同故意，是二者行为的间接结合导致损害结果发生，二者应承担按份责任。据此，丽都酒店和乙是必要共同诉讼人。如果甲只起诉了丽都酒店，则法院应当追加乙为本案的共同被告。本题答案为 D。

12. 甲乙丙三人合伙开办电脑修理店，店名为"一通电脑行"，依法登记。甲负责对外执行合伙事务。顾客丁进店送修电脑时，被该店修理人员戊的工具碰伤。丁拟向法院起诉。关于本案被告的确定，下列哪一选项是正确的？（2010 - 3 - 40，单）

A. "一通电脑行"为被告

B. 甲为被告

C. 甲乙丙三人为共同被告，并注明"一通电脑行"字号

D. 甲乙丙戊四人为共同被告

**【解析】** 根据《民事诉讼法解释》第60条的规定，个人合伙的全体合伙人在诉讼中为共同诉讼人。个人合伙有依法核准登记的字号的，应在法律文书中注明登记的字号。本题第一个考查点是合伙组织与个人合伙作当事人时的区别，合伙组织要以组织名义进行诉讼，而个人合伙要以全体合伙人名义进行诉讼。合伙组织必须是依照《合伙企业法》成立的合伙组织，其基本标志是领取营业执照，而不仅仅是依法登记，因此，本题中的合伙是个人合伙而不是合伙组织。本题第二个考查点是雇工致人损害，谁来承担责任，谁来做当事人。根据《民法典》第一千一百九十一条规定，用人单位的工作人员因执行工作任务造成他人损害的，由用人单位承担侵权责任。用人单位承担侵权责任后，可以向有故意或者重大过失的工作人员追偿。因此，D 项要排除。本题答案为 C。

### 三、共同诉讼与第三人

#### （一）共同诉讼

1. 甲向大恒银行借款100万元，乙承担连带保证责任，甲到期未能归还借款，大恒银行向法院起诉甲乙二人，要求其履行债务。关于诉的合并和共同诉讼的判断，下列哪些选项是正确的？（2013 - 3 - 77，多）

A. 本案属于诉的主体的合并 　　B. 本案属于诉的客体的合并

C. 本案属于必要共同诉讼 　　D. 本案属于普通共同诉讼

**【解析】** 诉的合并是指法院将两个或两个以上彼此之间有牵连的诉合并到一个诉讼程序中审理和裁判。诉的合并的条件是彼此独立的几个诉在主体或客体上具有关联性。因此，诉的合并包括两种：

（1）诉的主体的合并：是将数个当事人合并到同一诉讼程序中审理和裁判。在一原告对数个被告或数原告对一个或数个被告提起诉讼时，均会产生诉的主体的合并。引起诉的主体合并的原因有：①必要共同诉讼或普通共同诉讼；②原告

或被告于诉讼进行中死亡，数个继承人承受诉讼。

（2）诉的客体（诉讼标的——实体法律关系）的合并：是指将同一原告对同一被告提起的两个以上的诉或反诉与本诉合并到同一诉讼程序中审理。因此，本题属于诉的主体的合并，A项正确。

根据《民事诉讼法解释》第66条规定，因保证合同纠纷提起的诉讼，债权人向保证人和被保证人一并主张权利的，人民法院应当将保证人和被保证人列为共同被告。保证合同约定为一般保证，债权人仅起诉保证人的，人民法院应当通知被保证人作为共同被告参加诉讼；债权人仅起诉被保证人的，可以只列被保证人为被告。本题中为连带保证，债权人将保证人和被保证人一并起诉，法院必须将其列为共同被告，故本案属于必要共同诉讼。

在我国《民事诉讼法》中，共同诉讼有必要共同诉讼和普通共同诉讼两种类型。其中，争议的诉讼标的是同一的共同诉讼是必要共同诉讼；争议的诉讼标的是同种类的共同诉讼，是普通共同诉讼。必要共同诉讼之所以必要，就是因为共同诉讼人之间的诉讼标的具有同一性；而诉讼标的的同一性又是由实体法律关系决定的。如果共同诉讼人在实体法律关系中存在着共同的利害关系，即享有共同的权利或承担共同的义务，在诉讼中诉讼标的就是共同的。本案中诉讼标的即是借款关系，甲、乙对该借款承担连带责任，因此属于必要共同诉讼。

普通共同诉讼必须是双方当事人之间存在多个法律关系，而这些法律关系在性质上属于同一种类，比如甲、乙分别向大恒银行借款，而到期均未能清偿，大恒银行将甲、乙诉至法院要求偿还借款，则甲与大恒银行有一个借款法律关系，乙与大恒银行有一个借款法律关系，此时构成普通共同诉讼。本题答案为A、C。

2. 王甲两岁，在幼儿园入托。一天，为幼儿园送货的刘某因王甲将其衣服弄湿，便打了王甲一记耳光，造成王甲左耳失聪。王甲的父亲拟代儿子向法院起诉。关于本案被告的确定，下列哪一选项是正确的？（2009－3－38，单）

A. 刘某是本案唯一的被告

B. 幼儿园是本案唯一的被告

C. 刘某和幼儿园是本案共同被告

D. 刘某是本案被告，幼儿园是本案无独立请求权第三人

【解析】《民法典》第1201条规定：无民事行为能力人或者限制民事行为能力人在幼儿园、学校或者其他教育机构学习、生活期间，受到幼儿园、学校或者其他教育机构以外的第三人人身损害的，由第三人承担侵权责任；幼儿园、学校或者其他教育机构未尽到管理职责的，承担相应的补充责任。在本案中，第三人刘某侵权致使未成年人王甲左耳失聪，刘某依法应当承担赔偿责任。幼儿园、学校或者其他教育机构承担补充责任后，可以向第三人追偿。而幼儿园由于未尽职责范围内的相关义务致使王甲左耳失聪，应当承担相应的补充赔偿责任。因此，刘某和幼儿园是本案的共同被告，C项正确。本题答案为C。

3. 关于必要共同诉讼与普通共同诉讼的区别，下列哪些选项是正确的？（2007－3－87，多）

A. 必要共同诉讼的诉讼标的是共同的，普通共同诉讼的诉讼标的是同种类的

B. 必要共同诉讼的诉讼标的只有一个，普通共同诉讼的诉讼标的有若干个

C. 必要共同诉讼的诉讼请求只有一个，普通共同诉讼的诉讼请求有若干个

D. 必要共同诉讼中共同诉讼人的诉讼行为必须一致，普通共同诉讼中共同诉讼人的诉讼行为不需要一致

【解析】本题考查两类共同诉讼特征。

《民事诉讼法》第 55 条规定，必要共同诉讼是当事人一方或者双方为 2 人以上，其诉讼标的是共同的诉讼；普通共同诉讼是当事人一方或者双方为 2 人以上，诉讼标的是同一种类、人民法院认为可以合并审理并经当事人同意的共同诉讼。A 项所述符合上述法条的规定，A 项正确。

必要共同诉讼中属于同一个诉讼，因此其诉讼标的只有一个；普通共同诉讼本质上是多个诉讼，其诉讼标的有若干个，B 项正确。

无论是在必要共同诉讼还是普通共同诉讼中，诉讼请求都可能是一个或多个，C 项错误。

依据《民事诉讼法》第 55 条的规定，必要共同诉讼中一人的诉讼行为经其他共同诉讼人承认，对其他共同诉讼人发生效力。即必要共同诉讼人的诉讼行为一般具有一致性（承认发生效力），但上诉是唯一例外，必要共同诉讼中一人或数人的上诉无需其他必要共同诉讼人的承认，D 项前半句错误；普通共同诉讼具有可分性，因此普通共同诉讼中共同诉讼人的行为独立，D 项后半句正确。本题答案为 A、B。

### （二）代表人诉讼

1. 某企业使用霉变面粉加工馒头，潜在受害人不可确定。甲、乙、丙、丁等20 多名受害者提起损害赔偿诉讼，但未能推选出诉讼代表人。法院建议由甲、乙作为诉讼代表人，但丙、丁等人反对。关于本案，下列哪一选项是正确的？（2011 - 3 - 48，单）

A. 丙、丁等人作为诉讼代表人参加诉讼

B. 丙、丁等人推选代表人参加诉讼

C. 诉讼代表人由法院指定

D. 在丙、丁等人不认可诉讼代表人情况下，本案裁判对丙、丁等人没有约束力

【解析】本题考查在人数不确定的代表人诉讼中代表人的产生方式及代表人行为的效力。

关于人数不确定的代表人诉讼中代表人的产生方式，《民事诉讼法解释》第77 条规定：当事人一方人数众多在起诉时不确定的，由当事人推选代表人，当事人推选不出的，可以由人民法院提出人选与当事人协商，协商不成的，也可以由人民法院在起诉的当事人中指定代表人。人数不确定的代表人诉讼中代表人的产生方式分"三步走"：推选；在推选不出诉讼代表人时，可以由法院提出人选与当事人协商；协商不成的，由法院指定代表人。据此，C 选项正确。

诉讼代表人一经法院指定即为合法的代表人，不论丙、丁等人是否认可都无法改变这一点。根据《民事诉讼法》第 56 条的规定，在人数不确定的代表人诉讼中，代表人的诉讼行为对其所代表的当事人发生效力，但代表人变更、放弃诉讼请求或者承认对方当事人的诉讼请求，进行和解，必须经被代表的当事人同意。因此，D 选项表述错误。本题答案为 C。

2. A 厂生产的一批酱油由于香精投放过多，对人体有损害。报纸披露此消息后，购买过该批酱油的消费者纷纷起诉 A 厂，要求赔偿损失。甲和乙被推选为诉

扫码听课

扫码听课

讼代表人参加诉讼。下列哪一选项是正确的？（2008－3－48，单）

A. 甲和乙因故不能参加诉讼，法院可以指定另一名当事人为诉讼代表人代表当事人进行诉讼

B. 甲因病不能参加诉讼，可以委托一至两人作为诉讼代理人，而无需征得被代表的当事人的同意

C. 甲和乙可以自行决定变更诉讼请求，但事后应当及时告知其他当事人

D. 甲和乙经超过半数原告方当事人同意，可以和A厂签订和解协议

【解析】本题考查人数不确定的代表人诉讼。

根据《民事诉讼法》第56条及《民事诉讼法解释》第77条的规定，在人数不确定的代表人诉讼中，诉讼代表人由当事人推选，当事人推选不出的，可以由人民法院提出人选与当事人商定，协商不成的，也可以由人民法院在起诉的当事人中指定代表人。本案中代表人已经确定，其因故不能参加诉讼，不能由人民法院直接指定，因为代表人不能参加诉讼，其诉讼代理人可以参加。因此A项错误。

根据《民事诉讼法》第56条的规定，代表人的诉讼行为对其所代表的当事人发生效力，但代表人变更、放弃诉讼请求或者承认对方当事人的诉讼请求，进行和解，必须经被代表的当事人同意。其中要注意的是，这里的"必须经被代表的当事人同意"是指事先经过全体被代表当事人的同意。另据《民事诉讼法解释》第78条的规定，每位代表人可以委托1～2人作为诉讼代理人。综上所述，B项正确，C、D项错误。本题答案为B。

### （三）第三人

1. 丙公司因法院对甲公司诉乙公司工程施工合同案的一审判决（未提起上诉）损害其合法权益，向A市B县法院提起撤销诉讼。案件审理中，检察院提起抗诉，A市中级法院对该案进行再审，B县法院裁定将撤销诉讼并入再审程序。关于中级法院对丙公司提出的撤销诉讼请求的处理，下列哪一表述是正确的？（2017－3－38，单）

A. 将丙公司提出的诉讼请求一并审理，作出判决

B. 根据自愿原则进行调解，调解不成的，告知丙公司另行起诉

C. 根据自愿原则进行调解，调解不成的，裁定撤销原判发回重审

D. 根据自愿原则进行调解，调解不成的，恢复第三人撤销诉讼程序

【解析】本题是对第三人权利救济模式关系的考查。

根据《民事诉讼法解释》第301条的规定，第三人撤销之诉案件审理期间，人民法院对生效判决、裁定、调解书裁定再审的，受理第三人撤销之诉的人民法院应当裁定将第三人的诉讼请求并入再审程序。但有证据证明原审当事人之间恶意串通损害第三人合法权益的，人民法院应当先行审理第三人撤销之诉案件，裁定中止再审诉讼。

同时，《民事诉讼法解释》第302条规定，第三人诉讼请求并入再审程序审理的，按照下列情形分别处理：（一）按照第一审程序审理的，人民法院应当对第三人的诉讼请求一并审理，所作的判决可以上诉；（二）按照第二审程序审理的，人民法院可以调解，调解达不成协议的，应当裁定撤销原判决、裁定、调解书，发回一审法院重审，重审时应当列明第三人。本题中，生效判决为A市B县

扫码听课

大咖点拨区

法院一审所作，A 市中院作为 A 市 B 县的上一级法院，其进行的再审应当提审，即适用二审程序审理。因此，应当在将第三人诉讼请求并入再审程序的前提下，根据自愿原则进行调解，调解不成的，裁定撤销原判发回重审。本题答案为 C。

2. 汤某设宴为母祝寿，向成某借了一尊清代玉瓶装饰房间。毛某来祝寿时，看上了玉瓶，提出购买。汤某以 30 万元将玉瓶卖给了毛某，并要其先付钱，寿典后 15 日内交付玉瓶。毛某依约履行，汤某以种种理由拒绝交付。毛某诉至甲县法院，要求汤某交付玉瓶，得到判决支持。汤某未上诉，判决生效。在该判决执行时，成某知晓了上述情况。对此，成某依法可采取哪些救济措施？（2017 – 3 – 77，多）

A. 以案外人身份向甲县法院直接申请再审

B. 向甲县法院提出执行异议

C. 向甲县法院提出第三人撤销之诉

D. 向甲县法院申诉，要求甲县法院依职权对案件启动再审

【解析】本题考查的是第三人权利的救济方式。在现行民事诉讼的制度框架内，第三人的权利救济方式共有四种，分别是参加诉讼、案外人申请再审、案外人对执行标的的异议（简称执行异议）和第三人撤销之诉。其中，参加诉讼制度针对的是未生效文书，而后三种救济方式都属于事后救济，针对的是生效文书。

同时，根据现行司法解释之规定，案外人申请再审应当满足"案外人对原判决、裁定、调解书确定的执行标的物主张权利，且无法提起新的诉讼解决争议的，可以自执行异议裁定送达之日起 6 个月内向作出原判决、裁定、调解书的人民法院申请再审。"由此可知本题中的案外人成某并不能直接向甲县法院申请再审，但成某却可以依法向作出生效判决的甲县法院申诉，要求甲县法院职权启动再审。因此，本题答案是 B、C、D。

3. 李立与陈山就财产权属发生争议提起确权诉讼。案外人王强得知此事，提起诉讼主张该财产的部分产权，法院同意王强参加诉讼。诉讼中，李立经法院同意撤回起诉。关于该案，下列哪些选项是正确的？（2017 – 3 – 78，多）

A. 王强是有独立请求权的第三人

B. 王强是必要的共同诉讼人

C. 李立撤回起诉后，法院应裁定终结诉讼

D. 李立撤回起诉后，法院应以王强为原告、李立和陈山为被告另案处理，诉讼继续进行

【解析】本题考查的是有独立请求权的第三人。

有独立请求权的第三人基于对原告和被告所争议的诉讼标的的独立的请求权而参加到诉讼当中来。本题中，案外人王强对李立和陈山所争议的财产主张部分产权，是典型的有独立请求权第三人，因此 A 项正确。

有独立请求权的第三人以起诉的方式参加的原告和被告的诉讼当中，其提出的参加之诉与本诉是两个相互独立的诉，互不影响。如果有独立请求权的第三人申请撤销参加之诉，本诉可以继续审理；本诉原告申请撤销本诉，有独立请求权的第三人作为另案原告，原案原告、被告作为另案被告，诉讼继续进行。因此 C 项错误，D 项正确。本题答案为 A、D。

4. 丁一诉弟弟丁二继承纠纷一案，在一审中，妹妹丁爽向法院递交诉状，主张应由自己继承争系的遗产，并向法院提供了父亲生前所立的其过世后遗产全部

由丁爽继承的遗嘱。法院予以合并审理，开庭审理前，丁一表示撤回起诉，丁二认为该遗嘱是伪造的，要求继续进行诉讼。法院裁定准予丁一撤诉后，在程序上，下列哪一选项是正确的？（2016 - 3 - 38，单）

A. 丁爽为另案原告，丁二为另案被告，诉讼继续进行

B. 丁爽为另案原告，丁一、丁二为另案被告，诉讼继续进行

C. 丁一、丁爽为另案原告，丁二为另案被告，诉讼继续进行

D. 丁爽、丁二为另案原告，丁一为另案被告，诉讼继续进行

【解析】本题是对第三人参加之诉当事人地位如何列明的考查。

根据《民事诉讼法解释》第237条规定，有独立请求权的第三人参加诉讼后，原告申请撤诉，人民法院在准许原告撤诉后，有独立请求权的第三人作为另案原告，原案原告、被告作为另案被告，诉讼继续进行。本案中，丁一撤诉被法院裁定准许后，对于丁爽的第三人参加之诉，应该以丁爽为原告，原案的被告丁一、丁二为被告继续审理。故B项说法正确。

需要说明的是，按照《民事诉讼法解释》第238条第2款的规定，法庭辩论终结后原告申请撤诉，被告不同意的，人民法院可以不予准许。而本案丁一申请撤诉的时间是在开庭审理前，故虽然被告丁二不同意其撤诉，要求继续进行审理，法院仍然可以裁定准予丁一撤诉。本题答案为B。

5. 程某诉刘某借款诉讼过程中，程某将对刘某因该借款而形成的债权转让给了谢某。依据相关规定，下列哪些选项是正确的？（2016 - 3 - 79，多）

A. 如程某撤诉，法院可以准许其撤诉

B. 如谢某申请以无独立请求权第三人身份参加诉讼，法院可予以准许

C. 如谢某申请替代程某诉讼地位的，法院可以根据案件的具体情况决定是否准许

D. 如法院不予准许谢某申请替代程某诉讼地位的，可以追加谢某为无独立请求权的第三人

【解析】本题是对诉讼中权利义务转移的情形下当事人确定的考查。

根据《民事诉讼法解释》第249条规定，在诉讼中，争议的民事权利义务转移的，不影响当事人的诉讼主体资格和诉讼地位。人民法院作出的发生法律效力的判决、裁定对受让人具有拘束力。受让人申请以无独立请求权的第三人身份参加诉讼的，人民法院可予准许。受让人申请替代当事人承担诉讼的，人民法院可以根据案件的具体情况决定是否准许；不予准许的，可以追加其为无独立请求权的第三人。故B、C、D项说法正确。对于A项，程某作为本案原告，可以向法院申请撤诉，法院审查后，符合法律规定的，也可以准许他的撤诉申请。故A项说法正确。本题答案为A、B、C、D。

6. 赵某与刘某将共有商铺出租给陈某。刘某瞒着赵某，与陈某签订房屋买卖合同，将商铺转让给陈某，后因该合同履行发生纠纷，刘某将陈某诉至法院。赵某得知后，坚决不同意刘某将商铺让与陈某。关于本案相关人的诉讼地位，下列哪一说法是正确的？（2015 - 3 - 38，单）

A. 法院应依职权追加赵某为共同原告

B. 赵某应以刘某侵权起诉，陈某为无独立请求权第三人

C. 赵某应作为无独立请求权第三人

大咖点拨区

扫码听课

D. 赵某应作为有独立请求权第三人

【解析】本案中，房屋买卖合同双方当事人是刘某和陈某，基于合同相对性，赵某不能作为共同原告参加诉讼。故 A 项错误。注意《民事诉讼法解释》规定共有人可以作为共同诉讼人的情形是指：共有财产权受到他人侵害，部分共有权人起诉的，其他共有权人应当列为共同诉讼人。这与本案情形不同。

有独立请求权的第三人，是指对原告和被告争议的诉讼标的有独立的请求权而参加诉讼的人。有独三的最大特点在于对本诉中的原告和被告争议的诉讼标的，主张独立的请求权。这一条件同时也是有独立请求权第三人参加诉讼的根据。所谓独立的请求权，是指第三人所主张的请求权不同于本诉原告向被告主张的请求权，而是同时直接针对本诉原告和被告的。从主张来看，第三人的主张既不同于原告，也不同于被告。这种独立的请求权包括全部的独立请求权和部分的独立请求权。全部的独立请求权是指请求的内容是全部否定原告和被告的实体权利；部分的独立请求权则是指部分否定原告和被告的实体权利。

本案中，赵某对于陈某和刘某之间争执的标的物主张所有权，故其应作为有独三参与到诉讼中。D 项正确，C 项错误。本题答案为 D。

7. 关于第三人撤销之诉，下列哪一说法是正确的？（2014 - 3 - 41，单）

A. 法院受理第三人撤销之诉后，应中止原裁判的执行

B. 第三人撤销之诉是确认原审裁判错误的确认之诉

C. 第三人撤销之诉由原审法院的上一级法院管辖，但当事人一方人数众多或者双方当事人为公民的案件，应由原审法院管辖

D. 第三人撤销之诉的客体包括生效的民事判决、裁定和调解书

【解析】本题考查的是第三人撤销之诉。

根据《民事诉讼法》第 59 条第 3 款规定，前两款规定的第三人，因不能归责于本人的事由未参加诉讼，但有证据证明发生法律效力的判决、裁定、调解书的部分或者全部内容错误，损害其民事权益的，可以自知道或者应当知道其民事权益受到损害之日起 6 个月内，向作出该判决、裁定、调解书的人民法院提起诉讼。人民法院经审理，诉讼请求成立的，应当改变或者撤销原判决、裁定、调解书；诉讼请求不成立的，驳回诉讼请求。因此，第三人撤销之诉找的是原审法院，并非上一级。C 项混淆了申请再审与撤销之诉的规定。C 项错误。

从这条规定可以看出，第三人撤销之诉的特征包括：

（1）属于一种事后救济机制。第三人撤销之诉则不同于第三人参加之诉，是在原案已经生成具备法律效力的判决、裁定、调解书之后。因此，第三人撤销之诉的客体为发生法律效力的判决、裁定、调解书，该诉属于形成之诉。故 B 项错误，D 项说法正确。

（2）属于一种特殊性、非通常的救济机制。其特殊性主要在于对原裁判之既判力的冲击和挑战，因此，第三人撤销之诉的提起不应当中止对原裁判的执行，这主要是为了防止当事人利用第三人撤销之诉程序来实现拖延诉讼、转移财产、阻碍执行等不正当目的。而根据《民事诉讼法解释》第 299 条也规定，受理第三人撤销之诉案件后，原告提供相应担保，请求中止执行的，人民法院可以准许。故原则上是不中止执行的，只有原告提供相应担保的，才可以中止。故 A 项错误。

（3）属于一种以保护第三人的民事实体权益为主要目的的诉讼程序。第三人未能获得充分的事前程序保障并非启动撤销之诉的唯一或核心事由，若第三人的民事权益并未受到原案判决、裁定、调解书的损害，则其无权提起第三人撤销之诉。

（4）第三人撤销之诉的提起主体具有法定性与特定性。法定性是指有权提起第三人撤销之诉的适格主体由民事诉讼法明确规定；而特定性则是指有权提起撤销之诉的只能是前诉当事人以外的第三人，并且该当事人还必须满足一定的条件，即非因可归责于本人的事由而未能参加诉讼、与本诉有法律上的利害关系。本题答案为 D。

8. 关于无独立请求权第三人，下列哪些说法是错误的？（2011－3－80，多）

A. 无独立请求权第三人在诉讼中有自己独立的诉讼地位

B. 无独立请求权第三人有权提出管辖异议

C. 一审判决没有判决无独立请求权第三人承担民事责任的，无独立请求权的第三人不可以作为上诉人或被上诉人

D. 无独立请求权第三人有权申请参加诉讼和参加案件的调解活动，与案件原、被告达成调解协议

【解析】无独立请求权第三人是广义上的当事人，具有自己独立的诉讼地位，因此 A 项正确。

根据《民事诉讼法解释》第 82 条规定：在一审诉讼中，无独立请求权的第三人无权提出管辖异议，无权放弃、变更诉讼请求或者申请撤诉，被判决承担民事责任的，有权提起上诉。为了明确第三人能否提管辖权异议的问题，最高人民法院《关于第三人能否对管辖权提出异议问题的批复》作出如下答复：（1）有独立请求权的第三人主动参加他人已开始的诉讼，应视为承认和接受了受诉法院的管辖，因而不发生对管辖权提出异议的问题；如果是受诉法院依职权通知他参加诉讼，则他有权选择是以有独立请求权的第三人的身份参加诉讼，还是以原告身份向其他有管辖权的法院另行起诉。（2）无独立请求权的第三人参加他人已开始的诉讼，是通过支持一方当事人的主张，来维护自己的利益。由于他在诉讼中始终辅助一方当事人，并以一方当事人的主张为转移。所以，他无权对受诉法院的管辖权提出异议。由此可见，两种第三人都不能提管辖权异议，因此 B 项错误。

根据《民事诉讼法解释》第 82 条规定：人民法院判决承担民事责任的无独立请求权的第三人，有权提起上诉。这表明一审判决无独立请求权第三人承担民事责任是无独立请求权的第三人作为上诉人的条件，无独立请求权第三人作为被上诉人没有条件，只要上诉人对判决中无独立请求权第三人的权利、义务、责任部分不服即可，因此 C 项错误。

无独立请求权的第三人属于广义的本案当事人，因与案件的处理结果具有法律上的利害关系，其可以申请或者由人民法院通知参加诉讼。既然可以参加诉讼，其与原告或被告达成调解是无独立请求权第三人独立诉讼地位的应有内涵，故 D 项表述正确。本题答案为 B、C。

9. 甲为有独立请求权第三人，乙为无独立请求权第三人，关于甲、乙诉讼权利和义务，下列哪一说法是正确的？（2010－3－41，单）

A. 甲只能以起诉的方式参加诉讼，乙以申请或经法院通知的方式参加诉讼

大咖点拨区

扫码听课

扫码听课

B. 甲具有当事人的诉讼地位，乙不具有当事人的诉讼地位

C. 甲的诉讼行为可对本诉的当事人发生效力，乙的诉讼行为对本诉的当事人不发生效力

D. 任何情况下，甲有上诉权，而乙无上诉权

【解析】本题是对有独立请求权第三人和无独立请求权第三人诉讼权利和诉讼义务的对比考查。

根据《民事诉讼法》第59条规定，第三人认为有独立请求权的，有权提起诉讼。对当事人双方的诉讼标的，第三人虽然没有独立请求权，但案件处理结果同他有法律上的利害关系的，可以申请参加诉讼，或者由人民法院通知他参加诉讼。由此，两种第三人参加诉讼的方式不同，因此，A项正确。

尽管有独立请求权第三人与无独立请求权第三人的诉讼权利与义务不同，但是二者都是广义的本案当事人，都具有当事人的诉讼地位；而且他们的诉讼行为都在不同程度上会对本诉当事人产生法律效力，因此B、C项错误。例如，无独立请求权第三人可以承认诉讼请求，其承认诉讼请求的行为对本诉的当事人即发生效力。根据修改后的《民事诉讼法解释》第82条规定，判决承担民事责任的无独立请求权的第三人有权提出上诉。即无独立请求权第三人附条件行使上诉权，D项错误。本题答案为A。

10. 甲与乙对一古董所有权发生争议诉至法院。诉讼过程中，丙声称古董属自己所有，主张对古董的所有权。下列哪一说法是正确的？（2009－3－39，单）

A. 如丙没有起诉，法院可以依职权主动追加其作为有独立请求权第三人

B. 如丙起诉后认为受案法院无管辖权，可以提出管辖权异议

C. 如丙起诉后经法院传票传唤，无正当理由拒不到庭，应当视为撤诉

D. 如丙起诉后，甲与乙达成协议经法院同意而撤诉，应当驳回丙的起诉

【解析】本题考查有独立请求权的第三人。

根据《民事诉讼法》第59条规定，对当事人双方的诉讼标的，第三人认为有独立请求权的，有权提起诉讼。甲与乙之间对古董所有权发生争议，而丙主张古董归他所有，因而对甲、乙之间的诉讼标的丙有独立请求权，因此丙为有独立请求权的第三人。

有独立请求权的第三人作为权利人，以起诉的方式参加原告和被告之间的本诉，法院不能依职权追加，否则违背了不告不理原则。A项错误。

有权提出管辖权异议的主体是本诉的当事人，即原告和被告，有独立请求权的第三人系本案当事人，其无权提出管辖权的异议。B项错误。

有独立请求权的第三人系参加之诉的原告，其权利和义务与本诉的原告基本相同（管辖权异议除外）。因此，根据《民事诉讼法解释》第236条规定，有独立请求权的第三人经人民法院传票传唤，无正当理由拒不到庭的，或者未经法庭许可中途退庭的，按撤诉处理。C项正确。

根据《民事诉讼法解释》第237条规定，有独立请求权的第三人参加诉讼后，原告申请撤诉，人民法院在准许原告撤诉后，有独立请求权的第三人作为另案原告，原案原告、被告作为另案被告，诉讼继续进行。本诉与有独立请求第三人之诉是相互独立的两个诉，因此法院不能以本诉已经撤诉为由驳回第三人的参加之诉，D项不正确。本题答案为C。

### 四、公益诉讼

1. A 市某工厂长期违法排放污水，导致环境严重受损，甲环保组织因此向 A 市中级法院提起环境民事公益诉讼。法院开庭审理的过程中，因该工厂排污行为遭受损失的张某也诉至法院，要求工厂承担损害赔偿责任。以下选项中说法正确的是？（2019 年网络回忆版）

A. 应当将张某列为共同原告

B. 告知张某另行起诉

C. 如果甲环保组织和张某均同意，可以将二者列为共同原告

D. 在法院对公益诉讼作出生效判决前，张某不得起诉

【解析】本题是对民事公益诉讼与私益诉讼关系的考查。

《民事诉讼法解释》第 288 条规定：人民法院受理公益诉讼案件，不影响同一侵权行为的受害人根据民事诉讼法第 122 条规定提起诉讼。即公益诉讼不排斥私益诉讼。据此，法院受理公益诉讼后，并不影响实际遭受损害的公民个人张某提起私益诉讼，D 项错误，B 项正确。

公益诉讼的主体为法律规定的机关和组织，公民个人无权提起公益诉讼，因此不存在甲环保组织和张某作为共同原告的前提。A、C 两项错误。本题答案为 B。

2. 大洲公司超标排污导致河流污染，公益环保组织甲向 A 市中级法院提起公益诉讼，请求判令大洲公司停止侵害并赔偿损失。法院受理后，在公告期间，公益环保组织乙也向 A 市中级法院提起公益诉讼，请求判令大洲公司停止侵害、赔偿损失和赔礼道歉。公益案件审理终结后，渔民梁某以大洲公司排放的污水污染了其承包的鱼塘为由提起诉讼，请求判令赔偿其损失。请回答第（1）～（3）题。（2017 - 3 - 98 ～ 100，任）

（1）对乙组织的起诉，法院的正确处理方式是？

A. 予以受理，与甲组织提起的公益诉讼合并审理

B. 予以受理，作为另案单独审理

C. 属重复诉讼，不予受理

D. 允许其参加诉讼，与甲组织列为共同原告

【解析】《民事诉讼法解释》第 287 条规定，人民法院受理公益诉讼案件后，依法可以提起诉讼的其他机关和有关组织，可以在开庭前向人民法院申请参加诉讼。人民法院准许参加诉讼的，列为共同原告。因此在公告期间，公益环保组织乙向 A 市中级法院提起公益诉讼的，人民法院的正确处理方式是允许其参加诉讼，与甲组织列为共同原告，D 项正确。本题答案为 D。

（2）公益环保组织因与大洲公司在诉讼中达成和解协议申请撤诉，法院的正确处理方式是？

A. 应将和解协议记入笔录，准许公益环保组织的撤诉申请

B. 不准许公益环保组织的撤诉申请

C. 应将双方的和解协议内容予以公告

D. 应依职权根据和解协议内容制作调解书

【解析】《环境民事公益诉讼案件解释》第 25 条规定：环境民事公益诉讼当

事人达成调解协议或者自行达成和解协议后，人民法院应当将协议内容公告，公告期间不少于三十日。公告期满后，人民法院审查认为调解协议或者和解协议的内容不损害社会公共利益的，应当出具调解书。当事人以达成和解协议为由申请撤诉的，不予准许。因此本题答案为 B、C、D。

（3）对梁某的起诉，法院的正确处理方式是？

A. 属重复诉讼，裁定不予受理

B. 不予受理，告知其向公益环保组织请求给付

C. 应予受理，但公益诉讼中已提出的诉讼请求不得再次提出

D. 应予受理，其诉讼请求不受公益诉讼影响

【解析】《民事诉讼法解释》第 288 条规定，人民法院受理公益诉讼案件，不影响同一侵权行为的受害人根据《民事诉讼法》第 122 条规定提起诉讼，即公益诉讼并不排斥受害人自行提出传统的私益诉讼。故本题答案为 D。

3. 某品牌手机生产商在手机出厂前预装众多程序，大幅侵占标明内存，某省消费者保护协会以侵害消费者知情权为由提起公益诉讼，法院受理了该案。下列哪一说法是正确的？（2015 - 3 - 35，单）

A. 本案应当由侵权行为地或者被告住所地中级法院管辖

B. 本案原告没有撤诉权

C. 本案当事人不可以和解，法院也不可以调解

D. 因该案已受理，购买该品牌手机的消费者甲若以前述理由诉请赔偿，法院不予受理

【解析】本题是对公益诉讼的综合考察。

根据《民事诉讼法解释》第 285 条规定，公益诉讼案件由侵权行为地或者被告住所地中级人民法院管辖，但法律、司法解释另有规定的除外。因污染海洋环境提起的公益诉讼，由污染发生地、损害结果地或者采取预防污染措施地海事法院管辖。对同一侵权行为分别向两个以上人民法院提起公益诉讼的，由最先立案的人民法院管辖，必要时由它们的共同上级人民法院指定管辖。故 A 项正确。

根据《民事诉讼法解释》第 290 条规定，公益诉讼案件的原告在法庭辩论终结后申请撤诉的，人民法院不予准许。本条规定公益诉讼只是在法庭辩论终结后不允许撤诉，不是说不能撤诉。故 B 项错误。

根据《民事诉讼法解释》第 289 条第 1 款规定，对公益诉讼案件，当事人可以和解，人民法院可以调解。故 C 项说法错误。

根据《民事诉讼法解释》第 288 条规定，人民法院受理公益诉讼案件，不影响同一侵权行为的受害人根据民事诉讼法第 122 条规定提起诉讼。公益诉讼不影响私益诉讼，作为消费者的甲仍可以就自己的利益受损害，要求该厂商赔偿，法院应当受理，故 D 项说法错误。本题答案为 A。

4. 根据 2012 年修改的《民事诉讼法》，关于公益诉讼的表述，下列哪一选项是错误的？（2013 - 3 - 35，单）

A. 公益诉讼规则的设立，体现了依法治国的法治理念

B. 公益诉讼的起诉主体只限于法律授权的机关或团体

C. 公益诉讼规则的设立，有利于保障我国经济社会全面协调发展

D. 公益诉讼的提起必须以存在实际损害为前提

【解析】《民事诉讼法》第58条规定：对污染环境、侵害众多消费者合法权益等损害社会公共利益的行为，法律规定的机关和有关组织可以向人民法院提起诉讼。公益诉讼规则的设立，既是对依法治国理念的贯彻实施，也是我国经济社会全面协调发展的有利保障。因此 A、B、C 三项正确。

根据最高人民法院《关于审理环境民事公益诉讼案件适用法律若干问题的解释》第1条规定，法律规定的机关和有关组织依据《民事诉讼法》第58条、《环境保护法》第58条等法律的规定，对已经损害社会公共利益或者具有损害社会公共利益重大风险的污染环境、破坏生态的行为提起诉讼，符合《民事诉讼法》第122条第（2）项、第（3）项、第（4）项规定的，人民法院应予受理。故公益诉讼的提出并不以存在实际损害为前提，可以针对"具有损害社会公共利益重大风险的行为"提起诉讼，因此 D 项表述错误。本题答案为 D。

大咖点拨区

大咖点拨区

扫码听课

扫码听课

# 专题六　诉讼代理人

1. 律师作为委托诉讼代理人参加诉讼，应向法院提交下列哪些材料？（2015 - 3 - 78，多）

A. 律师所在的律师事务所与当事人签订的协议书

B. 当事人的授权委托书

C. 律师的执业证

D. 律师事务所的证明

【解析】根据《民事诉讼法解释》第88条规定，诉讼代理人除根据《民事诉讼法》第62条规定提交授权委托书外，还应当按照下列规定向人民法院提交相关材料：

（1）律师应当提交律师执业证、律师事务所证明材料；

（2）基层法律服务工作者应当提交法律服务工作者执业证、基层法律服务所出具的介绍信以及当事人一方位于本辖区内的证明材料；

（3）当事人的近亲属应当提交身份证件和与委托人有近亲属关系的证明材料；

（4）当事人的工作人员应当提交身份证件和与当事人有合法劳动人事关系的证明材料；

（5）当事人所在社区、单位推荐的公民应当提交身份证件、推荐材料和当事人属于该社区、单位的证明材料；

（6）有关社会团体推荐的公民应当提交身份证件和符合本解释第87条规定条件的证明材料。

根据该条第（1）～（2）项的规定，本题答案为B、C、D。

2. 某市法院受理了中国人郭某与外国人珍妮的离婚诉讼，郭某委托黄律师作为代理人，授权委托书中仅写明代理范围为"全权代理"。关于委托代理的表述，下列哪一选项是正确的？（2013 - 3 - 42，单）

A. 郭某已经委托了代理人，可以不出庭参加诉讼

B. 法院可以向黄律师送达诉讼文书，其签收行为有效

C. 黄律师可以代为放弃诉讼请求

D. 如果珍妮要委托代理人代为诉讼，必须委托中国公民

【解析】《民事诉讼法》第65条规定：离婚案件有诉讼代理人的，本人除不能表达意思的以外，仍应出庭；确因特殊情况无法出庭的，必须向人民法院提交书面意见。本案属于离婚案件，因此即使郭某已经委托了代理人，依然要出庭参加诉讼，A项错误。

根据《民事诉讼法解释》第132条规定，受送达人有诉讼代理人的，人民法院既可以向受送达人送达，也可以向其诉讼代理人送达。受送达人指定诉讼代理人为代收人的，向诉讼代理人送达时，适用留置送达。故B项正确。

《民事诉讼法解释》第89条第1款规定：授权委托书仅写全权代理而无具体授权的，诉讼代理人无权代为承认、放弃、变更诉讼请求，进行和解，提起反诉或者上诉。正确的特别授权方法是明确地写明授予何种涉及实体权利的处分权限。因此，C项错误。

外国人在中国进行民事诉讼可委托外国人作为诉讼代理人，只是不能以律师身份进行而已，D项错误。本题答案为B。

3. 关于法定诉讼代理人，下列哪些认识是正确的？（2011－3－82，多）

A. 代理权的取得不是根据其所代理的当事人的委托授权

B. 在诉讼中可以按照自己的意志代理被代理人实施所有诉讼行为

C. 在诉讼中死亡的，产生与当事人死亡同样的法律后果

D. 所代理的当事人在诉讼中取得行为能力的，法定诉讼代理人则自动转化为委托代理人

【解析】本题考查法定诉讼代理人代理权的取得与消灭以及其代理行为的法律效力。法定诉讼代理人，是指根据法律规定，代理无诉讼行为能力的当事人进行民事活动的人。法定诉讼代理人最基本的特征在于其代理权的取得，不是基于当事人的委托，而是根据法律的直接规定。因此，A项正确。

在我国，法定诉讼代理人是为补充无民事行为能力的人或限制民事行为能力的人在诉讼行为能力上的欠缺而设置的，正是因为被代理人法律上不具有自己的意志，不能进行诉讼行为，才有了法定代理人。这就决定了法定诉讼代理人在代理权限和诉讼地位上，与委托诉讼代理人有很大的不同。法定诉讼代理人可以按照自己的意志代理被代理人实施所有诉讼行为，如起诉、应诉、放弃或变更诉讼请求、进行调解、提起反诉等。同时，法定诉讼代理人也应履行当事人所承担的一切诉讼义务。法定代理人无须被代理人的授权即可自由处分诉讼权利和实体权利。因此，选项B正确。尽管法定诉讼代理是全权代理，法定诉讼代理人具有类似当事人的诉讼权利，但他们与当事人仍然存在区别，在诉讼中，如果法定诉讼代理人死亡，法院可以另行指定监护人作为法定诉讼代理人继续诉讼，而不必终结诉讼。因此，法定代理人在诉讼中死亡的与当事人死亡产生不同的法律后果，C项错误。

在诉讼过程中，如果法定诉讼代理人的代理权消灭，应当及时将法定诉讼代理权消灭的事实告知法院，原法定代理人因法定代理权的消灭而丧失法定代理人的身份。至于该当事人是否需要委托代理人，则由当事人自行决定。D项所言此情形下法定代理人自动转化为委托代理人之说没有法律依据。本题答案为A、B。

4. 关于民事诉讼中的法定代理人，下列哪些选项是正确的？（2007－3－86，多）

A. 法定代理人的被代理人都是无诉讼行为能力或限制行为能力的人

B. 法定代理人与诉讼当事人在诉讼上具有相同的诉讼地位

C. 法定代理人在诉讼中所实施的行为和发生的诉讼事件的法律后果与当事人所实施的行为和发生的诉讼事件的法律后果相同

D. 法定代理人与当事人都属于诉讼参加人的范畴

【解析】本题考查法定代理人与当事人的联系与区别。

根据《民事诉讼法》第60条的规定，无诉讼行为能力人由他的监护人作为

法定代理人代为诉讼。不过,《民事诉讼法》中并没有规定何谓无诉讼行为能力人。另据《民事诉讼法解释》第83条的规定,在诉讼中,无民事行为能力人、限制民事行为能力人的监护人是他的法定代理人。据此可知,无诉讼行为能力人是无民事行为能力人和限制民事行为能力人,故 A 项正确。

在我国,法定诉讼代理人是为补充无民事行为能力的人或限制民事行为能力的人在诉讼行为能力上的欠缺而设置的,这就决定了法定诉讼代理人在代理权限和诉讼地位上,与委托诉讼代理人有很大的不同。法定诉讼代理人可以按照自己的意志代理被代理人实施所有诉讼行为,如起诉、应诉、放弃或变更诉讼请求、进行调解、提起反诉等。同时,法定诉讼代理人也应履行当事人所应承担的一切诉讼义务。法定代理人无须被代理人的授权即可自由处分诉讼权利和实体权利,此即全权代理。B 项错误。

法定代理人实施的诉讼行为与当事人实施的诉讼行为的法律后果是相同的,但是,发生的诉讼事件对于法定代理人与当事人却有不同的法律后果。如死亡这种法律事件发生在当事人身上,可能导致诉讼终结,而发生在法定代理人身上却不可能产生这种法律后果。C 项错误。

诉讼代理人分为法定代理人与委托代理人,其和当事人同为诉讼参加人,因此 D 项正确。本题答案为 A、D。

# 专题七　民事证据

## 一、证据的法定种类

1. 杨青（15 岁）与何翔（14 岁）两人经常嬉戏打闹，一次，杨青失手将何翔推倒，致何翔成了植物人。当时在场的还有何翔的弟弟何军（11 岁）。法院审理时，何军以证人身份出庭。关于何军作证，下列哪些说法不能成立？（2017 - 3 - 79，多）

A. 何军只有 11 岁，无诉讼行为能力，不具有证人资格，故不可作为证人

B. 何军是何翔的弟弟，应回避

C. 何军作为未成年人，其所有证言依法都不具有证明力

D. 何军作为何翔的弟弟，证言具有明显的倾向性，其证言不能单独作为认定案件事实的根据

【解析】按照证人资格的条件要求，待证事实与其年龄、智力状况或者精神健康状况相适应的无民事行为能力人和限制民事行为能力人，可以作为证人。何军已经 11 岁，本案所涉的侵权事实与其年龄、智力或精神健康状况相适应，因此可以作为证人，A 项错误。

回避的对象是审判员、陪审员、书记员、鉴定员、勘验员、翻译人员。证人具有人身的不可替代性，因此不适用回避制度，B 项错误。

根据《证据规定》第 90 条之规定，未成年人所作的与其年龄和智力状况不相当的证言以及与一方当事人或者其代理人有利害关系的证人出具的证言不能单独作为认定案件事实的根据。尽管何军是未成年人，但其所作的与其年龄和智力状况相当的证言依然具有证明力，故 C 项错误，D 项正确。本题答案 A、B、C。

2. 叶某诉汪某借款纠纷案，叶某向法院提交了一份内容为汪某向叶某借款 3 万元并收到该 3 万元的借条复印件，上有"本借条原件由汪某保管，借条复印件与借条原件具有同等效力"字样，并有汪某的署名。法院据此要求汪某提供借条原件，汪某以证明责任在原告为由拒不提供，后又称找不到借条原件。证人刘某作证称，他是汪某向叶某借款的中间人，汪某向叶某借款的事实确实存在；另外，汪某还告诉刘某，他在叶某起诉之后把借条原件烧毁，汪某在法院质证中也予以承认。在此情况下，下列哪些选项是正确的？（2017 - 3 - 80，多）

A. 法院可根据叶某提交的借条复印件，结合刘某的证言对案涉借款事实进行审查判断

B. 叶某提交给法院的借条复印件是案涉借款事实的传来证据

C. 法院可认定汪某向叶某借款 3 万元的事实

D. 法院可对汪某进行罚款、拘留

【解析】本题是对证据考点的综合考查。

《证据规定》第 90 条规定，无法与原件、原物核对的复制件、复制品不能单

扫码听课

扫码听课

独作为认定案件事实的根据，然而由于人民法院依法行使认证权，因此法院可以根据叶某提交的借条复印件，结合刘某的证言对案涉借款事实进行审查判断，A项正确。

根据证据是否直接来源于案件事实，理论上将证据划分为原始证据和传来证据。所谓原始证据是指直接来源于案件事实的证据，即通常所说的"第一手材料"；而传来证据又称为派生证据，是指不直接来源于案件事实，而是通过传抄、转述、复制后所获得的证据，因此借条复印件对于案涉借款事实即属于传来证据。

根据《民事诉讼法解释》第112条规定，书证在对方当事人控制之下的，承担举证证明责任的当事人可以在举证期限届满前书面申请人民法院责令对方当事人提交。申请理由成立的，人民法院应当责令对方当事人提交，因提交书证所产生的费用，由申请人负担。对方当事人无正当理由拒不提交，人民法院可以认定申请人所主张的书证内容为真实。故选项C说法正确。

同时，根据《民事诉讼法解释》第113条规定，持有书证的当事人以妨碍对方当事人使用为目的，毁灭有关书证或者实施其他致使书证不能使用行为的，人民法院可以依照《民事诉讼法》第114条规定，对其处以罚款、拘留。本案中，汪某在叶某起诉之后把借条原件烧毁，并在法院质证中也予以承认，属于典型的故意毁灭书证的情形，因此法院可对其进行罚款、拘留，故D项说法正确。本题答案为A、B、C、D。

3. 战某打电话向牟某借款5万元，并发短信提供账号，牟某当日即转款。之后，因战某拒不还款，牟某起诉要求战某偿还借款。在诉讼中，战某否认向牟某借款的事实，主张牟某转的款是为偿还之前向自己借的款，并向法院提交了证据；牟某也向法院提供了一些证据，以证明战某向其借款5万元的事实。关于这些证据的种类和类别的确定，下列哪一选项是正确的？（2016-3-39，单）

A. 牟某提供的银行转账凭证属于书证，该证据对借款事实而言是直接证据

B. 牟某提供的记载战某表示要向其借款5万元的手机短信属于电子数据，该证据对借款事实而言是间接证据

C. 牟某提供的记载战某表示要向其借款5万元的手机通话录音属于电子数据，该证据对借款事实而言是直接证据

D. 战某提供一份牟某书写的向其借款10万元的借条复印件，该证据对牟某主张战某借款的事实而言属于反证

【解析】本题是对证据法定种类和理论分类的考查。

对于A项，牟某提供的银行转款凭证，是以其内容来证明案件事实的，故属于书证。但是该证据只能证明牟某转款给战某，并不能证明该笔款项是借款，故不能单独直接证明借款事实的存在，相对于借款事实属于间接证据，故A项说法错误。

对于B项，根据《民事诉讼法解释》第116条第2款的规定，电子数据是指通过电子邮件、电子数据交换、网上聊天记录、博客、微博客、手机短信、电子签名、域名等形成或者存储在电子介质中的信息。故牟某提供的手机短信属于电子证据。但是手机短信只是说明"战某表示要向其借款"，并没有直接说明借款事实是否真的发生，故该手机短信相对于借款事实而言，只是间接证据。故B项说法正确。

对于 C 项，根据《民事诉讼法解释》第 116 条第 3 款的规定，存储在电子介质中的录音资料和影像资料，适用电子数据的规定。故牟某提供的手机通话录音属于电子证据。但是该录音也只是说明"战某表示要向其借款"，并没有直接说明借款事实是否真的发生，故该录音相对于借款事实而言，也只是间接证据。所以 C 项说法错误。

而对于 D 项，本证和反证的划分标准是根据对待证事实的举证证明责任。D 项中的借条是用来证明借款事实的存在，而对于借款事实是否存在这一事实的证明责任，应该由主张借款事实存在的战某来承担，战某提供的该借条对于牟某向战某借款事实而言属于本证。该借条并没有证明与牟某主张战某借款事实有关联性，并不能证明牟某与战某的 5 万元借款事实是否存在，因此并不属于反证。故 D 项说法错误。本题答案为 B。

4. 哥哥王文诉弟弟王武遗产继承一案，王文向法院提交了一份其父生前关于遗产分配方案的遗嘱复印件，遗嘱中有"本遗嘱的原件由王武负责保管"字样，并有王武的签名。王文在举证责任期间书面申请法院责令王武提交遗嘱原件，法院通知王武提交，但王武无正当理由拒绝提交。在此情况下，依据相关规定，下列哪些行为是合法的？（2016 - 3 - 80，多）

A. 王文可只向法院提交遗嘱的复印件

B. 法院可依法对王武进行拘留

C. 法院可认定王文所主张的该遗嘱能证明的事实为真实

D. 法院可根据王武的行为而判决支持王文的各项诉讼请求

【解析】根据《民事诉讼法》第 73 条规定，书证应当提交原件。物证应当提交原物。提交原件或者原物确有困难的，可以提交复制品、照片、副本、节录本。提交外文书证，必须附有中文译本。又根据《民事诉讼法解释》第 111 条第 1 款规定，《民事诉讼法》第 73 条规定的提交书证原件确有困难，包括下列情形：（1）书证原件遗失、灭失或者毁损的；（2）原件在对方当事人控制之下，经合法通知提交而拒不提交的；（3）原件在他人控制之下，而其有权不提交的；（4）原件因篇幅或者体积过大而不便提交的；（5）承担举证证明责任的当事人通过申请人民法院调查收集或者其他方式无法获得书证原件的。本案中，王文属于提交原件确有困难的情形，因此可以提交复印件，故 A 项说法正确。

根据《民事诉讼法解释》第 112 条规定，书证在对方当事人控制之下的，承担举证证明责任的当事人可以在举证期限届满前书面申请人民法院责令对方当事人提交。申请理由成立的，人民法院应当责令对方当事人提交，因提交书证所产生的费用，由申请人负担。对方当事人无正当理由拒不提交的，人民法院可以认定申请人所主张的书证内容为真实。故选项 C 说法正确。选项 D 的说法是错误的，此时法院只能认定该书证所主张的事实成立，并不能支持王文的各项诉讼请求，诉讼请求是否成立还要看适用法律等相关方面。

根据《民事诉讼法解释》第 113 条规定，持有书证的当事人以妨碍对方当事人使用为目的，毁灭有关书证或者实施其他致使书证不能使用行为的，人民法院可以依照《民事诉讼法》第 114 条规定，对其处以罚款、拘留。本案中，并没有说明王武有故意毁灭书证的情形，故 B 项说法错误。本题答案为 A、C。

大咖点拨区

扫码听课

5. 张志军与邻居王昌因琐事发生争吵并相互殴打，之后，张志军诉至法院要求王昌赔偿医药费等损失共计3000元。在举证期限届满前，张志军向法院申请事发时在场的方强（26岁）、路芳（30岁）、蒋勇（13岁）出庭作证，法院批准其请求。开庭时，法院要求上列证人签署保证书，方强签署了保证书，路芳拒签保证书，蒋勇未签署保证书。法院因此允许方强、蒋勇出庭作证，未允许路芳出庭作证。张志军在开庭时向法院提供了路芳的书面证言，法院对该证言不同意组织质证。关于本案，法院的下列哪些做法是合法的？（2015-3-79，多）

A. 批准张志军要求事发时在场人员出庭作证的申请

B. 允许蒋勇出庭作证

C. 不允许路芳出庭作证

D. 对路芳的证言不同意组织质证

【解析】根据《民事诉讼法解释》第117条规定，当事人申请证人出庭作证的，应当在举证期限届满前提出。符合本解释第96条第1款规定情形的，人民法院可以依职权通知证人出庭作证。未经人民法院通知，证人不得出庭作证，但双方当事人同意并经人民法院准许的除外。本案中，张志军在举证期限届满前申请证人出庭作证，符合法律规定，因此法院批准其要求的做法是正确的，故A项正确。

根据《民事诉讼法解释》第119条规定，人民法院在证人出庭作证前应当告知其如实作证的义务以及作伪证的法律后果，并责令其签署保证书，但无民事行为能力人和限制民事行为能力人除外。证人签署保证书适用本解释关于当事人签署保证书的规定。本案中，方强、路芳应当签署保证书，蒋勇作为限制民事行为能力人，可不需要签署保证书。故B、C项说法正确。

根据《民事诉讼法解释》第120条规定，证人拒绝签署保证书的，不得作证，并自行承担相关费用。故D项说法正确。本题答案为A、B、C、D。

6. 主要办事机构在A县的五环公司与主要办事机构在B县的四海公司于C县签订购货合同，约定：货物交付地在D县；若合同的履行发生争议，由原告所在地或者合同签订地的基层法院管辖。现五环公司起诉要求四海公司支付货款。四海公司辩称已将货款交给五环公司业务员付某。五环公司承认付某是本公司业务员，但认为其无权代理本公司收取货款，且付某也没有将四海公司声称的货款交给本公司。四海公司向法庭出示了盖有五环公司印章的授权委托书，证明付某有权代理五环公司收取货款，但五环公司对该授权书的真实性不予认可。根据案情，法院依当事人的申请通知付某参加（参与）了诉讼。根据案情和法律规定，付某参加（参与）诉讼，在诉讼中所居地位是？（2015-3-97，任）

A. 共同原告      B. 共同被告

C. 无独立请求权第三人      D. 证人

扫码听课

【解析】本案中原被告双方当事人应该是四海公司和五环公司，付某既不是原告也不是被告，故A、B项说法错误。

无独立请求权的第三人，是指虽然对原告和被告之间争议的诉讼标的没有独立的请求权，但与案件的处理结果有法律上的利害关系而参加诉讼的人。本题中付某与案件的处理结果没有法律上的利害关系，付某参与诉讼是因为四海公司和五环公司对"付某是否有权代理五环公司收取货款""授权书是否真实"产生争议，付某为此出庭作证，因此付某在本案中并不属于无独立请求权的第三人，而是属于证人，故 C 项说法错误，D 项正确。

需要提示大家的是，这里的 C、D 两项最难区别。我们知道，有利害关系的人可以作为证人，而无独立请求权的第三人参加诉讼亦是基于案件处理结果与其所具有的法律上的利害关系。从"利害关系"这个角度思考，似乎 C、D 两项很相似。但是，无独立请求权第三人概念下的"利害关系"从应试角度需要满足"三方主体、两合同关系"的构造。典型的如代位权诉讼、撤销权诉讼、连环合同。本题答案为 D。

7. 在一起侵权诉讼中，原告申请由其弟袁某（某大学计算机系教授）作为专家辅助人出庭对专业技术问题予以说明。下列哪一表述是正确的？（2014 - 3 - 38，单）

A. 被告以袁某是原告的近亲属为由申请其回避，法院应批准

B. 袁某在庭上的陈述是一种法定证据

C. 被告可对袁某进行询问

D. 袁某出庭的费用，由败诉方当事人承担

【解析】根据《民事诉讼法》第 47 条规定，回避人员包括审判人员、书记员、翻译人员、鉴定人、勘验人，并不包括专家辅助人，故 A 项说法错误。

根据《民事诉讼法》第 66 条规定，证据有下列几种：（1）当事人的陈述；（2）书证；（3）物证；（4）视听资料；（5）电子数据；（6）证人证言；（7）鉴定意见；（8）勘验笔录。依据该条规定，证据的法定种类并不包括专家辅助人的陈述，B 项说法错误。然而，2014 年《民事诉讼法解释》规定，具有专门知识的人在法庭上就专业问题提出的意见，视为当事人的陈述，即将专家辅助人的意见拟制为当事人的陈述，因此笔者认为 B 项正确。

根据《民事诉讼法解释》第 122～123 条规定，当事人可以在举证期限届满前申请 1～2 名具有专门知识的人出庭，代表当事人对鉴定意见进行质证，或者对案件事实所涉及的专业问题提出意见。人民法院准许当事人申请的，相关费用由提出申请的当事人负担。人民法院可以对出庭的具有专门知识的人进行询问。经法庭准许，当事人可以对出庭的具有专门知识的人进行询问，当事人各自申请的具有专门知识的人可以就案件中的有关问题进行对质。具有专门知识的人不得参与专业问题之外的法庭审理活动。故 C 项正确，D 项说法错误。本题答案为 C。

8. 张某驾车与李某发生碰撞，交警赶到现场后用数码相机拍摄了碰撞情况，后李某提起诉讼，要求张某赔偿损失，并向法院提交了一张光盘，内附交警拍摄的照片。该照片属于下列哪一种证据？（2014 - 3 - 48，单）

A. 书证 　　　　　　　　　B. 鉴定意见

C. 勘验笔录 　　　　　　　D. 电子数据

【解析】本题是对电子证据和其他相关证据种类的区别的考查。

电子数据，是指随着计算机及互联网络的发展，在计算机或计算机系统运行过程中因电子化数据交换等产生的证明案件事实的信息。

视听资料，是指以声音、图像及其他视听信息来证明案件待证事实的录像带、录音带等信息材料。

电子数据与视听资料一样，都是随着科技手段的发展，进入到诉讼证据领域

之中。因此，在真实性认定、非法证据排除等具体的证据规则适用上，与视听资料具有一定的共性特征。但电子数据又存在自己的独特性：一方面，视听资料的受众广门槛低，在数码化时代的今天，一般人都可以轻易地摄制、播放视听资料，而电子数据往往存在代码性特征，接触、阅读、获取、复制、展示电子数据都需要比视听资料更复杂的软硬件，因而在证据的搜集、审查上。往往需要借助专业机构的辅助；另一方面，视听资料具有形象性，诉讼主体能够比较容易地认知视听资料的内容。而电子数据具有更强的抽象性，在阅读和理解上往往也需要专业人士的判断。

根据《民事诉讼法解释》第 116 条规定，视听资料包括录音资料和影像资料。电子数据是指通过电子邮件、电子数据交换、网上聊天记录、博客、微博客、手机短信、电子签名、域名等形成或者存储在电子介质中的信息。存储在电子介质中的录音资料和影像资料，适用电子数据的规定。本题中，李某提交的光盘，应认定为视听资料更合适，但从本题给的四个选项而言，D 项电子证据最适合。本题答案为 D。

9. 甲公司诉乙公司专利侵权，乙公司是否侵权成为焦点。经法院委托，丙鉴定中心出具了鉴定意见书，认定侵权。乙公司提出异议，并申请某大学燕教授出庭说明专业意见。关于鉴定的说法，下列哪一选项是正确的？（2013－3－50，单）

A. 丙鉴定中心在鉴定过程中可以询问当事人

B. 丙鉴定中心应当派员出庭，但有正当理由不能出庭的除外

C. 如果燕教授出庭，其诉讼地位是鉴定人

D. 燕教授出庭费用由乙公司垫付，最终由败诉方承担

【解析】鉴定意见是指鉴定人运用自己的专业知识对案件中的有关专门性问题进行鉴别、分析所作出的结论。根据《民事诉讼法》第 80 条规定，鉴定人有权了解进行鉴定所需的案件材料，必要时可以询问当事人、证人。鉴定人应当提出书面鉴定意见，在鉴定书上签名或者盖章。因此 A 项正确。

根据《民事诉讼法》第 81 条规定，当事人对鉴定意见有异议或者人民法院认为鉴定人有必要出庭的，鉴定人应当出庭作证。经人民法院通知，鉴定人拒不出庭作证的，鉴定意见不得作为认定事实的根据；支付鉴定费用的当事人可以要求返还鉴定费用。本题中乙公司提出异议，因此丙鉴定中心应当派员出庭，这里法律并未规定鉴定人出庭的例外，B 项错误。

根据《民事诉讼法》第 82 条规定，当事人可以申请人民法院通知有专门知识的人出庭，就鉴定人作出的鉴定意见或者专业问题提出意见。因此，如果燕教授出庭，其诉讼地位并非鉴定人，而是有专门知识的人，或称专业人士，故 C 项错误。

选项 D 将申请证人出庭费用的规定套用在专家人出庭的制度之上，明显错误，根据《民事诉讼法解释》第 122 条规定，当事人可以在举证期限届满前申请 1～2 名具有专门知识的人出庭，代表当事人对鉴定意见进行质证，或者对案件事实所涉及的专业问题提出意见。具有专门知识的人在法庭上就专业问题提出的意见，视为当事人的陈述。人民法院准许当事人申请的，相关费用由提出申请的当事人负担。即专家人出庭的费用遵循"谁申请，谁负担"，而不同于证人、鉴定

人出庭费用的"谁败诉、谁负担"。D 项错误。本题答案为 A。

10. 关于证人与鉴定人的区别，下列哪些选项是正确的？（2008 延 - 3 - 89，多）

A. 证人只能就其所见所闻如实陈述，不能发表对案件的意见；而鉴定人则要对其所鉴定的事项发表意见

B. 证人无须具备专业知识；而鉴定人要具备一定的专业知识

C. 证人是不可替代的；而鉴定人是可以替代的

D. 证人不属于回避的对象；而鉴定人属于回避的对象

【解析】本题考查证人与鉴定人的区别。

关于证人与鉴定人的区别：（1）证人是知道案件情况的人。这种对案件情况的知悉，来自于证人作为自然人的感觉。鉴定人是鉴定机构中通过自己的专业知识或者专业技能对待证事实提供专业性意见的人员。因此，鉴定人有时被称为意见证人或者专家证人。A、B 项正确。

（2）证人是非职业性的，而鉴定人是职业性的，因此前者不可替代，只要知道案件情况就需要作证，也只有知道案件情况才能作为证人；鉴定机构与鉴定人都可选择与替换。C 项正确。

（3）证人不避亲疏，只要知道案件情况就要作证，因此不属于回避对象，而根据《民事诉讼法》第 47 条以及相关司法解释的规定，鉴定人属于回避的对象。D 项正确。本题答案为 A、B、C、D。

大咖点拨区

扫码听课

## 二、证据的理论分类

1. 张某诉王某返还借款一案，在庭审中，王某承认借过张某的钱，但辩称已经返还，并出具张某手书载明"收到王某归还借款 10 万元"的收条复印件，关于王某的收条复印件，下列选项正确的是？（2021 年回忆版真题）

A. 不具有证据能力　　　　　　B. 属于反证

C. 不具有证明力　　　　　　　D. 属于直接证据

【解析】本题是对证据基本概念及理论分类的考查。

证据能力，又称为证据资格或证据的适格性。在民事诉讼中，具有客观性、关联性、合法性的证据材料即具有证据能力，A 项错误。

本题中收条所欲证明的待证事实为借款清偿，依据《民事诉讼法解释》第 91 条的规定，法律关系、法律事实变更、消灭的证明责任由被告承担，因此承担证明责任之被告提供的证据——收条为本证，B 项错误。

直接证据是指能单独、直接证明待证案件事实的证据；间接证据是指不能单独、直接证明待证事实，需要结合其他证据形成逻辑一致的证据链条才能证明待证事实的证据。本题中就借款清偿这一待证事实而言，收条是直接证据，D 项正确。但因本案中为收条的复印件，属于无法与原物、原件核对的复印件、复制品，因此依据《证据规定》的 90 条，其证明力有瑕疵，但并非不具有证明力，C 项错误，本题答案为 D。

扫码听课

2. 巨星公司开发的软件屡遭盗版，遂派公司人员假扮消费者与盗版商磋商，请公证处人员手机秘密拍摄磋商全过程，公证处制作公证书，巨星公司据此向法院起诉索赔，关于公证书的说法正确的是？（2019 年回忆版真题）

扫码听课

A. 假扮消费者有违公平原则，有损经济秩序，该公证书应当排除

B. 公证处只应当采取公正合法法律行为，该公证书有瑕疵，应当排除

C. 该公证书是原始证据

D. 该公证书是书证

【解析】本题是对民事诉讼中证据合法性的考查。

《民事诉讼法解释》第106条规定：对以严重侵害他人合法权益、违反法律禁止性规定或严重违背公序良俗的方法形成或者获取的证据，不得作为认定案件事实的根据。即我们常说的"偷听偷录不等于窃听窃录"。民事诉讼并不排除偷听偷录的证据，其所排除的是窃听窃录的证据。本题中巨星公司派出工作人员假扮消费者与盗版商磋商并秘密拍摄磋商过程的行为属于典型的偷听偷录，不需要排除，A、B两项错误。

公证处制作的公证书并非直接来源于案件事实，其本身系对取证行为及录音录像内容的确认，因而属于传来证据，C项错误。而该公证书是以其内容、思想证明待证事实，因此属于书证，D项正确。本题答案为D。

3. 王某诉钱某返还借款案审理中，王某向法院提交了一份有钱某签名、内容为钱某向王某借款5万元的借条，证明借款的事实；钱某向法院提交了一份有王某签名、内容为王某收到钱某返还借款5万元并说明借条因王某过失已丢失的收条。经法院质证，双方当事人确定借条和收条所说的5万元是相对应的款项。关于本案，下列哪一选项是错误的？（2017 – 3 – 39，单）

A. 王某承担钱某向其借款事实的证明责任

B. 钱某自认了向王某借款的事实

C. 钱某提交的收条是案涉借款事实的反证

D. 钱某提交的收条是案涉还款事实的本证

【解析】本题是对证明责任、自认以及本证、反证的综合考查。

在民事诉讼中，证明责任的分配遵循基本的"谁主张，谁举证"，王某主张钱某向其借款5万元，因而应当承担钱某向其借款事实的证明责任，A项正确。

在法庭的质证程序中，由于双方当事人已经确定借条和收条所说的5万元是相对应的款项，因此构成明示自认，B项正确。

C、D两项是对本证和反证这一理论分类的考查。从概念上来讲，本证是指负有举证责任的一方当事人对其主张的事实所提供的证据；反证则是指不负有证明责任的一方当事人对其所主张的事实所提供的证据。由此可见，本证与反证的关键区别即在于证据的提出主体对该证据所欲证明的事实是否负有证明责任。具体到本题之中，还款事实属于债权、债务的消灭，根据"法律关系、法律事实产生、存在由原告证明，法律关系、法律事实变更、消灭由被告证明"的分配规则，还款事实当由债务人钱某证明，因此钱某提出的收条对于案涉还款事实而言是本证。D项正确。本题答案为C。

4. 根据证据理论和《民事诉讼法》以及相关司法解释，关于证人证言，下列哪些选项是正确的？（2011 – 3 – 83，多）

A. 限制行为能力的未成年人可以附条件地作为证人

B. 证人因出庭作证而支出的合理费用，由提供证人的一方当事人承担

C. 证人在法院组织双方当事人交换证据时出席陈述证言的，可视为出庭作证

扫码听课

扫码听课

D. "未成年人所作的与其年龄和智力状况不相当的证言不能单独作为认定案件事实的依据"，是关于证人证言证明力的规定

【解析】根据《民事诉讼法》第75条规定，凡是知道案件情况的单位和个人，都有义务出庭作证。有关单位的负责人应当支持证人作证。不能正确表达意思的人，不能作证。又根据《民事诉讼证据规定》第67条第2款规定，待证事实与其年龄、智力状况或者精神健康状况相适应的无民事行为能力人和限制民事行为能力人，可以作为证人。因此，限制行为能力的未成年人可以附条件地作为证人，选项A正确。

根据《民事诉讼法》第77条规定，证人因履行出庭作证义务而支出的交通、住宿、就餐等必要费用以及误工损失，由败诉一方当事人负担。当事人申请证人作证的，由该当事人先行垫付；当事人没有申请，人民法院通知证人作证的，由人民法院先行垫付。所以，选项B错误。

根据《民事诉讼证据规定》第68条规定，证人应当出庭作证，接受当事人的质询。证人在人民法院组织双方当事人交换证据时出席陈述证言的，可视为出庭作证。因此，C项正确。

根据《民事诉讼证据规定》第90条规定：未成年人所作的与其年龄和智力状况不相当的证言不能单独作为认定案件事实的依据。这是关于未成年证人证言证明力的规定而非关于证据资格的规定，因为如果是证据资格的规定就得把"单独"二字去掉，"不能单独"四字表明未成年人所作的与其年龄和智力状况不相当的证言可以结合其他证据产生证明力。因此，该条文只是未成年人所作的与其年龄和智力状况不相当的证言证明力较弱的评价，D项表述正确。本题答案为A、C、D。

5. 周某与某书店因十几本工具书损毁发生纠纷，书店向法院起诉，并向法院提交了被损毁图书以证明遭受的损失。关于本案被损毁图书，属于下列哪些类型的证据？（2010-3-83，多）

A. 直接证据　　　　　　　　B. 间接证据
C. 书证　　　　　　　　　　D. 物证

【解析】直接证据是指能单独、直接证明待证案件事实的证据；间接证据是指不能单独、直接证明待证事实，需要结合其他证据形成逻辑一致的证据链条才能证明待证事实的证据。本题中就损失情况这一待证事实而言，被损毁图书是直接证据，能够单独、直接证明待证事实。因此，A项正确、B项错误。

书证是指以文字、符号、图案所记载或表达的思想内容来证明待证事实的证据；物证是指以其外部特征和物理属性，如长短、高低、大小、厚薄、完整与损害程度来证明待证事实的证据。本题中的证据虽然是书籍，但是，并不是用书籍中表达的思想内容来证明待证事实，而是用书籍的物理特征即其完整与损坏程度来证明待证事实。因此，这些书籍是物证而不是书证，C项错误、D项正确。本题答案为A、D。

6. 关于证据理论分类的表述，下列哪一选项是正确的？（2009-3-40，单）

A. 传来证据有可能是直接证据
B. 诉讼中原告提出的证据都是本证，被告提出的证据都是反证
C. 证人转述他人所见的案件事实都属于间接证据

扫码听课

扫码听课

大咖点拨区

D. 一个客观与合法的间接证据可以单独作为认定案件事实的依据

【解析】 证据的来源是原始证据与传来证据的区分根据。直接来源于案件事实的证据是原始证据；并非直接来源于案件事实，而是通过传抄、转述、复制所得的证据，是为传来证据。按照单一证据与待证事实之间的关系，可以把证据分为直接证据和间接证据。直接证据是指能够单独地、直接地证明待证事实的证据；间接证据是指单一证据无法直接证明待证事实，需要通过与其他证据相结合方能证明待证事实的证据。本题中的A、C选项涉及上述两个证据分类的相互关系。这两个选项涉及传来证据能不能做直接证据的问题。传来证据一般比原始证据的证明力小，不过，这并不意味着传来证据不能做直接证据。特定情形下一个传来证据可以单独、直接证明案件事实。例如，某公司的公司章程复印件（可以与原件核对）是传来证据，但也可能成为证明相应事实的直接证据，A项正确。同理，C选项中"证人转述他人所见的案件事实"形成的证人证言是传来证据，不过，这种传来证据并不是绝对不能成为直接证据。在特定情形下，这种证人证言也可能成为直接证据，C项不正确。

D选项是直接考概念，既然是间接证据就意味着它不能单独证明案件事实，因此"一个客观与合法的间接证据可以单独作为认定案件事实的依据"显然是错误的，D项不正确。

根据证据与证明责任承担的关系，可将证据分为本证与反证。本证是指在民事诉讼中负有证明责任的一方当事人提出的用于证明自己所主张事实的证据；反证是指没有证明责任的一方当事人提出的用于阻碍或者推翻对方履行证明责任的证据。本证与反证的分类跟当事人在诉讼中是原告还是被告没有关系，而取决于证据是否由承担证明责任的人提出。因此，B项不正确。本题答案为A。

7. 甲对乙提起的返还借款的诉讼，就乙向甲借款事实的证明，根据民事诉讼理论，下列哪一选项属于直接证据？（2008延－3－41，单）

A. 甲向法院提交的乙向其借款时出具的借据的复印件

B. 甲向法院提交的其向乙的银行卡转款的银行凭条

C. 甲的朋友丙向法院提供的曾听甲说乙要向甲借钱的证词

D. 甲的同事丁向法院提供的曾见到甲交给过乙钱的证词

【解析】 本题考查直接证据与间接证据的区别。

直接证据是指某一单一证据即可证明待证事实；间接证据是指该证据不能单独证明待证事实，只有与其他证据相结合，形成一个逻辑一致的证据链条，才能证明待证事实。本题中的待证事实为乙向甲借款的事实。借据的复印件也是借据，借据可以单独证明待证事实存在，据此，A项为直接证据。需要注意，复印件也可能成为直接证据，只不过无法与原件相印证的复印件证明力有瑕疵罢了。B、D两项只能证明钱款转移的事实，不能证明钱款转移的性质是不是借款，C项证人丙，其证言仅仅是听说乙"要"向甲借钱，但是否实际发生了借款关系，其并不能证明，因此其证人证言不能单独作为证明案件事实的证据，需要与其他证据结合才能证明待证事实，所以属于间接证据。本题答案为A。

8. 甲因乙欠钱不还，将乙诉至法院，并向法院提交了当日的银行汇款记录作为乙欠款的证据，乙称该笔汇款是甲委托其购买手机所用。关于该银行汇款记录，下列说法中正确的是？（2019年回忆版真题）

扫码听课

扫码听课

A. 汇款记录为直接证据
B. 借款事实由甲承担证明责任
C. 汇款记录为间接证据
D. 该笔款项购买手机由乙承担证明责任

【解析】本题是对证据的学理分类及合同纠纷中证明责任分配规则的考查。

银行汇款记录不能直接证明乙欠款的待证事实，因此属于间接证据，A 项错误，C 项正确。《民事诉讼法解释》第 91 条规定："法院应当依照下列原则确定举证证明责任的承担，但法律另有规定的除外：（一）主张法律关系存在的当事人，应当对产生该法律关系的基本事实承担举证证明责任；（二）主张法律关系变更、消灭或者权利受到妨害的当事人，应当对该法律关系变更、消灭或者权利受到妨害的基本事实承担举证证明责任。"依据"谁主张、谁举证"的证明责任分配规则，本案中借款法律关系成立、存在的证明责任应当由债权人甲承担，而主张汇款原因是甲委托其购买手机所用的事实由乙承担证明责任，选项 B、D 正确。本题答案为 B、C、D。

大咖点拨区

扫码听课

扫码听课

# 专题八　民事诉讼中的证明

## 一、证明对象

1. 龙峰公司长期向敬业公司提供零部件，因产品滞销，敬业公司拖欠龙峰公司一年的货款。双方经过对账，通过书面形式确认敬业公司拖欠龙峰公司 450 万元货款。龙峰公司向法院提起诉讼并以"对账单"作为证据，敬业公司提出"对账单"不能作为证据。关于本案，下列选项中正确的是？（2018 年回忆版真题）

A. 法院应结合多方面证据予以综合判断，"对账单"没有证据能力，对法院没有拘束力

B. 敬业公司的书面确认货款构成自认

C. "对账单"可以作为证据

D. 敬业公司不得对自认的事实反悔

【解析】本题是对诉讼外的自认的考查。

敬业公司书面确认拖欠款数额并形成"对账单"，这属于典型的诉讼外的自认。诉讼中的自认属于免证事实，但诉讼外的自认不能直接构成免证事实，除非转化为诉讼中的自认。龙峰公司起诉后，敬业公司提出"对账单"不能作为证据，即敬业公司的诉讼外的自认未能转化为诉讼中的自认，其不具有当然的免证效力，但并不影响对账单作为证据使用的资格（证据能力）。故 A、B 两项错误，C 项正确。诉讼外的自认，在诉讼中对当事人并不具有当然的拘束力，当事人可以反悔，D 项错误。本题答案为 C。

2. 下列哪一情形可以产生自认的法律后果？（2015 - 3 - 40，单）

A. 被告在答辩状中对原告主张的事实予以承认

B. 被告在诉讼调解过程中对原告主张的事实予以承认，但该调解最终未能成功

C. 被告认可其与原告存在收养关系

D. 被告承认原告主张的事实，但该事实与法院查明的事实不符

【解析】《民事诉讼法解释》第 92 条第 1 款规定：一方当事人在法庭审理中，或者在起诉状、答辩状、代理词等书面材料中，对于己不利的事实明确表示承认的，另一方当事人无需举证证明。故 A 项正确。

该条第 2 款规定：对于涉及身份关系、国家利益、社会公共利益等应当由人民法院依职权调查的事实，不适用前款自认的规定。C 项收养关系属于身份关系，故 C 项情形不构成自认。

该条第 3 款规定：自认的事实与查明的事实不符的，人民法院不予确认。

《民事诉讼法解释》第 107 条规定：在诉讼中，当事人为达成调解协议或者和解协议作出妥协而认可的事实，不得在后续的诉讼中作为对其不利的根据，但法律另有规定或者当事人均同意的除外。B 项调解最终未成功，因此不构成自认。

本题答案为 A。

3. 郭某诉张某财产损害一案，法院进行了庭前调解，张某承认对郭某财产造成损害，但在赔偿数额上双方无法达成协议。关于本案，下列哪一选项是正确的？（2010 - 3 - 48，单）

A. 张某承认对郭某财产造成损害，已构成自认

B. 张某承认对郭某财产造成损害，可作为对张某不利的证据使用

C. 郭某仍需对张某造成财产损害的事实举证证明

D. 法院无需开庭审理，本案事实清楚可直接作出判决

【解析】根据《民事诉讼法解释》第 107 条的规定，在诉讼中，当事人为达成调解协议或者和解协议作出妥协而认可的事实，不得在后续的诉讼中作为对其不利的根据，但法律另有规定或者当事人均同意的除外。本题中双方在赔偿数额上无法达成协议，这意味着调解未成功，因此张某作出的对己不利的认可，不能作为对其不利的证据，自然也就不能免除对方当事人就此一事实的举证证明责任。因此对方当事人郭某仍需对张某造成财产损害的事实举证证明，C 项正确。本题答案为 C。

4. 关于自认的说法，下列哪一选项是错误的？（2009 - 3 - 42，单）

A. 自认的事实允许用相反的证据加以推翻

B. 身份关系诉讼中不涉及身份关系的案件事实可以适用自认

C. 调解中的让步不构成诉讼上的自认

D. 当事人一般授权的委托代理人一律不得进行自认

【解析】自认属于相对的免证事实，相对的免证事实可以用相反证据加以推翻。A 项正确。

根据《民事诉讼法解释》第 92 条第 2 款的规定，对于涉及身份关系、国家利益、社会公共利益等应当由人民法院依职权调查的事实，不适用前款自认的规定。因此，身份关系的事实不适用自认。但身份关系的诉讼中还可能涉及财产问题等其他与身份关系无关的事实。此类案件事实可以适用自认。B 项正确。

C 选项涉及的是调解中的让步，对此，《民事诉讼法解释》第 107 条规定，在诉讼中，当事人为达成调解协议或者和解协议作出妥协而认可的事实，不得在后续的诉讼中作为对其不利的根据，但法律另有规定或者当事人均同意的除外。C 项正确。

D 选项涉及的是代理人的自认，对此，《民事诉讼证据规定》第 5 条规定：当事人委托代理人参加诉讼的，除授权委托书明确排除的事项外，代理人的承认视为当事人的承认。当事人在场对诉讼代理人的自认明确否认的，不视为自认。这表明无论是法定代理人还是委托代理人，也无论是一般授权的委托代理人还是特别授权的委托代理人都能进行自认，只不过委托代理人的自认要在授权委托的事项范围内。故 D 项不正确。本题答案为 D。

### 二、举证期限

1. 李某起诉王某要求返还 10 万元借款并支付利息 5000 元，并向法院提交了王某亲笔书写的借条。王某辩称，已还 2 万元，李某还出具了收条，但王某并未在法院要求的时间内提交证据。法院一审判决王某返还李某 10 万元并支付 5000

元利息，王某不服提起上诉，并称一审期间未找到收条，现找到了并提交法院。关于王某迟延提交收条的法律后果，下列哪一选项是正确的？（2016－3－41，单）

A. 因不属于新证据，法院不予采纳

B. 法院应采纳该证据，并对王某进行训诫

C. 如果李某同意，法院可以采纳该证据

D. 法院应当责令王某说明理由，视情况决定是否采纳该证据

【解析】本题是对逾期举证如何处理的考查。

根据《民事诉讼法解释》第102条规定，当事人因故意或者重大过失逾期提供的证据，人民法院不予采纳。但该证据与案件基本事实有关的，人民法院应当采纳，并依照《民事诉讼法》第68条、第118条第1款的规定予以训诫、罚款。当事人非因故意或者重大过失逾期提供的证据，人民法院应当采纳，并对当事人予以训诫。本题中，王某在一审期间未找到收条，二审时找到了，并提交给法院，并不属于故意或者重大过失逾期提交的，故法院应当采纳，并在采纳的同时给予王某口头训诫。本题的答案为B。

2. 大皮公司因买卖纠纷起诉小华公司，双方商定了25天的举证时限，法院认可。时限届满后，小华公司提出还有一份发货单没有提供，申请延长举证时限，被法院驳回。庭审时小华公司向法庭提交该发货单。尽管大皮公司反对，但法院在对小华公司予以罚款后仍对该证据进行质证。下列哪一诉讼行为不符合举证时限的相关规定？（2013－3－40，单）

A. 双方当事人协议确定举证时限

B. 双方确定了25天的举证时限

C. 小华公司在举证时限届满后申请延长举证时限

D. 法院不顾大皮公司反对，依然组织质证

【解析】根据《民事诉讼法解释》第99条规定，人民法院应当在审理前的准备阶段确定当事人的举证期限。举证期限可以由当事人协商，并经人民法院准许。人民法院确定举证期限，第一审普通程序案件不得少于15日，当事人提供新的证据的第二审案件不得少于10日。因此，双方可以协商确定举证期限，而协商确定的举证期限并没有强制性时间规定。故，双方确定25天举证时限并不违反法律规定。所以，A、B项正确。

根据《民事诉讼法》第68条的规定，当事人对自己提出的主张应当及时提供证据。人民法院根据当事人的主张和案件审理情况，确定当事人应当提供的证据及其期限。当事人在该期限内提供证据确有困难的，可以向人民法院申请延长期限，人民法院根据当事人的申请适当延长。当事人逾期提供证据的，人民法院应当责令其说明理由；拒不说明理由或者理由不成立的，人民法院根据不同情形可以不予采纳该证据，或者采纳该证据但予以训诫、罚款。因此，即使超过了举证期限只要法院采纳了就应当组织质证，D项做法正确。当事人申请延长举证时限应当在举证期限届满前提出申请，C项违反立法规定。本题答案为C。

### 三、举证责任

1. 受害人甲家附近开办了一家工厂，因环境污染甲开始咳嗽，甲起诉工厂污染环境。关于本诉讼，下列说法正确的是？（2019年回忆版真题）

A. 受害人甲要对造成他损害的基本事实举证

B. 如果是第三人导致污染，工厂免责

C. 甲是适格原告

D. 若工厂排放符合环保标准，可以免责

【解析】本题是对环境污染侵权纠纷中证明责任分配的考查。

A项的待证事实为损害结果。根据特殊侵权案件证明责任分配的规律，损害结果永远由原告证明，A项正确。

本题中甲是环境污染的直接受害人，具有直接的利害关系，因此当然是适格原告，C项正确。

《民法典》第1233条规定：因第三人的过错污染环境、破坏生态的，被侵权人可以向侵权人请求赔偿，也可以向第三人请求赔偿。侵权人赔偿后，有权向第三人追偿。即第三人的过错并非环境污染侵权案件的免责事由，B项错误。

排放符合环保标准，亦不是此类侵权纠纷中的免责事由，工厂排污即便符合环保标准也有可能造成受害人的损害结果。排放符合环保标准仅可能使工厂免于承担行政或刑事相关责任，D项错误。本题答案为A、C。

2. 刘月购买甲公司的化肥，使用后农作物生长异常。刘月向法院起诉，要求甲公司退款并赔偿损失。诉讼中甲公司否认刘月的损失是因其出售的化肥质量问题造成的，刘月向法院提供了本村吴某起诉甲公司损害赔偿案件的判决书，以证明甲公司出售的化肥有质量问题且与其所受损害有因果关系。关于本案刘月所受损害与使用甲公司化肥因果关系的证明责任分配，下列哪一选项是正确的？（2016-3-40，单）

A. 应由刘月负担有因果关系的证明责任

B. 应由甲公司负担无因果关系的证明责任

C. 应由法院依职权裁量分配证明责任

D. 应由双方当事人协商分担证明责任

【解析】本题是对产品质量纠纷中证明责任分配的考查。

在产品质量侵权诉讼中，因果关系的举证责任并不发生倒置，因此应当由原告即刘月承担举证证明责任。但是根据《民事诉讼法解释》第93条第1款规定，下列事实，当事人无须举证证明：（1）自然规律以及定理、定律；（2）众所周知的事实；（3）根据法律规定推定的事实；（4）根据已知的事实和日常生活经验法则推定出的另一事实；（5）已为人民法院发生法律效力的裁判所确认的事实；（6）已为仲裁机构生效裁决所确认的事实；（7）已为有效公证文书所证明的事实。本题中，关于化肥质量与损害结果之间的因果关系，已有生效的法律文书确认，故刘月不需要对此事实承担举证责任。所以A项说法错误。

而根据《民事诉讼法解释》第93条第2款规定，前款第（2）项至第（4）项规定的事实，当事人有相反证据足以反驳的除外；第（5）项至第（7）项规定的事实，当事人有相反证据足以推翻的除外。故甲公司要否认生效裁判文书确认

大咖点拨区

扫码听课

扫码听课

的因果关系的事实，必须提供证据证明，即要对不存在因果关系承担举证证明责任。B 项说法正确。故本题答案为 B。

3. 主要办事机构在 A 县的五环公司与主要办事机构在 B 县的四海公司于 C 县签订购货合同，约定：货物交付地在 D 县；若合同的履行发生争议，由原告所在地或者合同签订地的基层法院管辖。现五环公司起诉要求四海公司支付货款。四海公司辩称已将货款交给五环公司业务员付某。五环公司承认付某是本公司业务员，但认为其无权代理本公司收取货款，且付某也没有将四海公司声称的货款交给本公司。四海公司向法庭出示了盖有五环公司印章的授权委托书，证明付某有权代理五环公司收取货款，但五环公司对该授权书的真实性不予认可。根据案情，法院依当事人的申请通知付某参加（参与）了诉讼。本案需要由四海公司承担证明责任的事实包括：（2015 - 3 - 96，任）

A. 四海公司已经将货款交付给了五环公司业务员付某

B. 付某是五环公司业务员

C. 五环公司授权付某代理收取货款

D. 付某将收取的货款交到五环公司

【解析】《民事诉讼法解释》第 91 条对证明责任的分配作了原则性的规定：人民法院应当依照下列原则确定举证证明责任的承担，但法律另有规定的除外：（1）主张法律关系存在的当事人，应当对产生该法律关系的基本事实承担举证证明责任；（2）主张法律关系变更、消灭或者权利受到妨害的当事人，应当对该法律关系变更、消灭或者权利受到妨害的基本事实承担举证证明责任。

本案中，A 项，"四海公司主张其将货款已经交给了付某"这一事实，是四海公司提出的主张，故应该由四海公司承担证明责任；B 项，"付某是五环公司业务员"的事实本来应该由四海公司举证，但五环公司已经承认，这属于自认，从而免除四海公司的举证责任，故对该事实四海公司不需要承担证明责任；C 项，"五环公司授权付某代理收取货款"的事实，属于对是否有代理权产生争议，应由主张由代理权的一方承担举证责任，四海公司主张付某有代理权，故四海公司应对该事实承担证明责任；D 项，对于付某是否将收取的货款交到五环公司的事实，其并非四海公司提出的主张，五环公司主张付某没有将四海公司声称的货款交给本公司，因此该事实应当由五环公司举证证明，不需要由四海公司对此承担举证责任。本题答案为 A、C。

4. 甲路过乙家门口，被乙叠放在门口的砖头砸伤，甲起诉要求乙赔偿。关于本案的证明责任分配，下列哪一说法是错误的？（2012 - 3 - 37，单）

A. 乙叠放砖头倒塌的事实，由原告甲承担证明责任

B. 甲受损害的事实，由原告甲承担证明责任

C. 甲所受损害是由于乙叠放砖头倒塌砸伤的事实，由原告甲承担证明责任

D. 乙有主观过错的事实，由原告甲承担证明责任

【解析】本案属于堆放物致损的侵权纠纷。根据特殊侵权案件中的证明责任分配规律，即侵权行为 99% 原告证明（唯一例外：专利方法侵权）；损害结果原告证明；免责、减责事由被告证明；过错证明依据归责原则（过错责任—原告，过错推定责任—被告；无过错责任—谁都不需要证明）；因果关系不倒置由原告证明，两种情形倒置（环境污染、共同危险）由被告证明。

选项 A "乙叠放砖头倒塌的事实" 属于侵权行为，原告证明；

选项 B "甲受损害的事实" 属于损害结果，原告证明；

选项 C "甲所受损害是由于乙叠放砖头倒塌砸伤的事实" 属于因果关系，本案不属于两种因果关系倒置的类型，因此原告证明；

选项 D "乙有主观过错的事实" 属于过错事实，其证明要看实体法上的归责原则。《民法典》第 1255 条规定：堆放物倒塌、滚落或者滑落造成他人损害，堆放人不能证明自己没有过错的，应当承担侵权责任。据此，在堆放物致损的侵权案件中采用的归责原则是过错推定，故过错事实当由被告证明。A、B、C 三项正确，D 项错误。本题答案为 D。

5. 关于证明责任，下列哪些说法是正确的？（2011-3-84，多）

A. 只有在待证事实处于真伪不明情况下，证明责任的后果才会出现

B. 对案件中的同一事实，只有一方当事人负有证明责任

C. 当事人对其主张的某一事实没有提供证据证明，必将承担败诉的后果

D. 证明责任的结果责任不会在原、被告间相互转移

扫码听课

【解析】本题是对证明责任的理论性考查，要求考生准确理解证明责任的内涵。

理解证明责任应当注意以下几个问题：

（1）证明责任是一种不利的后果，这种后果只在作为裁判基础的主要事实（法律要件事实）真伪不明时才发生作用。因此 A 项正确。

（2）法院不是证明责任承担的主体，证明责任是对当事人的一种不利后果。而且，在针对同一案件事实时，证明责任还只能由一方当事人承担，而不可能由双方当事人各自承担。因为法院在真伪不明时，只能作出一种裁判。要么对原告不利，要么对被告不利，这种不利是无法由双方当事人分担或共担的。因此 B 项正确。

（3）证明责任由哪一方当事人承担是由法律、法规或司法解释预先确定的，因此在诉讼中不存在证明责任在原告被告之间相互转移的问题。因此 D 项正确。

（4）在理解证明责任时，还应当注意当事人提出证据的权利与证明责任的关系。对于某一特定事实，即使该当事人不承担证明责任，但其仍然有权对该事实提出证据加以证明，以便在诉讼中争取主动。因为一旦该特定事实被证明，法院即可直接认定该事实而无须适用证明责任的规范。由于该事实的证明责任在对方，因此即使己方未能对其主张的某一事实提供证据证明，也不会承担因该事实处于真伪不明所带来的不利后果。C 项表述错误。本题答案为 A、B、D。

6. 赵某与江某路经一栋居民楼时，六楼黄某家阳台上的花盆坠落砸中赵某，致其重伤，共花费医疗费 3 万元。赵某将黄某告至法院要求赔偿，而黄某否认赵某受伤系自家花盆坠落所致。对此争议事实的举证责任，下列哪一选项是正确的？（2008 延-3-45，单）

A. 赵某 　　　　　　　　　 B. 黄某

C. 赵某和黄某 　　　　　　 D. 赵某和江某

扫码听课

【解析】本题考查举证证明责任的分配规则。

本题的待证事实系 "赵某受伤系自家花盆坠落所致"，即因果关系，本案不属于环境污染与共同危险案件，因此因果关系不发生倒置，由原告证明。据此，

大咖点拨区

扫码听课

A 项正确，B、C、D 项错误。本题答案为 A。

7. 三个小孩在公路边玩耍，此时，一辆轿车急速驶过，三小孩捡起石子向轿车扔去，坐在后排座位的刘某被一石子击中。刘某将三小孩起诉至法院。关于本案举证责任分配，下列哪些选项是正确的？（2008－3－80，多）

A. 刘某应对三被告向轿车投掷石子的事实承担举证责任

B. 刘某应对其所受到损失承担举证责任

C. 三被告应对投掷石子与刘某所受损害之间不存在因果关系承担举证责任

D. 三被告应对其主观没有过错承担举证责任

【解析】本题考查共同危险侵权中举证证明责任的分配规则。

A 项属于侵权行为，当由原告证明，A 正确；

B 项属于损害结果，当由原告证明，B 正确；

C 项属于因果关系，共同危险侵权下因果关系倒置，被告证明，C 正确；

D 项涉及过错的证明。共同危险侵权究竟采用哪一种归责原则，民法上未有明确，要看具体的侵权类型，而民事诉讼的考题中在此采过错责任，因此当由原告证明。D 项错误。本题答案为 A、B、C。

### 四、证据交换

1. 关于举证时限和证据交换的表述，下列哪一选项是正确的？（2009－3－41，单）

A. 证据交换可以依当事人的申请而进行，也可以由法院依职权决定而实施

B. 民事诉讼案件在开庭审理前，法院必须组织进行证据交换

C. 当事人在举证期限内提交证据确有困难的，可以在举证期限届满之后申请延长，但只能申请延长一次

D. 当事人在举证期限内未向法院提交证据材料的，在法庭审理过程中无权再提交证据

扫码听课

【解析】民事诉讼中的证据交换，是指于诉讼答辩期届满之后，开庭审理以前，在人民法院的主持下，当事人之间相互明示其持有证据的行为或过程。证据交换的启动方式有两种：一是经当事人申请，人民法院可以组织当事人在开庭审理前交换证据；二是人民法院对于证据较多或者复杂疑难的案件，应当组织当事人在答辩期届满后、开庭审理前交换证据。A 项正确。证据交换并非案件的必经环节，B 项错误。

根据《民事诉讼法解释》第 100 条规定，当事人申请延长举证期限的，应当在举证期限届满前向人民法院提出书面申请。申请理由成立的，人民法院应当准许，适当延长举证期限，并通知其他当事人。延长的举证期限适用于其他当事人。申请理由不成立的，人民法院不予准许，并通知申请人。C 项不正确，错误之处有二：一是申请延长举证期限必须在举证期限内提出申请；二是可以再次申请延长，而不是只能一次。

根据《民事诉讼法解释》第 101 条规定，当事人逾期提供证据的，人民法院应当责令其说明理由，必要时可以要求其提供相应的证据。当事人因客观原因逾期提供证据，或者对方当事人对逾期提供证据未提出异议的，视为未逾期。另根据《民事诉讼法解释》第 102 条第 1～2 款规定，当事人因故意或者重大过失逾期

提供的证据,人民法院不予采纳。但该证据与案件基本事实有关的,人民法院应当采纳,并依照《民事诉讼法》第68条、第118条第1款的规定予以训诫、罚款。当事人非因故意或者重大过失逾期提供的证据,人民法院应当采纳,并对当事人予以训诫。由此可知,当事人过了举证期限未提交证据的,如果是客观原因法院应该采纳,视为未逾期,如果是主观原因也不是一概不采纳,而是看情况,无论哪种情况,D项所说的绝对无权再提交证据的说法都是错误的。故本题答案为A。

### 五、质证与认证

1. 下列关于证明的哪一表述是正确的?(2014-3-45,单)

A. 经过公证的书证,其证明力一般大于传来证据和间接证据

B. 经验法则可验证的事实都不需要当事人证明

C. 在法国居住的雷诺委托赵律师代理在我国的民事诉讼,其授权委托书需要经法国公证机关证明,并经我国驻法国使领馆认证后,方发生效力

D. 证明责任是一种不利的后果,会随着诉讼的进行,在当事人之间来回移转

扫码听课

【解析】根据原《民事证据规定》第77条的规定,人民法院就数个证据对同一事实的证明力,可以依照下列原则认定:(1)国家机关、社会团体依职权制作的公文书证的证明力一般大于其他书证;(2)物证、档案、鉴定结论、勘验笔录或者经过公证、登记的书证,其证明力一般大于其他书证、视听资料和证人证言;(3)原始证据的证明力一般大于传来证据;(4)直接证据的证明力一般大于间接证据;(5)证人提供的对与其有亲属或者其他密切关系的当事人有利的证言,其证明力一般小于其他证人证言。故A项说法错误,经过公证的书证其证明力只是一般大于其他书证、视听资料和证人证言,和传来证据和间接证据没有必然关系。

根据《民事诉讼法解释》第93条规定,下列事实,当事人无须举证证明:(1)自然规律以及定理、定律;(2)众所周知的事实;(3)根据法律规定推定的事实;(4)根据已知的事实和日常生活经验法则推定出的另一事实;(5)已为人民法院发生法律效力的裁判所确认的事实;(6)已为仲裁机构生效裁决所确认的事实;(7)已为有效公证文书所证明的事实。前款第(2)~(4)项规定的事实,当事人有相反证据足以反驳的除外;第(5)~(7)项规定的事实,当事人有相反证据足以推翻的除外。故B项说法错误,经验法则可验证的事实,如果当事人有证据推翻的,仍需举证。

根据《民事诉讼法》第271条规定,在中华人民共和国领域内没有住所的外国人、无国籍人、外国企业和组织委托中华人民共和国律师或者其他人代理诉讼,从中华人民共和国领域外寄交或者托交的授权委托书,应当经所在国公证机关证明,并经中华人民共和国驻该国使领馆认证,或者履行中华人民共和国与该所在国订立的有关条约中规定的证明手续后,才具有效力。故C项说法正确。

证明责任由哪一方当事人承担是由法律、法规或司法解释预先确定的,因此在诉讼中不存在原告与被告之间相互转移证明责任的问题。故D项说法错误。本题答案为C。

2. 高某诉张某合同纠纷案,终审高某败诉。高某向检察院反映,其在一审中提交了偷录双方谈判过程的录音带,其中有张某承认货物存在严重质量问题的陈

扫码听课

大咖点拨区

述，足以推翻原判，但法院从未组织质证。对此，检察院提起抗诉。关于再审程序中证据的表述，下列哪些选项是正确的？（2013－3－85，多）

A. 再审质证应当由高某、张某和检察院共同进行

B. 该录音带属于电子数据，高某应当提交证据原件进行质证

C. 虽然该录音带系高某偷录，但仍可作为质证对象

D. 如再审法院认定该录音带涉及商业秘密，应当依职权决定不公开质证

【解析】所谓质证，是指当事人、诉讼代理人及第三人在法庭的主持下，对当事人及第三人提出的证据就其真实性、合法性、关联性以及证明力的有无、大小予以说明和质辩的活动或过程。根据该定义，质证的主体范围包括当事人、诉讼代理人和第三人。检察院不是质证的主体，A 项错误。

根据《民事诉讼法解释》第 103 条规定，涉及国家秘密、商业秘密和个人隐私或者法律规定的其他应当保密的证据，不得公开质证。因此涉及商业秘密的案件法院不能公开质证，D 项正确。

视听资料是指利用录像或者录音磁带所反映的图像、音响等证明案件事实的证据。电子数据则是指存储在电子介质中的信息。因此该录音带属于视听资料，而非电子数据，B 项错误。

C 选项是对证据合法性的考查，根据《民事诉讼法解释》第 106 条规定，对以严重侵害他人合法权益、违反法律禁止性规定或者严重违背公序良俗的方法形成或者获取的证据，不得作为认定案件事实的根据。需要注意的是。我们的民事诉讼不禁止偷听偷录，禁止的是窃听窃录，因为窃听窃录侵犯公民的隐私权。本题中的偷录行为，并没有违反法律禁止性规定，也没有侵害他人合法权益，因此，该录音带可以作为质证对象，故 C 项正确。本题答案为 C、D。

3. 关于民事案件的开庭审理，下列哪一选项是正确的？（2012－3－40，单）

A. 开庭时由书记员核对当事人身份和宣布案由

B. 法院收集的证据是否需要进行质证，由法院决定

C. 合议庭评议实行少数服从多数，形成不了多数意见时，以审判长意见为准

D. 法院定期宣判的，法院应当在宣判后立即将判决书发给当事人

【解析】《民事诉讼法》第 140 条规定，开庭审理前，书记员应当查明当事人和其他诉讼参与人是否到庭，宣布法庭纪律。开庭审理时，由审判长或者独任审判员核对当事人，宣布案由，宣布审判人员、书记员名单，告知当事人有关的诉讼权利义务，询问当事人是否提出回避申请。因此，核对当事人身份和宣布案由由审判长进行，A 项错误。

质证的范围包括两种：一种是当事人向法院提出的证据；一种是根据当事人的申请由法院调查收集的证据，法院依职权收集的证据无需质证。是否需要质证是法律的明确规定，而并非法院决定，因此 B 项错误。

合议庭评议实行少数服从多数的原则，评议结果及不同意见应当如实记入评议笔录，由合议庭成员签字，合议庭评议应当保密。合议庭不能形成多数意见时，应当由院长提交审判委员会讨论决定。因此 C 项错误。

宣判的方式有两种：一种是当庭宣判，一种是定期宣判。《民事诉讼法》第 151 条规定，当庭宣判的，应当在 10 日内发送判决书；定期宣判的，宣判后立即发给判决书，因此 D 项正确。本题答案为 D。

扫码听课

# 专题九　期间、送达

## 一、期间

1. 张兄与张弟因遗产纠纷诉至法院，一审判决张兄胜诉。张弟不服，却在赴法院提交上诉状的路上被撞昏迷，待其经抢救苏醒时已超过上诉期限一天。对此，下列哪一说法是正确的？（2015－3－41，单）

A. 法律上没有途径可对张弟上诉权予以补救

B. 因意外事故耽误上诉期限，法院应依职权决定顺延期限

C. 张弟可在清醒后 10 日内，申请顺延期限，是否准许，由法院决定

D. 上诉期限为法定期间，张弟提出顺延期限，法院不应准许

【解析】根据《民事诉讼法》第 86 条规定，当事人因不可抗拒的事由或者其他正当理由耽误期限的，在障碍消除后的 10 日内，可以申请顺延期限，是否准许，由人民法院决定。当事人耽误期间是因不可抗力，即是因当事人不可预见、无法避免的客观情况，或因有正当的理由，而使当事人无法在规定的期间内进行或完成诉讼行为。本案中张弟遭遇车祸符合此种情况，故可以在清醒后的 10 日内申请延期，C 项正确。选项 B 错在依职权顺延，期间的延展只能依申请；选项 D 错在法院不应准许，因为是否准许由法院决定，法院可以决定准许，也可以决定不准许。故本题答案为 C。

2. 关于《民事诉讼法》规定的期间制度，下列哪一选项是正确的？（2012－3－38，单）

A. 法定期间都属于绝对不可变期间

B. 涉外案件的审理不受案件审结期限的限制

C. 当事人从外地到法院参加诉讼的在途期间不包括在期间内

D. 当事人有正当理由耽误了期间，法院应当依职权为其延展期间

【解析】法定期间是指由法律明文规定的期间。行为主体在法定期间内依法实施的诉讼行为具有法律效力，而不遵守法定期间，行为主体则丧失了进行某种应当在法定期间内进行某种行为的权利，即使进行了该行为，也不产生相应的法律效力。法定期间包括绝对不可变期间和相对不可变期间。绝对不可变期间，是指该期间经法律确定，任何机构和人员都不得改变，如上诉期间、申请再审期间等。相对不可变期间，是指该期间经法律确定后，在通常情况下不可改变，但遇有有关法定事由，法院可对其依法予以变更，如一审的案件审理期间，涉外案件中境外当事人的答辩期间、上诉期间等。因此 A 项错误。

《民事诉讼法》第 277 条规定：人民法院审理涉外民事案件的期间，不受本法第 152 条、第 183 条规定的限制。因此 B 项正确。

诉讼文书的在途期间不包括在期间内。但是应当注意，法律规定的不计算在内的在途期间仅指诉讼文书的在途期间，而不包括当事人为进行诉讼行为而产生

的在途期间。因此 C 项错误。

《民事诉讼法》第 86 条规定：当事人因不可抗拒的事由或者其他正当理由耽误期限的，在障碍消除后的 10 日内，可以申请顺延期限，是否准许，由人民法院决定。期间的延展只能由当事人申请而不能由法院主动决定，因此 D 项错误。本题答案为 B。

3. 根据《民事诉讼法》和民事诉讼理论，关于期间，下列哪一选项是正确的？（2011 - 3 - 41，单）

A. 法定期间都是不可变期间，指定期间都是可变期间

B. 法定期间的开始日及期间中遇有节假日的，应当在计算期间时予以扣除

C. 当事人参加诉讼的在途期间不包括在期间内

D. 遇有特殊情况，法院可依职权变更原确定的指定期间

【解析】 指定期间是指人民法院根据案件审理时遇到的具体情况和案件审理的需要，依职权决定当事人及其他诉讼参与人进行或完成某种诉讼行为的期间，如法院指定当事人补正诉状的期间、限定当事人提供证据的期间等。指定期间在通常情况下不应任意变更，但如遇有特殊情况，法院可依职权变更原确定的指定期间，故 A 项错误，D 项正确。

根据《民事诉讼法》第 85 条第 2 款和第 3 款的规定，期间开始的时和日不计算在期间内。期间届满的最后一日是法定休假日的，以法定休假日后的第一日为期间届满的日期。据此，法定期间的开始日为法定休假日的应当在计算期间时予以扣除。但是法定期间中遇有法定休假日，则应当计算在期间内，而不应从期间中扣除。因此，B 项错误。

根据《民事诉讼法》第 85 条第 4 款规定，期间不包括在途时间，诉讼文书在期满前交邮的，不算过期。但是应当注意，法律规定的不计算在内的在途期间仅指诉讼文书的在途期间，而不包括当事人为进行诉讼行为而产生的在途期间，因此，C 项错误。本题答案为 D。

## 二、送达

1. 法院电子邮件告知刘红取判决书，刘红让诉讼代理人陈林代取，陈林发现判刘红败诉，对结果不认可，拒签送达回证，送达人员在回证上注明陈林拒收，由有关见证人签名，下列哪个选项正确？（2018 年回忆版真题）

A. 构成直接送达　　　　　　　　B. 构成委托送达

C. 构成电子送达　　　　　　　　D. 构成留置送达

【解析】 本题是对直接送达的考查。

《民事诉讼法解释》第 131 条规定：人民法院直接送达诉讼文书的，可以通知当事人到人民法院领取。当事人到达人民法院，拒绝签署送达回证的，视为送达。审判人员、书记员应当在送达回证上注明送达情况并签名。人民法院可以在当事人住所地以外向当事人直接送达诉讼文书。当事人拒绝签署送达回证的，采用拍照、录像等方式记录送达过程即视为送达。审判人员、书记员应当在送达回证上注明送达情况并签名。即直接送达包括三种方式：一是在当事人的住所向当事人送达文书；二是通知当事人到法院领取文书；三是在当事人住所地以外向当事人直接送达文书。故 A 项正确。本题答案为 A。

2. 关于法院的送达行为，下列选项正确的是？（2013 - 3 - 39，单）

A. 陈某以马某不具选民资格向法院提起诉讼，由于马某拒不签收判决书，法院向其留置送达

B. 法院通过邮寄方式向葛某送达开庭传票，葛某未寄回送达回证，送达无效，应当重新送达

C. 法院在审理张某和赵某借款纠纷时，委托赵某所在学校代为送达起诉状副本和应诉通知

D. 经许某同意，法院用电子邮件方式向其送达证据保全裁定书

【解析】留置送达是指在向受送达人或有资格接受送达的人送交需送达的诉讼文书、法律文书时，受送达人或有资格接受送达的人拒绝签收，送达人依法将诉讼文书、法律文书留放在受送达人住所的送达方式。留置送达适用的条件是受送达人或有资格接受送达的人拒绝签收。在民事诉讼中，只有调解书因签收生效而不适用留置送达。A 项中，马某拒绝签收判决书，可以对其留置送达，A 项说法正确。

邮寄送达是指受诉法院在直接送达有困难的情况下，通过邮局以挂号信的方式将需送达的诉讼文书或法律文书邮寄给受送达人的送达方式。邮寄送达，应当附有送达回证。挂号信回执上注明的收件日期与送达回证上注明的收件日期不相符的，或者送达回证没有寄回的，以挂号信回执上注明的收件日期为送达日期。因此葛某未寄回送达回证，送达依然有效，无需重新送达，B 项错误。

根据《民事诉讼法》第 91 条规定，委托送达是指受诉法院直接送达确有困难，而委托其他法院将需送达的诉讼文书、法律文书送交受送达人的送达方式。委托送达中的受托主体只能是其他法院，而不能是其他机关、组织或个人。因此 C 项错误。

根据《民事诉讼法》第 90 条规定，电子送达是指经受送达人同意，人民法院可以采用能够确认其收悉的电子方式送达诉讼文书。通过电子送达的判决书、裁定书、调解书，受送达人提出需要纸质文书的，人民法院应当提供，即裁定书现在也同样适用电子送达了。本题原答案 D 项错误，现在 D 项正确。本题答案为 A、D。

扫码听课

# 专题十　法院调解

1. 朱某起诉杨某离婚，经法院调解，双方同意离婚并达成协议，法院依据调解协议制作调解书。送达调解书时，朱某签收了调解书，杨某因有事未能签收。此时，签收调解书的朱某反悔，法院正确的处理方式是？（2019 年回忆版真题）

A. 根据案件事实及时制作判决书

B. 根据调解协议制作判决书

C. 朱某可以反悔，撤回起诉

D. 朱某不能反悔，法院应当继续向杨某送达调解书

【解析】本题是对调解书效力的考查。

《民事诉讼法解释》第 149 条规定："调解书需经当事人签收后发生法律效力的，应当以最后收到调解书的当事人签收的日期为调解书生效日期。"本案中朱某已经签收调解书，因此调解书已经生效，其当然不得反悔。

杨某因故未能签收调解书，法院应当继续向杨某送达调解书，如果杨某签收调解书，则该调解书自杨某签收之日起生效；如果杨某拒签调解书，则人民法院应当及时作出判决。据此，A、B、C 三项的说法均错误，D 项正确。本题答案为 D。

扫码听课

2. 甲公司因合同纠纷向法院提起诉讼，要求乙公司支付货款 280 万元。在法院的主持下，双方达成调解协议。协议约定：乙公司在调解书生效后 10 日内支付 280 万元本金，另支付利息 5 万元。为保证协议履行，双方约定由丙公司为乙公司提供担保，丙公司同意。法院据此制作调解书送达各方，但丙公司反悔拒绝签收。关于本案，下列哪一选项是正确的？（2016 - 3 - 42，单）

A. 调解协议内容尽管超出了当事人诉讼请求，但仍具有合法性

B. 丙公司反悔拒绝签收调解书，法院可以采取留置送达

C. 因丙公司反悔，调解书对其没有效力，但对甲公司、乙公司仍具有约束力

D. 因丙公司反悔，法院应当及时作出判决

【解析】本题是对调解协议的灵活性和调解中担保的考查。

根据最高人民法院《法院调解规定》第 7 条规定，调解协议内容超出诉讼请求的，人民法院可以准许。故 A 项说法正确。

调解书签收生效，因此调解书不适用留置送达。故 B 项说法错误。

根据《法院调解规定》第 9 条规定，调解协议约定一方提供担保或者案外人同意为当事人提供担保的，人民法院应当准许。案外人提供担保的，人民法院制作调解书应当列明担保人，并将调解书送交担保人。担保人不签收调解书的，不影响调解书生效。当事人或者案外人提供的担保符合《民法典》规定的条件时生效。C 项中，丙公司反悔，调解书对其仍然有效力，担保条件成就时，丙公司仍然要承担责任。D 项中，丙公司反悔，不签收调解书的，并不影响调解书的效力，法院不需要再另行作出判决。故 C、D 项说法都是错误的。本题答案为 A。

3. 关于法院制作的调解书，下列哪一说法是正确的？（2015 - 3 - 42，单）

A. 经法院调解，老李和小李维持收养关系，可不制作调解书

B. 某夫妻解除婚姻关系的调解书生效后，一方以违反自愿为由可申请再审

C. 检察院对调解书的监督方式只能是提出检察建议

D. 执行过程中，达成和解协议的，法院可根据当事人的要求制作成调解书

【解析】根据《民事诉讼法》第 101 条第 1 款的规定，下列案件调解达成协议，人民法院可以不制作调解书：（一）调解和好的离婚案件；（二）调解维持收养关系的案件；（三）能够即时履行的案件；（四）其他不需要制作调解书的案件。故 A 项说法正确。

根据《民事诉讼法》第 209 条的规定，当事人对已经发生法律效力的解除婚姻关系的判决、调解书，不得申请再审。故 B 项说法错误。

《民事诉讼法》第 215 条第 2 款的规定：地方各级人民检察院对同级人民法院已经发生法律效力的判决、裁定，发现有本法第 207 条规定情形之一的，或者发现调解书损害国家利益、社会公共利益的，可以向同级人民法院提出检察建议，并报上级人民检察院备案；也可以提请上级人民检察院向同级人民法院提出抗诉。故 C 项说法错误。

根据《民事诉讼法》第 237 条规定，执行中，双方当事人自行和解达成协议的，执行员应当将协议内容记入笔录，由双方当事人签名或者盖章。申请执行人因受欺诈、胁迫与被执行人达成和解协议，或者当事人不履行和解协议的，人民法院可以根据当事人的申请，恢复对原生效法律文书的执行。在执行中，双方达成和解协议的，不能要求制作调解书，即我们所说的执行阶段不调解。故 D 项说法错误。本题答案为 A。

4. 甲诉乙损害赔偿一案，双方在诉讼中达成和解协议。关于本案，下列哪一说法正确？（2012 - 3 - 39，单）

A. 当事人无权向法院申请撤诉

B. 因当事人已达成和解协议，法院应当裁定终结诉讼程序

C. 当事人可以申请法院依和解协议内容制作调解书

D. 当事人可以申请法院依和解协议内容制作判决书

【解析】《法院调解规定》第 2 条规定：当事人在诉讼过程中自行达成和解协议的，人民法院可以根据当事人的申请依法确认和解协议制作调解书，因此 C 项正确。

《法院调解规定》第 18 条规定：当事人自行和解或者经调解达成协议后，请求法院按照和解协议或者调解协议的内容制作判决书的，法院不予支持（涉外案件和无民事行为能力人的离婚案件除外），因此 D 项错误。

当事人达成和解协议，除了可以请求法院根据和解协议制作调解书，还可以向法院申请撤诉，但是否准许，由人民法院裁定，因此 A 项错误。

和解本身不是结案的方式，诉讼中双方自行和解并不导致诉讼终结。因此 B 项错误。本题答案为 C。

5. 根据《民事诉讼法》及相关司法解释，关于法院调解，下列哪一选项是错误的？（2011 - 3 - 42，单）

A. 法院可以委托与当事人有特定关系的个人进行调解，达成协议的，法院应

大咖点拨区

扫码听课

当依法予以确认

B. 当事人在诉讼中自行达成和解协议的，可以申请法院依法确认和解协议并制作调解书

C. 法院制作的调解书生效后都具有执行力

D. 法院调解书确定的担保条款的条件成就时，当事人申请执行的，法院应当依法执行

【解析】本题考查法院调解与诉讼和解。

关于委托调解，根据《法院调解规定》第1条的规定，在诉讼中经各方当事人同意，人民法院可以邀请与当事人有特定关系或者与案件有一定联系的企业事业单位、社会团体或其他组织，和具有专门知识、特定社会经验、与当事人有特定关系并有利于促成调解的个人对案件进行调解，达成调解协议后，人民法院应当依法予以确认。因此A选项正确。

关于诉讼和解，根据《法院调解规定》第2条的规定，当事人在诉讼过程中自行达成和解协议的，人民法院可以根据当事人的申请依法确认和解协议制作调解书。因此B选项正确。

关于调解书的执行力。并非生效的调解书都有执行力，必须要有执行的给付内容，当生效调解书具有给付内容时，其具有强制执行力，但是，当调解书的内容为确认、变更某法律关系的，比如涉及某种身份关系的，如解除婚姻关系、维持收养关系，生效调解书即因其不具有给付内容而不具有强制执行力。因此C选项错误。

关于调解担保的法律效力，根据《法院调解规定》第15条第1款的规定，调解书确定的担保条款条件或者承担民事责任的条件成就时，当事人申请执行的，人民法院应当依法执行。因此D选项正确。本题答案为C。

6. 关于民事诉讼中的法院调解与诉讼和解的区别，下列哪些选项是正确的？（2009-3-84，多）

A. 法院调解是法院行使审判权的一种方式，诉讼和解是当事人对自己的实体权利和诉讼权利进行处分的一种方式

B. 法院调解的主体包括双方当事人和审理该案件的审判人员，诉讼和解的主体只有双方当事人

C. 法院调解以《民事诉讼法》为依据，具有程序上的要求，诉讼和解没有严格的程序要求

D. 经过法院调解达成的调解协议生效后如有给付内容则具有强制执行力，经过诉讼和解达成的和解协议即使有给付内容也不具有强制执行力

【解析】本题考查法院调解与诉讼和解的区别。

法院调解，又称诉讼中调解，是指在民事诉讼中双方当事人在法院审判人员的主持和协调下，就案件争议的问题进行协商，从而解决纠纷所进行的活动，生效调解书的法律效力等同于生效的法院判决。诉讼和解是指当事人在诉讼过程中通过自行协商，就案件争议问题达成协议，并共同向人民法院陈述协议的内容，要求结束诉讼的制度。法院调解与诉讼和解相比较，有以下几点区别：

（1）性质不同。前者含有人民法院行使审判权的性质，后者则完全是当事人在诉讼中对自己诉讼权利和实体权利的处分，无法院审判权的参加。

（2）参加的主体不同。前者有人民法院和双方当事人共同参加，后者只有双方当事人自己参加。

（3）效力不同。根据法院调解达成协议制作的调解书生效后，诉讼程序正常结束，有给付内容的调解书具有执行力；当事人在诉讼中和解的，和解协议不具有强制执行力，只具有合同的相对约束力。

应当注意的是，法院调解与诉讼和解二者并不是完全没有关系。根据《法院调解规定》第2条规定，二者的联系表现为以下两点：一是当事人在诉讼过程中自行达成和解协议的，当事人可以申请人民法院依法确认和解协议制作调解书；二是当事人在和解过程中可以申请人民法院对和解活动进行协调，人民法院可以委派审判辅助人员或者邀请、委托有关单位和个人从事协调活动。因此，本题答案为A、B、C、D。

7. 某借款纠纷案二审中，双方达成调解协议，被上诉人当场将欠款付清。关于被上诉人请求二审法院制作调解书，下列哪一选项是正确的？（2009－3－45，单）

A. 可以不制作调解书，因为当事人之间的权利义务已经实现

B. 可以不制作调解书，因为本案属于法律规定可以不制作调解书的情形

C. 应当制作调解书，因为二审法院的调解结果除解决纠纷外，还具有对一审法院的判决效力发生影响的功能

D. 应当制作调解书，因为被上诉人已经提出请求，法院应当予以尊重

【解析】本题考查二审调解结案后调解书的制作。

本题所述的"当场将欠款付清"，属于即时履行的案件，这种情况看起来符合《民事诉讼法》第101条所规定的可以不制作调解书的情形，但需要明确的是，可以不制作调解书的情形只能发生在一审程序中，而本题明确限定"二审"中，故A项错误。

《民事诉讼法》第179条的规定，第二审人民法院审理上诉案件，可以进行调解。调解达成协议，应当制作调解书，由审判人员、书记员署名，加盖人民法院印章。调解书送达后，原审人民法院的判决即视为撤销。即第二审法院调解成功的案件应当制作调解书。这是因为二审的调解书不仅具有结案的左右，二审的调解书还具有对一审法院的判决效力发生影响的功能。故C项正确。本题答案为C。

8. 甲向乙借款20万元，后未能按期还本付息，乙诉甲还款。在诉讼中，双方达成调解协议，并由丙为该调解协议的履行提供担保。但在法院送达调解书时，丙拒不签收。关于丙拒签行为对调解书效力的影响，下列哪一选项是正确的？（2007－3－47，单）

A. 不影响调解书的效力，但其中担保的约定不产生效力

B. 不影响调解书的效力，丙不履行调解书时，乙可诉丙要求其承担担保责任

C. 调解书不发生效力，法院应当及时作出判决

D. 不影响调解书生效；调解书确定的担保条款的条件成就时，乙可以申请法院依法执行

【解析】本题考查调解担保的效力。

《民事调解规定》第9条规定：调解协议约定一方提供担保或者案外人同意

为当事人提供担保的，人民法院应当准许。案外人提供担保的，人民法院制作调解书应当列明担保人，并将调解书送交担保人。担保人不签收调解书的，不影响调解书生效。当事人或者案外人提供的担保符合《民法典》规定的条件时生效。另据该规定第15条的规定，调解书确定的担保条款条件或者承担民事责任的条件成就时，当事人申请执行的，人民法院应当依法执行。由上可知调解书的效力并不因担保人丙不签收而受到影响，因此，A、B、C项均错误，D项说法正确。本题答案为D。

9. 甲公司诉乙公司合同纠纷一案，双方达成调解协议。法院制作调解书并送达双方当事人后，发现调解书的内容与双方达成的调解协议不一致，应当如何处理？（2006 - 3 - 46，单）

A. 应当根据调解协议，裁定补正调解书的相关内容

B. 将原调解书收回，按调解协议内容作出判决

C. 应当适用再审程序予以纠正

D. 将原调解书收回，重新制作调解书送达双方当事人

【解析】 本题是对调解书补正的考查。

《民事调解规定》第13条明确规定：当事人以民事调解书与调解协议的原意不一致为由提出异议，人民法院审查后认为异议成立的，应当根据调解协议裁定补正民事调解书的相关内容。故A项正确。本题答案为A。

大咖点拨区

# 专题十一　保全和先予执行

## 一、保全

1. 位于 A 省 B 县的甲公司和 A 省 C 县的乙公司订立水果买卖合同，甲公司付款后，乙公司迟迟不发货，甲担心乙的发货能力，于是向水果仓库所在地 D 县法院申请保全，法院采取相应保全措施后，甲向 C 县法院提起诉讼，下列选项正确的是？（2019 年回忆版真题）

A. 甲公司应当提供担保

B. D 县法院应当冻结这批水果

C. C 县法院受理案件后，D 县法院应当将保全的财产一并移送 C 县法院

D. C 县法院受理案件后应当将案件移送 D 县法院

【解析】本题是对诉前财产保全的考查。

《民事诉讼法解释》第 152 条规定：人民法院在采取诉前保全、诉讼保全措施时，责令利害关系人或者当事人提供担保的，应当书面通知。即诉前保全中的担保是必须的，A 项正确。

《民事诉讼法解释》第 153 条规定：人民法院对季节性商品、鲜活、易腐烂变质以及其他不宜长期保存的物品采取保全措施时，可以责令当事人及时处理，由人民法院保存价款；必要时，人民法院可予以变卖，保存价款。

本题中被保全的水果属于典型的季节性商品、鲜活、易腐烂变质以及其他不宜长期保存的物品，因此法院不能直接予以查封、扣押和冻结，应当对其进行变价处理后保存其价款，B 项错误。

《民事诉讼法解释》第 160 条规定：当事人向采取诉前保全措施以外的其他有管辖权的人民法院起诉的，采取诉前保全措施的人民法院应当将保全手续移送受理案件的人民法院。诉前保全的裁定视为受移送人民法院作出的裁定。据此，C 项正确，D 项错误。本题答案为 A、C。

2. 李某与温某之间债权债务纠纷经甲市 M 区法院审理作出一审判决，要求温某在判决生效后 15 日内偿还对李某的欠款。双方均未提起上诉。判决履行期内，李某发现温某正在转移财产，温某位于甲市 N 区有可供执行的房屋一套，故欲申请法院对该房屋采取保全措施。关于本案，下列哪一选项是正确的？（2016－3－43，单）

A. 此时案件已经审理结束且未进入执行阶段，李某不能申请法院采取保全措施

B. 李某只能向作出判决的甲市 M 区法院申请保全

C. 李某可向甲市 M 区法院或甲市 N 区法院申请保全

D. 李某申请保全后，其在生效判决书指定的履行期间届满后 15 日内不申请执行的，法院应当解除保全措施

扫码听课

扫码听课

【解析】 本题是对执行前的保全措施的考查。

根据《民事诉讼法解释》第163条规定，法律文书生效后，进入执行程序前，债权人因对方当事人转移财产等紧急情况，不申请保全将可能导致生效法律文书不能执行或者难以执行的，可以向执行法院申请采取保全措施。因此A项错误。

同时，根据《民事诉讼法》第231条第1款规定，发生法律效力的民事判决、裁定，以及刑事判决、裁定中的财产部分，由第一审人民法院或者与第一审人民法院同级的被执行的财产所在地人民法院执行。故本案的执行法院为甲市M区法院或甲市N区法院。B项说李某只能向甲市M区法院申请保全，说法错误。C项表述正确。

D项错误，履行期间届满后，不申请执行的，应是履行期间届满后5日内（而不是15日内）解除保全措施。本题答案为C。

3. 李根诉刘江借款纠纷一案在法院审理，李根申请财产保全，要求法院扣押刘江向某小额贷款公司贷款时质押给该公司的两块名表。法院批准了该申请，并在没有征得该公司同意的情况下采取保全措施。对此，下列哪些选项是错误的？（2015-3-80，多）

A. 一般情况下，某小额贷款公司保管的两块名表应交由法院保管

B. 某小额贷款公司因法院采取保全措施而丧失了对两块名表的质权

C. 某小额贷款公司因法院采取保全措施而丧失了对两块名表的优先受偿权

D. 法院可以不经某小额贷款公司同意对其保管的两块名表采取保全措施

【解析】 根据《民事诉讼法解释》第154条第2款规定，查封、扣押、冻结担保物权人占有的担保财产，一般由担保物权人保管；由人民法院保管的，质权、留置权不因采取保全措施而消灭。故A、B项说法错误。

根据《民事诉讼法解释》第157条规定，人民法院对抵押物、质押物、留置物可以采取财产保全措施，但不影响抵押权人、质权人、留置权人的优先受偿权。故C项说法错误。

法院采取保全措施并不以征得担保物权人的同意为前提，故D项说法正确。本题答案为A、B、C。

4. 甲公司生产的"晴天牌"空气清新器销量占据市场第一，乙公司见状，将自己生产的同类型产品注册成"清天牌"，并全面仿照甲公司产品，使消费者难以区分。为此，甲公司欲起诉乙公司侵权，同时拟申请诉前禁令，禁止乙公司销售该产品。关于诉前保全，下列哪些选项是正确的？（2015-3-81，多）

A. 甲公司可向有管辖权的法院申请采取保全措施，并应当提供担保

B. 甲公司可向被申请人住所地法院申请采取保全措施，法院受理后，须在48小时内作出裁定

C. 甲公司可向有管辖权的法院申请采取保全措施，并应当在30天内起诉

D. 甲公司如未在规定期限内起诉，保全措施自动解除

【解析】 本题属于诉前行为保全，参照诉前财产保全进行作答即可。

根据《民事诉讼法》第104条第1款规定，利害关系人因情况紧急，不立即申请保全将会使其合法权益受到难以弥补的损害的，可以在提起诉讼或者申请仲裁前向被保全财产所在地、被申请人住所地或者对案件有管辖权的人民法院申请

采取保全措施。申请人应当提供担保，不提供担保的，裁定驳回申请。故 A 项说法正确。

根据该条第 2 款规定，人民法院接受申请后，必须在 48 小时内作出裁定；裁定采取保全措施的，应当立即开始执行。故 B 项说法正确。

根据该条第 3 款规定，申请人在人民法院采取保全措施后 30 日内不依法提起诉讼或者申请仲裁的，人民法院应当解除保全。故 C 项说法正确。保全措施不会自动解除，申请保全人未在规定期限内起诉，保全当由人民法院裁定解除。D 项说法错误。本题答案为 A、B、C。

5. 甲县吴某与乙县宝丰公司在丙县签订了甜橙的买卖合同，货到后发现甜橙开始腐烂，未达到合同约定的质量标准。吴某退货无果，拟向法院起诉，为了证明甜橙的损坏状况，向法院申请诉前证据保全。关于诉前保全，下列哪一表述是正确的？（2013 - 3 - 46，单）

A. 吴某可以向甲、乙、丙县法院申请诉前证据保全

B. 法院应当在收到申请 15 日内裁定是否保全

C. 法院在保全证据时，可以主动采取行为保全措施，减少吴某的损失

D. 如果法院采取了证据保全措施，可以免除吴某对甜橙损坏状况提供证据的责任

【解析】根据《民事诉讼法》第 84 条第 2 款规定：因情况紧急，在证据可能灭失或者以后难以取得的情况下，利害关系人可以在提起诉讼前向证据所在地、被申请人住所地或者对案件有管辖权的人民法院申请保全证据。即"有人—被申请人住所地 + 有物—证据所在地 + 其他"。其中，被申请人住所地为乙县法院；证据所在地甜橙所在地，即甲县法院（货到后发现甜橙开始腐烂），而这里的"其他"需要根据案件的具体类型加以确定。本案属于合同纠纷，合同纠纷的管辖法院应当是被告住所地法院（乙县）与合同履行地法院，本题中没有约定履行地，因此需要根据标的物的类型进行确定。《民诉法解释》第 18 条规定：合同对履行地点没有约定或者约定不明确，争议标的为给付货币的，接收货币一方所在地为合同履行地；交付不动产的，不动产所在地为合同履行地；其他标的，履行义务一方所在地为合同履行地。即时结清的合同，交易行为地为合同履行地。本题中属于其他标的，因此履行义务一方，即乙县法院为合同的履行地。故吴某可以向甲、乙两县法院申请诉前证据保全，而不包括合同签订地（丙县），因此，A项错误。

根据《民事诉讼法》第 104 条第 2 款规定，对于诉前证据保全，人民法院应当在 48 小时内裁定是否保全，而并非 15 日，B 项错误。

诉前证据保全与诉前财产保全一样，只能根据利害关系人的申请而启动，法院不会主动采取，C 项错误。

证据保全的意义，就在于保护证据的证明力，使与案件有关的事实材料不因有关情形的发生而无法取得或丧失证明作用，以此来满足当事人证明案件事实和法院查明案件事实的需要。依据一般理论，证据保存措施的采用，以服务于保存证据的证明力为目的。有关证据被采取保全措施后，其法律后果为，就该证据能予以证明的争议法律关系中的相关事实，可以免除有关当事人提供证据的责任。因此，法院若采取了诉前证据保全，吴某对甜橙损坏状况便无需举证证明。D 项

大咖点拨区

扫码听课

正确。本题答案为 D。

6. A 地甲公司与 B 地乙公司签订买卖合同，约定合同履行地在 C 地，乙到期未能交货。甲多次催货未果，便向 B 地基层法院起诉，要求判令乙按照合同约定交付货物，并支付违约金。法院受理后，甲得知乙将货物放置于其设在 D 地的仓库，并且随时可能转移。下列哪些选项是错误的？（2008－3－87，多）

A. 甲如果想申请财产保全，必须向货物所在地的 D 地基层法院提出

B. 甲如果要向法院申请财产保全，必须提供担保

C. 受诉法院如果认为确有必要，可以直接作出财产保全裁定

D. 法院受理甲的财产保全申请后，应当在 48 小时内作出财产保全裁定

【解析】本题考查诉中财产保全。

依据《民事诉讼法》第 103 条的规定，诉讼中财产保全应向受诉法院提出申请。本案属于一审，因此该申请应当向一审法院 B 县基层法院提出，A 项错误；诉讼中财产保全的担保是可以担保，而非必须担保，B 项错误；诉讼中财产保全的裁定可以依申请作出，也可以由法院依职权作出，C 项正确；对于诉讼中的财产保全，人民法院只有在情况紧急时才须在 48 小时内作出裁定，本案题干为表明情况紧急，D 项错误。当然，很多考生可能会问。题目中已经表明"随时可能转移"，随时可能转移还不属于情况紧急，那什么情况才属于呢？这种考题命题很机械，只有题干中出现"情况紧急"四个字才属于情况紧急。本题答案为 A、B、D。

## 二、先予执行

1. 关于财产保全和先予执行，下列哪些选项是正确的？（2012－3－82，多）

A. 二者的裁定都可以根据当事人的申请或法院依职权作出

B. 二者适用的案件范围相同

C. 当事人提出财产保全或先予执行的申请时，法院可以责令其提供担保，当事人拒绝提供担保的，驳回申请

D. 对财产保全和先予执行的裁定，当事人不可以上诉，但可以申请复议一次诉讼保障制度

扫码听课

【解析】《民事诉讼法》规定的财产保全包括诉前财产保全和诉讼中财产保全两种。根据《民事诉讼法》第 104 条规定，诉前财产保全的启动只能基于利害关系人的申请，而诉讼中财产保全的启动则既可以根据当事人的申请，也可以由法院依职权作出。但是，先予执行的裁定的作出只能由权利人向受诉法院以书面的形式提出申请，法院不能在没有权利人提出申请的情况下依职权主动采取措施。因此 A 项错误。

只要遇到有关的财产可能被转移、隐匿、毁灭等情形，从而可能造成对利害关系人权益的损害或可能使法院将来的判决难以执行或不能执行时，根据利害关系人、当事人的申请或法院的决定，法院就可以对有关财产采取财产保全的保护措施。因此财产保全的适用范围相对宽泛。而《民事诉讼法》第 109 条规定先予执行适用的案件范围是：①追索赡养费、扶养费、抚养费、抚恤金、医疗费用的案件；②追索劳动报酬的案件；③因情况紧急需要先予执行的案件。因此，先予执行的适用范围具有严格的条件限制，故 B 项错误。

　　C 项中的财产保全只能是诉讼中的财产保全，因为题中明确写明申请的主体是当事人，起诉前申请的主体是利害关系人，民事诉讼法明确规定，当事人申请诉讼中财产保全，法院可以责令其提供担保，当事人拒绝提供担保的，驳回申请。与此同时，当事人申请先予执行，法院认为有必要让申请人提供担保的，可以责令申请人提供担保，当事人不提供担保的驳回申请。因此，C 项正确。

　　在民事诉讼当中可以上诉的裁定只有不予受理的裁定、驳回起诉的裁定和管辖权异议的裁定，因此对于财产保全和先予执行的裁定，当事人不服，并不可以上诉，但可以申请复议一次。故 D 项也是正确的。本题答案为 C、D。

　　2. 某省电视剧制作中心摄制的作品《星空》正式播出前，邻省的某音像公司制作了盗版光盘。制作中心发现后即向音像公司所在地的某区法院起诉，并在法院立案后，请求法院裁定音像公司停止生产光盘。音像公司在接到应诉通知书及停止生产光盘的裁定后，认为自己根本不是盗版，故继续生产光盘。法院裁定音像公司停止生产光盘是什么措施？（2004 - 3 - 99，任）

　　A. 诉前财产保全　　　　　　　　B. 诉讼财产保全
　　C. 证据保全　　　　　　　　　　D. 先予执行

　　【解析】本题考查先予执行的适用范围。依据《民事诉讼法》第 109 条的规定，因情况紧急需要先予执行的案件，根据当事人的申请，可以裁定先予执行。

　　依据《民事诉讼法解释》第 170 条的规定，《民事诉讼法》第 109 条第（3）项规定的情况紧急包括：（1）需要立即停止侵害、排除妨碍的；（2）需要立即制止某项行为的；（3）追索恢复生产、经营急需的保险理赔费的；（4）需要立即返还社会保险金、社会救助资金的；（5）不立即返还款项，将严重影响权利人生活和生产经营的。由此，本案中立即制止侵权行为的裁定，属于先予执行裁定。D 项正确。本题答案为 D。需要注意的是，根据 2012 年《民事诉讼法》，法院裁定音像公司停止生产光盘的措施也可归为诉中行为保全。

大咖点拨区

扫码听课

# 专题十二 对妨害民事诉讼的强制措施

1. 下列哪些选项是1991年颁布实行的《民事诉讼法》（2007年修正）未作规定的制度？（2012-3-77，多）

A. 公益诉讼制度

B. 恶意诉讼规制制度

C. 检察监督中的抗诉制度

D. 诉讼保全制度中的行为保全制度

【解析】2012年《民事诉讼法》第55条明确规定：对污染环境、侵害众多消费者合法权益等损害社会公共利益的行为，法律规定的机关和有关组织可以向人民法院提起诉讼。即增加了公益诉讼制度，原《民事诉讼法》对此未作规定，因此A项正确。

2012年《民事诉讼法》第13条规定：民事诉讼应当遵循诚信原则。为了贯彻这一原则，修改后的《民事诉讼法》第115条规定：当事人之间恶意串通，企图通过诉讼、调解等方式侵害他人合法权益的，人民法院应当驳回其请求，并根据情节轻重予以罚款、拘留；构成犯罪的，依法追究刑事责任。即建立了恶意诉讼规制制度，因此B项正确。

2007年《民事诉讼法》第187条规定：最高人民检察院对各级人民法院已经发生法律效力的判决、裁定，上级人民检察院对下级人民法院已经发生法律效力的判决、裁定，发现有本法第179条规定情形之一的，应当提出抗诉。地方各级人民检察院对同级人民法院已经发生法律效力的判决、裁定，发现有本法第179条规定情形之一的，应当提请上级人民检察院向同级人民法院提出抗诉。因此抗诉的监督方式在原《民事诉讼法》已有规定，故C项不入选。

2007年《民事诉讼法》对行为保全制度未作规定，只是在著作权法、专利法、商标法、海事诉讼特别程序法等法律中作了相关规定（诉前禁令）。2012年《民事诉讼法》第100条规定：人民法院对于可能因当事人一方的行为或者其他原因，使判决难以执行或者造成当事人其他损害的案件，根据对方当事人的申请，可以裁定对其财产进行保全、责令其作出一定行为或者禁止其作出一定行为；当事人没有提出申请的，人民法院在必要时也可以裁定采取保全措施。即明确规定了行为保全制度，因此选项D也是原《民事诉讼法》未作规定的制度，故入选。本题答案为A、B、D。

2. 某省电视剧制作中心摄制的作品《星空》正式播出前，邻省的某音像公司制作了盗版光盘。制作中心发现后即向音像公司所在地的某区法院起诉，并在法院立案后，请求法院裁定音像公司停止生产光盘。音像公司在接到应诉通知书及停止生产光盘的裁定后，认为自己根本不是盗版，故继续生产光盘。被告在法院作出停止生产光盘的裁定后仍继续生产，法院可如何处理？（2004-3-100，任）

A. 尽快判决被告败诉并开始执行

B. 采取强制执行措施

C. 对主要负责人或直接责任人员实施拘留

D. 对音像公司处以罚款

【解析】本题考查妨害民事诉讼的强制措施。

根据《民事诉讼法》第114条的规定，诉讼参与人或者其他人拒不履行人民法院已经发生法律效力的判决、裁定的，人民法院对有此行为的单位，可以对其主要负责人或者直接责任人员予以罚款、拘留；构成犯罪的，依法追究刑事责任。C、D两项正确。人民法院作出的具有给付内容的生效法律裁判具有强制执行力，故对拒不履行判决裁定者可以采取强制执行措施，B项正确。判决胜诉与败诉的依据是案件事实，而并非一方当事人的诉讼行为，A项错误。本题答案为B、C、D。

## 大咖点拨区

扫码听课

# 专题十三　普通程序

## 一、普通程序基本原理

1. 下列哪一选项中法院的审判行为，只能发生在开庭审理阶段？（2013－3－43，单）

A. 送达法律文书

B. 组织当事人进行质证

C. 调解纠纷，促进当事人达成和解

D. 追加必须参加诉讼的当事人

【解析】依照《民事诉讼法》和有关司法解释的规定，审理前的准备工作主要有：（1）在法定期间内送达诉讼文书；（2）告知当事人诉讼权利义务及合议庭组成人员；（3）确定举证期限；（4）组织当事人进行证据交换审阅诉讼材料；（5）调查收集必要的证据；（6）追加当事人。因此，A、D项也可发生在审理前，故错误。

根据《民事诉讼法》的先行调解原则，当事人起诉到人民法院的民事纠纷，适宜调解的，先行调解，但当事人拒绝调解的除外。因此调解既可以发生在审判中，也可以发生在审理前，C项错误。而质证是指当事人在法庭审理阶段围绕证据的客观性、关联性、合法性，针对证据证明力有无以及证明力大小，进行质疑、说明和辩驳的活动，其本身属于开庭审理阶段的重要工作之一，因此B项正确。本题答案为B。

2. 关于普通程序的重要性，下列哪些选项是正确的？（2011－3－78，多）

A. 普通程序是一审诉讼案件的审理程序

B. 民事诉讼法的基本原则和基本制度在普通程序中有集中体现

C. 普通程序是民事审判程序中体系最完整、内容最丰富的程序

D. 其他审判程序审理案件时遇有本程序没有特别规定的，应当适用普通程序的相关规定进行审理

扫码听课

【解析】这是一道极易失分的题目。相当多的考生选择的是A、B、C、D项。笔者认为就此题表述而言，应该选A、B、C、D项，可是司法部提供的答案是B、C、D项。《国家司法考试辅导用书》中明确界定，普通程序是指人民法院审判第一审民事案件通常所适用的最基本的程序。显然，普通程序从性质上讲就是一审程序，而不是二审程序与再审程序。选项A表述的普通程序是一审诉讼案件的审理程序，表达了普通程序的性质以及其与一审程序的种属关系，因此，A选项没错；如果一定要让A选项为错，需要颠倒一下表述方式，即将此项表述为"一审诉讼案件的审理程序是普通程序"，这才可能符合命题者想出一个以偏概全表述错误题的意图。

普通程序在民事诉讼程序中处于十分重要的地位，具有其他程序无法取代的

功能和作用，普通程序的基本特征如下：（1）普通程序具有程序的基础性和独立性。普通程序是人民法院审理民事案件的一个基本程序，民事诉讼法的基本原则、基本制度在该程序中都有集中的体现。（2）普通程序具有程序的完整性。与其他诉讼程序相比较，普通程序是整个民事诉讼程序中体系最完整、内容最充实、最完备的一个程序。（3）普通程序具有广泛的适用性：首先，普通程序能够适用于各级人民法院审理第一审民事案件；其次，普通程序适用于除简单民事案件以外的其他所有民事案件的一审审理；最后，人民法院适用简易程序、第二审程序及再审程序审理各类案件时，如果适用的程序没有相关规定，应当适用第一审普通程序的有关规定。因此普通程序的规定在《民事诉讼法》中具有程序通则的作用。B、C、D三项是对普通程序重要性的正确表述。本题答案为A、B、C、D（司法部答案：B、C、D）。

### 二、起诉条件

1. 乙欠甲300万元迟迟不还，甲将乙诉至法院，法院判决乙向甲返还借款300万元。后乙对丙享有的250万元债权到期，乙怠于主张对丙的债权，甲为了保障自己的债权得以实现，将丙诉至法院。下列选项中说法正确的是？（2019年回忆版真题）

A. 甲构成重复起诉

B. 甲不构成重复起诉

C. 在甲诉乙的案件作出生效裁判前，法院不得受理甲对丙的起诉

D. 法院在受理甲对丙的起诉后，在甲诉乙的案件作出生效裁判前，应当对甲诉丙的案件裁定诉讼中止

【解析】本题是对重复起诉和代位权诉讼的考查。

债权人向人民法院起诉债务人以后，又向同一人民法院对次债务人提起代位权诉讼，符合法律规定的起诉条件的，应当立案受理；不符合规定的，告知债权人向次债务人住所地人民法院另行起诉。受理代位权诉讼的人民法院在债权人起诉债务人的诉讼裁决发生法律效力以前，应当依照《中华人民共和国民事诉讼法》第一百五十三条第（五）项的规定中止代位权诉讼。据此，甲对丙的起诉不构成重复起诉，A项错误，B项正确。而在法院对甲诉乙的案件作出生效裁判前，对甲诉丙的代位权诉讼应当裁定中止，C项错误，D项正确。本题答案为B、D。

2. 何某因被田某打伤，向甲县法院提起人身损害赔偿之诉，法院予以受理。关于何某起诉行为将产生的法律后果，下列哪一选项是正确的？（2013－3－44，单）

A. 何某的诉讼时效中断

B. 田某的答辩期开始起算

C. 甲县法院取得排他的管辖权

D. 田某成为适格被告

【解析】原告的起诉被人民法院受理后，就意味着第一审程序的开始，并由此产生以下法律后果：（1）受诉人民法院依法取得对本案的审判权。受诉人民法院受理了原告的起诉，就依法取得了对本案的审判权，就有权力也有义务开始审判程序对案件进行审理并作出判决。（2）人民法院对该案件的排他管辖权由此形

扫码听课

成。其他法院对该案不得行使管辖权，当事人不得就同一诉讼标的，对同一对方当事人，以同一诉讼理由另行提起民事诉讼。（3）案件的利害关系人取得了本案诉讼当事人的地位。人民法院受理案件以后，争议双方原告、被告的诉讼地位就加以确定，依法享有各自的诉讼权利、承担相应的诉讼义务。（4）诉讼时效中断。原告起诉成立后，诉讼时效即告中断。同时，第一审程序的审理期限开始计算。因此，A、C、D项正确。

人民法院应当在立案之日起5日内将起诉状副本发送被告。被告收到起诉状副本后，有权进行答辩，被告若要提交答辩状，应当在收到起诉状副本之日起15日内提出。因此答辩期并非从受理时起算，B项错误。本题出题人的本意应该是要考查不正确的选项，出题人遗漏了一个字，答案就完全不同了。但是仔细推敲本题的最后一句"何某起诉行为将产生的法律后果"并非考查起诉受理后的后果，从这一点上分析A项是最佳答案。本题答案为A。

3. 关于起诉与受理的表述，下列哪些选项是正确的？（2012 - 3 - 79，多）

A. 法院裁定驳回起诉的，原告再次起诉符合条件的，法院应当受理

B. 法院按撤诉处理后，当事人以同一诉讼请求再次起诉的，法院应当受理

C. 判决不准离婚的案件，当事人没有新事实和新理由再次起诉的，法院一律不予受理

D. 当事人超过诉讼时效起诉的，法院应当受理

扫码听课

【解析】根据《民事诉讼法解释》第212条规定，裁定不予受理、驳回起诉的案件，原告再次起诉的，如果符合起诉条件且不属于《民事诉讼法》第127条规定情形的，人民法院应予受理。因此A项正确。

根据《民事诉讼法解释》第214条第1款规定，原告撤诉或者人民法院按撤诉处理后，原告以同一诉讼请求再次起诉的，人民法院应予受理。因此B项正确。

根据《民事诉讼法》第127条规定，判决不准离婚和调解和好的离婚案件，判决、调解维持收养关系的案件，没有新情况、新理由，原告在6个月内又起诉的，不予受理。根据此条规定，即使没有新事实和新理由，6个月后再次起诉的，法院也是应当受理，因此C项错误。

当事人超过诉讼时效丧失的是胜诉权，并不丧失起诉权。因此《民事诉讼法解释》第219条规定：当事人超过诉讼时效期间起诉的，人民法院应予受理。受理后对方当事人提出诉讼时效抗辩，人民法院经审理认为抗辩事由成立的，判决驳回原告的诉讼请求。故D项正确。本题正确答案A、B、D。

4. 关于民事起诉状应当包括的内容，下列哪些选项是正确的？（2011 - 3 - 79，多）

A. 双方当事人的基本情况　　　　B. 案由

C. 诉讼请求　　　　　　　　　　D. 证据和证据来源

扫码听课

【解析】本题考查民事起诉状的内容，根据《民事诉讼法》第124条规定：起诉状应当记明下列事项：（1）原告的姓名、性别、年龄、民族、职业、工作单位、住所、联系方式，法人或者其他组织的名称、住所和法定代表人或者主要负责人的姓名、职务、联系方式；（2）被告的姓名、性别、工作单位、住所等信息，法人或者其他组织的名称、住所等信息；（3）诉讼请求和所根据的事实与理

由；（4）证据和证据来源，证人姓名和住所。据此，2012 年《民事诉讼法》细化了起诉状的内容，但不影响本题的答案。本题的正确答案是 A、C、D。

案由对大多数考生而言是比较陌生的术语，稍作点介绍。最高人民法院《关于印发修改后的〈民事案件案由规定〉的通知》对案由作了界定，民事案件案由是民事案件名称的重要组成部分，反映案件所涉及的民事法律关系的性质，是对诉讼争议所包含的法律关系进行的概括，是人民法院进行民事案件管理的重要手段。建立科学、完善的民事案件案由体系，有利于方便当事人进行民事诉讼，有利于对受理案件进行分类管理，有利于确定各民事审判业务庭的管辖分工，有利于提高民事案件司法统计的准确性和科学性，从而更好地为创新和加强民事审判管理、为人民法院司法决策服务。由此可知，案由是法院为进行案件分类管理、司法统计而确定的案件名称，不是起诉状的必备要素。该通知还提出这样的要求：各级人民法院要正确认识民事案件案由的性质与功能，不得将修改后的《民事案件案由规定》等同于《民事诉讼法》第 122 条规定的受理条件，不得以当事人的诉请在修改后的《民事案件案由规定》中没有相应案由可以适用为由，裁定不予受理或者驳回起诉，影响当事人行使诉权。这项要求实际上就是本题真正的考点所在。本题答案为 A、C、D。

5. 依据《民事诉讼法》的规定，下列哪些案件法院应当受理？（2008 延 - 3 - 85，多）

A. 王某认为他的养子未尽赡养义务，于 2005 年 2 月向法院起诉，要求解除收养关系。法院经过调解，王某与其养子达成了维持收养关系的调解协议。2005 年 6 月，王某又以同样的理由向法院起诉，要求解除收养关系

B. 何某 1999 年向陈某借款 5 万元，约定 2001 年 8 月还清，何某到期未还，陈某碍于情面也未向何某主张过归还欠款。2005 年 3 月，陈某受重伤，需大笔医疗费，于是向何某主张归还欠款，何某拒不归还。陈某于是向法院提起诉讼，要求何某归还欠款

C. 居住在甲省 H 县的李某与居住在甲省 L 县的张某因合同履行问题发生纠纷。双方在合同中订有仲裁条款，约定合同履行发生争议由甲省 L 县的 L 仲裁委员会仲裁，现李某向甲省 L 县法院起诉要求解决合同纠纷

D. 2004 年 11 月，吴某向法院起诉要求解除与孟某的婚姻关系，法院经过审理，判决不准离婚。双方均未上诉。2005 年 2 月，孟某向法院提起诉讼，要求跟吴某离婚

【解析】本题是对受理条件及特殊情形的考查。

根据《民事诉讼法》第 127 条第（7）项的规定，判决不准离婚和调解和好的离婚案件，判决、调解维持收养关系的案件，没有新情况、新理由，原告在 6 个月内又起诉的，不予受理。这条规定的意思是上述案件如果在判决后 6 个月内有新情况、新理由，原告的起诉法院要受理，被告的起诉不受 6 个月的限制。据此，A 项中王某无新理由、新情况，在 6 个月内起诉，法院不应受理，所以 A 项不选。D 项属于判决后再行起诉的离婚案件，不过，是被告再次提起的离婚诉讼，所以没有时间限制，法院应当受理，D 项应选。

《民事诉讼法解释》第 219 条规定：当事人超过诉讼时效期间起诉的，人民法院应予受理。受理后对方当事人提出诉讼时效抗辩，人民法院经审理认为抗辩

大咖点拨区

扫码听课

事由成立的，判决驳回原告的诉讼请求。所以，B项应选。

有效的仲裁协议才排斥法院的管辖。明确约定存在的仲裁委员会是仲裁协议有效的基本条件。在C项中L县仲裁委员会根本不存在，因为根据《仲裁法》第10条的规定，仲裁委员会可以在直辖市和省、自治区人民政府所在地的市设立，也可以根据需要在其他设区的市设立，所以L县的L仲裁委员会不存在，当事人约定的仲裁协议无效，原告向法院起诉，法院应当受理。本题答案为B、C、D。

### 三、审理中的特殊问题

1. 对张男诉刘女离婚案（两人无子女，刘父已去世），因刘女为无行为能力人，法院准许其母李某以法定代理人身份代其诉讼。2017年7月3日，法院判决二人离婚，并对双方共有财产进行了分割。该判决同日送达双方当事人，李某对解除其女儿与张男的婚姻关系无异议，但对共有财产分割有意见，拟提起上诉。2017年7月10日，刘女身亡。在此情况下，本案将产生哪些法律后果？（2017－3－81，多）

A. 本案诉讼中止，视李某是否就一审判决提起上诉而确定案件是否终结

B. 本案诉讼终结

C. 一审判决生效，二人的夫妻关系根据判决解除，李某继承判决分配给刘女的财产

D. 一审判决未生效，二人的共有财产应依法分割，张男与李某对刘女的遗产均有继承权

【解析】《民事诉讼法》第154条规定：有下列情形之一的，终结诉讼：（1）原告死亡，没有继承人，或者继承人放弃诉讼权利的；（2）被告死亡，没有遗产，也没有应当承担义务的人的；（3）离婚案件一方当事人死亡的；（4）追索赡养费、扶养费、抚养费以及解除收养关系案件的一方当事人死亡的。因此，该条第（3）项规定的就是离婚案件的终结问题，因此选项B正确。

民事诉讼中共有三种不同的结案方式。分别是（1）正常性的结案方式：法院作出判决、裁定、调解书，这是大多数案件的结案方式；（2）非正常性的结案方式：诉讼终结，如离婚案件一方当事人死亡；（3）基于当事人意思表示而结案：撤诉。本案即已因离婚案件中一方当事人的死亡而诉讼终结，当然就不存在判决生效的空间。因此C项错误，D项正确。本题答案为B、D。

2. 甲县法院受理居住在乙县的成某诉居住在甲县的罗某借款纠纷案。诉讼过程中，成某出差归途所乘航班失踪，经全力寻找仍无成某生存的任何信息，主管方宣布机上乘客不可能生还，成妻遂向乙县法院申请宣告成某死亡。对此，下列哪一说法是正确的？（2015－3－43，单）

A. 乙县法院应当将宣告死亡案移送至甲县法院审理

B. 借款纠纷案与宣告死亡案应当合并审理

C. 甲县法院应当裁定中止诉讼

D. 甲县法院应当裁定终结诉讼

【解析】根据《民事诉讼法》第191条规定，公民下落不明满4年，或者因意外事件下落不明满2年，或者因意外事件下落不明，经有关机关证明该公民不可能生还，利害关系人申请宣告其死亡的，向下落不明人住所地基层人民法院提

出。申请书应当写明下落不明的事实、时间和请求，并附有公安机关或者其他有关机关关于该公民下落不明的书面证明。故宣告成某死亡的案件，应该由成某住所地即乙县人民法院管辖，成妻起诉法院正确，乙县法院不应将案件移送至甲县法院，故 A 项说法错误。

借款纠纷案件属于诉讼案件，而宣告死亡需要适用特别程序审理，故两案不能合并审理，B 项说法错误。

根据《民事诉讼法》第 153 条规定，有下列情形之一的，中止诉讼：（1）一方当事人死亡，需要等待继承人表明是否参加诉讼的；（2）一方当事人丧失诉讼行为能力，尚未确定法定代理人的；（3）作为一方当事人的法人或者其他组织终止，尚未确定权利义务承受人的；（4）一方当事人因不可抗拒的事由，不能参加诉讼的；（5）本案必须以另一案的审理结果为依据，而另一案尚未审结的；（6）其他应当中止诉讼的情形。中止诉讼的原因消除后，恢复诉讼。故在确定成某是否死亡之前，借款纠纷应该被裁定诉讼中止。故 C 项说法正确，D 项说法错误。本题答案为 C。

3. 法院开庭审理时一方当事人未到庭，关于可能出现的法律后果，下列哪些选项是正确的？（2011 - 3 - 81，多）

A. 延期审理

B. 按原告撤诉处理

C. 缺席判决

D. 采取强制措施拘传未到庭的当事人到庭

【解析】本题考查庭审时一方当事人未到庭可能出现的不同法律后果。本题只说开庭审理时一方当事人未到庭，既没有说明该当事人为原告还是被告，也没有表明未到庭是否有正当理由。

根据《民事诉讼法》第 149 条的规定，必须到庭的当事人和其他诉讼参与人有正当理由没有到庭的，可以延期审理。因此，A 项正确。

根据《民事诉讼法》第 146 条的规定，原告经传票传唤，无正当理由拒不到庭的，或者未经法庭许可中途退庭的，可以按撤诉处理；被告反诉的，可以缺席判决。根据《民事诉讼法》第 147 条的规定，被告经传票传唤，无正当理由拒不到庭的，或者未经法庭许可中途退庭的，可以缺席判决。因此，B、C 项正确。

根据《民事诉讼法》第 112 条的规定，人民法院对必须到庭的被告（或必须到庭才能查清案件基本事实的原告），经两次传票传唤，无正当理由拒不到庭的，可以拘传。因此，D 项也正确。本题答案为 A、B、C、D。

4. 法院对于诉讼中有关情况的处理，下列哪些做法是正确的？（2009 - 3 - 85，多）

A. 甲起诉其子乙请求给付赡养费。开庭审理前，法院依法对甲、乙进行了传唤，但开庭时乙未到庭，也未向法院说明理由。法院裁定延期审理

B. 甲、乙人身损害赔偿一案，甲在前往法院的路上，胃病发作住院治疗。法院决定延期审理

C. 甲诉乙离婚案件，在案件审理中甲死亡。法院裁定按甲撤诉处理

D. 原告在诉讼中因车祸成为植物人，在原告法定代理人没有确定的期间，法院裁定中止诉讼

【解析】《民事诉讼法》第149条规定：有下列情形之一的，可以延期开庭审理：①必须到庭的当事人和其他诉讼参与人有正当理由没有到庭的；②当事人临时提出回避申请的；③需要通知新的证人到庭，调取新的证据，重新鉴定、勘验，或者需要补充调查的；④其他应当延期的情形。本题中，A项当事人无正当理由没有到庭，可以缺席判决，而且即使是延期审理，法院也应当用"决定"而非"裁定"，故A项不正确。

B项中，甲胃病发作是为正当理由，法院可决定延期审理，B项正确。

C项所述案件中发生自然人死亡情形，而且这是身份关系案件（离婚案件）中的自然人死亡情形，根据《民事诉讼法》第154条的规定，有下列情形之一的，终结诉讼：①原告死亡，没有继承人，或者继承人放弃诉讼权利的；②被告死亡，没有遗产，也没有应当承担义务的人的；③离婚案件一方当事人死亡的；④追索赡养费、扶养费、抚养费以及解除收养关系案件的一方当事人死亡的。据此可知，C项情形下应裁定终结诉讼，而不是按撤诉处理，故C项不正确。

D项所述案件中出现的是"当事人变成植物人"的情形，亦即当事人在诉讼中丧失行为能力的情形，根据《民事诉讼法》第153条的规定，有下列情形之一的，中止诉讼：①一方当事人死亡，需要等待继承人表明是否参加诉讼的；②一方当事人丧失诉讼行为能力，尚未确定法定代理人的；③作为一方当事人的法人或者其他组织终止，尚未确定权利义务承受人的；④一方当事人因不可抗拒的事由，不能参加诉讼的；⑤本案必须以另一案的审理结果为依据，而另一案尚未审结的；⑥其他应当中止诉讼的情形。据此可知，D项正确，当选。本题答案为B、D。

5. 居民甲与金山房地产公司签订了购买商品房一套的合同，后因甲未按约定付款。金山公司起诉至法院，要求甲付清房款并承担违约责任。在诉讼中，甲的妻子乙向法院主张甲患有精神病，没有辨别行为的能力，要求法院认定购房合同无效。关于本案的说法，下列哪一选项是正确的？（2008-3-34，单）

A. 法院应当通知甲的妻子作为法定诉讼代理人出庭进行诉讼

B. 由乙或金山公司申请对甲进行鉴定，鉴定过程中，诉讼继续进行

C. 法院可以依职权决定对甲进行鉴定

D. 乙或金山公司可以向法院申请认定甲为无民事行为能力人，法院应裁定诉讼中止

【解析】本题是对诉讼中止的考查。

根据《民事诉讼法》第153条的规定，有下列情形之一的，中止诉讼：①一方当事人死亡，需要等待继承人表明是否参加诉讼的；②一方当事人丧失诉讼行为能力，尚未确定法定代理人的；③作为一方当事人的法人或者其他组织终止，尚未确定权利义务承受人的；④一方当事人因不可抗拒的事由，不能参加诉讼的；⑤本案必须以另一案的审理结果为依据，而另一案尚未审结的；⑥其他应当中止诉讼的情形。本题即属于⑤本案必须以另一案的审理结果为依据，而另一案尚未审结的情形。另根据《民事诉讼法解释》第349条明确规定：在诉讼中，当事人的利害关系人提出该当事人患有精神病，要求宣告该当事人无民事行为能力或限制民事行为能力的，应由利害关系人向人民法院提出申请，由受诉人民法院按照特别程序立案审理，原诉讼中止。本题答案为D。

# 专题十四　简易程序

## 一、简易程序的适用范围

1. 夏某因借款纠纷起诉陈某，法院决定适用简易程序审理。法院依夏某提供的被告地址送达时，发现有误，经多方了解和查证也无法确定准确地址。对此，法院下列哪一处理是正确的？（2017 - 3 - 43，单）

A. 将案件转为普通程序审理　　　B. 采取公告方式送达

C. 裁定中止诉讼　　　　　　　　D. 裁定驳回起诉

扫码听课

【解析】在简易程序中，根据法律规定，若原告提供了被告准确的送达地址，但人民法院无法向被告直接送达或留置送达应诉通知书的，应当将案件转入普通程序审理；原告不能提供被告准确的送达地址，人民法院经查证后仍不能确定被告送达地址的，可以被告不明确为由裁定驳回原告起诉。本题中夏某虽经提供了被告的送达地址，但却有误，属于不能提供被告准确的送达地址的情形，因此在经多方了解和查证也无法确定准确地址的情况下，应当裁定驳回起诉。本题答案为 D。

2. 关于简易程序的简便性，下列哪一表述是不正确的？（2013 - 3 - 41，单）

A. 受理程序简便，可以当即受理，当即审理

B. 审判程序简便，可以不按法庭调查、法庭辩论的顺序进行

C. 庭审笔录简便，可以不记录诉讼权利义务的告知、原被告的诉辩意见等通常性程序内容

D. 裁判文书简便，可以简化裁判文书的事实认定或判决理由部分

扫码听课

【解析】《简易程序规定》第 7 条规定：双方当事人到庭后，被告同意口头答辩的，人民法院可以当即开庭审理。因此 A 项正确。

依照简易程序审理案件，审理程序比较简便。本着简便易行的原则，法院在进行法庭调查、法庭辩论时，可以不按法定顺序进行，因此 B 项正确。

《民事诉讼法解释》第 270 条规定：适用简易程序审理的案件，有下列情形之一的，人民法院在制作判决书、裁定书、调解书时，对认定事实或者裁判理由部分可以适当简化：（1）当事人达成调解协议并需要制作民事调解书的；（2）一方当事人明确表示承认对方全部或者部分诉讼请求的；（3）涉及商业秘密、个人隐私的案件，当事人一方要求简化裁判文书中的相关内容，人民法院认为理由正当的；（4）当事人双方同意简化的。因此 D 项正确。

《民事诉讼法解释》第 263 条规定：适用简易程序审理案件，卷宗中应当具备以下材料：（1）起诉状或者口头起诉笔录；（2）答辩状或者口头答辩笔录；（3）当事人身份证明材料；（4）委托他人代理诉讼的授权委托书或者口头委托笔录；（5）证据；（6）询问当事人笔录；（7）审理（包括调解）笔录；（8）判决书、裁定书、调解书或者调解协议；（9）送达和宣判笔录；（10）执行情况；

（11）诉讼费收据；（12）适用民事诉讼法第162条规定审理的，有关程序适用的书面告知。根据该条第（7）项规定可知，庭审笔录不能省，故C项错误。本题答案为C。

### 二、简易程序审理规则

1. 章俊诉李泳借款纠纷案在某县法院适用简易程序审理。县法院判决后，章俊上诉，二审法院以事实不清为由发回重审。县法院征得当事人同意后，适用简易程序重审此案。在答辩期间，李泳提出管辖权异议，县法院不予审查。案件开庭前，章俊增加了诉讼请求，李泳提出反诉，县法院受理了章俊提出的增加诉讼请求，但以重审不可提出反诉为由拒绝受理李泳的反诉。关于本案，该县法院的下列哪些做法是正确的？（2015-3-82，多）

A. 征得当事人同意后，适用简易程序重审此案

B. 对李泳提出的管辖权异议不予审查

C. 受理章俊提出的增加诉讼请求

D. 拒绝受理李泳的反诉

【解析】根据《民事诉讼法解释》第257条规定，下列案件，不适用简易程序：（1）起诉时被告下落不明的；（2）发回重审的；（3）当事人一方人数众多的；（4）适用审判监督程序的；（5）涉及国家利益、社会公共利益的；（6）第三人起诉请求改变或者撤销生效判决、裁定、调解书的；（7）其他不宜适用简易程序的案件。本案属于二审发回重审的案件，按依照第257条第（2）项的规定，不得适用简易程序审理，故A项做法不正确。

根据《民事诉讼法解释》第39条第2款规定，人民法院发回重审或者按第一审程序再审的案件，当事人提出管辖异议的，人民法院不予审查。据此，管辖权异议应当针对因起诉而开始的初始一审提出，本案属于二审发回重审，故法院对李泳的管辖权异议不予审查的做法是正确的，B项当选。

根据《民事诉讼法解释》第251条规定，二审裁定撤销一审判决发回重审的案件，当事人申请变更、增加诉讼请求或者提出反诉，第三人提出与本案有关的诉讼请求的，可以合并审理。故C项做法正确，D项做法错误。本题答案为B、C。

2. 关于适用简易程序的表述，下列哪些选项是正确的？（2010-3-87，多）

A. 基层法院适用普通程序审理的民事案件，当事人双方可协议并经法院同意适用简易程序审理

B. 经双方当事人一致同意，法院制作判决书时可对认定事实或者判决理由部分适当简化

C. 法院可口头方式传唤当事人出庭

D. 当事人对案件事实无争议的，法院可不开庭径行判决

【解析】《简易程序规定》第2条的规定：基层人民法院适用第一审普通程序审理的民事案件，当事人各方自愿选择简易程序，经人民法院审查同意的，可以适用简易程序进行审理。因此，A项正确。（《民事诉讼法》第160条第2款也有类似规定）

《民事诉讼法解释》第270条规定，适用简易程序审理的民事案件，有下列

情形之一的，人民法院在制作判决书、裁定书、调解书时对认定事实或者判决理由部分可以适当简化：①当事人达成调解协议并需要制作民事调解书的；②一方当事人在诉讼过程中明确表示承认对方全部或者部分诉讼请求的；③涉及个人隐私或者商业秘密的案件，当事人一方要求简化裁判文书中相关的内容，人民法院认为理由正当的；④当事人双方同意简化的。B 项属于第④种可以简化的情形，因此 B 项是正确的。

《民事诉讼法解释》第 261 条规定：适用简易程序审理案件，人民法院可以采取捎口信、电话、短信、传真、电子邮件等简便方式传唤双方当事人、通知证人和送达裁判文书以外的诉讼文书。以简便方式送达的开庭通知，未经当事人确认或者没有其他证据证明当事人已经收到的，人民法院不得缺席判决。因此，C 项正确。

人民法院对于一审民事案件必须开庭审理。简易程序属于一审，即使当事人对案件事实无争议的，法院也不能不开庭而径行判决。据此，D 项错误。本题答案为 A、B、C。

### 三、简易程序的裁判

郑飞诉万雷侵权纠纷一案，虽不属于事实清楚、权利义务关系明确、争议不大的案件，但双方当事人约定适用简易程序进行审理，法院同意并以电子邮件的方式向双方当事人通知了开庭时间（双方当事人均未回复）。开庭时被告万雷无正当理由不到庭，法院作出了缺席判决。送达判决书时法院通过各种方式均未联系上万雷，遂采取了公告送达方式送达了判决书。对此，法院下列的哪些行为是违法的？（2015 - 3 - 83，多）

A. 同意双方当事人的约定，适用简易程序对案件进行审理
B. 以电子邮件的方式向双方当事人通知开庭时间
C. 作出缺席判决
D. 采取公告方式送达判决书

【解析】《民事诉讼法》第 160 条规定：基层人民法院和它派出的法庭审理事实清楚、权利义务关系明确、争议不大的简单的民事案件，适用本章规定。基层人民法院和它派出的法庭审理前款规定以外的民事案件，当事人双方也可以约定适用简易程序。故本案双方当事人可以约定适用简易程序，A 项做法正确，不选。

《民事诉讼法解释》第 261 条第 1 款规定：适用简易程序审理案件，人民法院可以采取捎口信、电话、短信、传真、电子邮件等简便方式传唤双方当事人、通知证人和送达裁判文书以外的诉讼文书。故 B 项说法正确，不当选。

第 261 条第 2 款规定：以简便方式送达的开庭通知，未经当事人确认或者没有其他证据证明当事人已经收到的，人民法院不得缺席判决。本题中双方均未回复，因此未经当事人确认收悉而不能缺席判决。故 C 项说法错误，当选。

根据《民事诉讼法解释》第 140 条规定，适用简易程序的案件，不适用公告送达。故 D 项做法错误，当选。本题答案为 C、D。

### 四、小额诉讼程序

1. 外国人汤姆通过网络平台以 500 元人民币购买中国人杨某售卖的衬衫，后

扫码听课

扫码听课

大咖点拨区

扫码听课

双方因衬衫质量问题发生纠纷。汤姆向某互联网法院提起诉讼要求赔偿，法院受理。关于法院对本案的审理，下列哪些选项是正确的？（2021年回忆版真题）

A. 可决定在线下开庭审理

B. 可适用独任制审理

C. 可适用小额诉讼程序审理

D. 可经当事人同意后电子送达判决书

【解析】本题是对《最高人民法院关于互联网法院审理案件若干问题的规定》（简称《互联网法院审理案件若干问题的规定》）的考查。

《互联网法院审理案件若干问题的规定》第12条规定，互联网法院采取在线视频方式开庭。存在确需当庭查明身份、核对原件、查验实物等特殊情形的，互联网法院可以决定在线下开庭，但其他诉讼环节仍应当在线完成。A项正确。

《互联网法院审理案件若干问题的规定》第15条第3款规定，经告知当事人权利义务，并征得其同意，互联网法院可以电子送达裁判文书。当事人提出需要纸质版裁判文书的，互联网法院应当提供。D项正确。

互联网法院的级别相当于基层法院，在满足事实清楚、权利义务关系明确、争议不大的简单金钱给付类案件的前提下（本案的标的额为500元）当然可以适用小额诉讼程序，由审判员独任审理。B、C两项正确。本题答案为A、B、C、D。

2. C法院是民事诉讼繁简分流改革试点，苏强向C法院起诉儿子苏明，要求其支付每月赡养费3000元，苏明称自己没有固定收入，无法支付，关于本案的审理程序，下列选项正确的是？（2020年回忆版真题）

A. 经双方同意，可以不开庭审理

B. 经双方同意，裁判文书可以不写裁判理由

C. 经双方同意，可以进行在线视频审理

D. 可以一审终审

【解析】本题是对《民事诉讼程序繁简分流改革试点实施办法》（简称《繁简分流试点办法》）的考查。

本题中的标的额为3000元，因此应当适用小额诉讼程序进行审理。《繁简分流试点办法》第5条规定：基层人民法院审理的事实清楚、权利义务关系明确、争议不大的简单金钱给付类案件，标的额为人民币五万元以下的，适用小额诉讼程序，实行一审终审。D项正确。

《繁简分流试点办法》第8条规定：适用小额诉讼程序审理的案件，可以比照简易程序进一步简化传唤、送达、证据交换的方式，但不得减损当事人答辩、举证、质证、陈述、辩论等诉讼权利。适用小额诉讼程序审理的案件，庭审可以不受法庭调查、法庭辩论等庭审程序限制，直接围绕诉讼请求或者案件要素进行，原则上应当一次开庭审结，但人民法院认为确有必要再次开庭的除外。小额诉讼程序作为一审程序，必须开庭审理，A项错误。

《繁简分流试点办法》第9条规定：适用小额诉讼程序审理的案件，可以比照简易程序进一步简化裁判文书，主要记载当事人基本信息、诉讼请求、答辩意见、主要事实、简要裁判理由、裁判依据、裁判主文和一审终审的告知等内容。对于案情简单、法律适用明确的案件，法官可以当庭作出裁判并说明裁判理由。

对于当庭裁判的案件，裁判过程经庭审录音录像或者庭审笔录完整记录的，人民法院在制作裁判文书时可以不再载明裁判理由。据此，裁判文书可以不载明裁判理由的前提在于"法官当庭裁判并说明裁判理由；裁判过程经庭审录音录像或者庭审笔录完整记录"，B项错误。

《繁简分流试点办法》第23条规定：人民法院开庭审理案件，可以采取在线视频方式，但符合下列情形之一的，不适用在线庭审：（1）双方当事人明确表示不同意，或者一方当事人表示不同意且有正当理由的；（2）双方当事人均不具备参与在线庭审的技术条件和能力的；需要现场查明身份、核对原件、查验实物的；（4）人民法院认为存在其他不宜适用在线庭审情形的。本题不属于不适用的情形之一，因此可以进行在线视频审理，C项正确。本题答案为C、D。

3. 李某诉谭某返还借款一案，M市N区法院按照小额诉讼案件进行审理，判决谭某返还借款。判决生效后，谭某认为借款数额远高于法律规定的小额案件的数额，不应按小额案件审理，遂向法院申请再审。法院经审查，裁定予以再审。关于该案再审程序适用，下列哪些选项是正确的？（2016－3－81，多）

A. 谭某应当向M市中级法院申请再审

B. 法院应当组成合议庭审理

C. 对作出的再审判决当事人可以上诉

D. 作出的再审判决仍实行一审终审

扫码听课

【解析】根据《民事诉讼法解释》第426条规定，对小额诉讼案件的判决、裁定，当事人以《民事诉讼法》第207条规定的事由向原审人民法院申请再审的，人民法院应当受理。申请再审事由成立的，应当裁定再审，组成合议庭进行审理。作出的再审判决、裁定，当事人不得上诉。当事人以不应按小额诉讼案件审理为由向原审人民法院申请再审的，人民法院应当受理。理由成立的，应当裁定再审，组成合议庭审理。作出的再审判决、裁定，当事人可以上诉。由此可知，对于小额诉讼案件的判决、裁定，当事人应当向原审法院申请再审，即M市N区法院，A项错误；同时，小额诉讼的再审裁判是否可以上诉取决于当事人申请再审的理由，本题中谭某申请再审的理由并非《民事诉讼法》第200条的13个理由之一，而是认为本案不应按小额案件审理，故再审审理后的裁判，当事人可以上诉，C项正确，D项错误。

依据《民事诉讼法》第214条第2款的规定，人民法院审理再审案件，应当组成合议庭。本案中法院经审查，裁定予以再审，因此应当组成合议庭，B项说法正确。本题答案为B、C。

4. 根据《民事诉讼法》相关司法解释，下列哪些案件不适用小额诉讼程序？（2015－3－84，多）

A. 人身关系案件　　　　　　　B. 涉外民事案件

C. 海事案件　　　　　　　　　D. 发回重审的案件

扫码听课

【解析】根据《民事诉讼法》第166条规定，下列案件，不适用小额诉讼程序审理：（1）人身关系、财产确权案件；（2）涉外案件；（3）需要评估、鉴定或者对诉前评估、鉴定结果有异议的案件；（4）一方当事人下落不明的案件；（5）当事人提出反诉的案件；（6）其他不宜适用小额诉讼的程序审理的案件。故A、B两项正确。

大咖点拨区

《民事诉讼法解释》第273条规定：海事法院可以审理海事、海商小额诉讼案件。由此可知，简单的海事案件仍然可以适用小额诉讼程序审理，故C项说法错误。

由于小额诉讼程序除特殊规定外应当适用简易程序的规定，发回重审的案件既然不能适用简易程序审理，当然也就不能适用小额诉讼程序。D项正确。本题答案为A、B、D。

5. 赵洪诉陈海返还借款100元，法院决定适用小额诉讼程序审理。关于该案的审理，下列哪一选项是错误的？（2014-3-40，单）

A. 应在开庭审理时先行调解

B. 应开庭审理，但经过赵洪和陈海的书面同意后，可书面审理

C. 应当庭宣判

D. 应一审终审

【解析】根据《民事诉讼法》第125条规定，当事人起诉到人民法院的民事纠纷，适宜调解的，先行调解，但当事人拒绝调解的除外。故应当先行调解，所以A项说法正确。

小额诉讼程序属于一审程序，必须开庭审理，故B项说法错误，当选。

根据《民事诉讼法》第167条规定，人民法院适用小额诉讼的程序审理案件，可以一次开庭审结并且当庭宣判。《简易程序规定》第27条亦规定，适用简易程序审理的民事案件，除人民法院认为不宜当庭宣判的以外，应当当庭宣判。由于小额诉讼程序除特殊规定外应当适用简易程序的规定，故C项说法正确。

根据《民事诉讼法》第165条第1款规定，基层人民法院和它派出的法庭审理事实清楚、权利义务关系明确、争议不大的简单金钱给付民事案件，标的额为各省、自治区、直辖市上年度就业人员年平均工资50%以下的，适用小额诉讼的程序审理，实行一审终审。故D项说法正确。本题答案为B。

6. 下列哪些是1991年颁布实行的《民事诉讼法》（2007年修正）规定的诉讼案件的审判程序？（2012-3-84，多）

A. 普通程序　　　　　　　　B. 二审程序

C. 认定财产无主案件审理程序　　D. 小额诉讼程序

【解析】2012年《民事诉讼法》第162条规定：基层人民法院和它派出的法庭审理符合本法第157条第1款规定的简单的民事案件，标的额为各省、自治区、直辖市上年度就业人员年平均工资30%以下的，实行一审终审。即在原《民事诉讼法》的基础之上增加了小额诉讼程序，因此选项D并非2007年《民事诉讼法》规定的诉讼案件的审判程序。

认定财产无主案件在《民事诉讼法》中属于适用特别程序审理的案件之一，其本质是一种与诉讼案件相对应存在的非讼案件，其目的不是解决双方当事人之间的民事权益冲突，而是确认某种法律事实是否存在，权利状态的有无或公民是否享有某种资格，能否行使某种权利。因此虽然C选项是2007年《民事诉讼法》（2007年修正）规定的审理程序之一，但其并非针对诉讼案件，而是一种非讼程序，因此C项错误。

一审程序中的普通程序、简易程序以及二审程序都是2007年《民事诉讼法》规定的诉讼案件的审判程序，故A、B项正确。本题答案为A、B。

7. 2014 年 9 月 30 日，吴某租赁王某建筑搭架设备，使用结束后，经双方结算下欠王某 1000 元。2016 年 5 月 29 日，吴某为王某出具了一张 1000 元欠条，后经王某多次催要，吴某一直未还，王某诉至法院。法院决定适用小额诉讼程序审理，告知了双方小额诉讼程序的特点。被告要求书面答辩，法院确定了 7 天的答辩期，并指定了 5 天的举证期限。在答辩内，被告提出了管辖权异议，法院告知其小额诉讼程序不能提管辖权异议。关于本案诉讼程序中，法院做法正确的有？（2018 - 82，多）

**大咖点拨区**

**扫码听课**

A. 法院决定适用小额诉讼程序审理该案
B. 法院确定了 7 天的答辩期
C. 法院指定的 5 天举证期限
D. 法院告知其小额诉讼程序不能提管辖权异议

【解析】本题的欠款金额为 1000 元，属于诉讼标的额较小，且案件事实清楚，因此法院可以适用小额诉讼程序审理。A 项正确。

《民事诉讼法解释》第 277 条第 1 款规定：小额诉讼案件的举证期限由人民法院确定，也可以由当事人协商一致并经人民法院准许，但一般不超过 7 日。C 项法院指定的 5 天举证期限正确。

《民事诉讼法解释》第 277 条第 2 款规定：被告要求书面答辩的，人民法院可以在征得其同意的基础上合理确定答辩期间，但最长不得超过 15 日。因此 B 项法院指定 7 天答辩期正确。

《民事诉讼法解释》第 278 条规定：当事人对小额诉讼案件提出管辖异议的，人民法院应当作出裁定。裁定一经作出即生效。因此小额诉讼中也可以提出管辖权异议，只是此一裁定在小额诉讼中一审终审，即不能上诉而已。D 项错误。本题答案为 A、B、C。

# 专题十五　二审程序

1. 甲、乙、丙三人共同致丁身体损害，丁起诉三人要求赔偿 3 万元。一审法院经审理判决甲、乙、丙分别赔偿 2 万元、8000 元和 2000 元，三人承担连带责任。甲认为丙赔偿 2000 元的数额过低，提起上诉。关于本案二审当事人诉讼地位的确定，下列哪一选项是正确的？（2017 - 3 - 44，单）

A. 甲为上诉人，丙为被上诉人，乙为原审被告，丁为原审原告

B. 甲为上诉人，丙、丁为被上诉人，乙为原审被告

C. 甲、乙为上诉人，丙为被上诉人，丁为原审原告

D. 甲、乙、丙为上诉人，丁为被上诉人

【解析】本题是对二审程序必要共同诉讼中上诉人与被上诉人确定问题的考查。具体而言，必要共同诉讼人中的一人或者部分人提出上诉的，其中上诉人、被上诉人根据不同情形而确定：（1）该上诉是对与对方当事人之间权利义务分担有意见，不涉及其他共同诉讼人利益的，对方当事人为被上诉人，未上诉的同一方当事人依原审诉讼地位列明；（2）该上诉仅对共同诉讼人之间权利义务分担有意见，不涉及对方当事人利益的，未上诉的同一方当事人为被上诉人，对方当事人依原审诉讼地位列明；（3）该上诉对双方当事人之间以及共同诉讼人之间权利义务承担有意见的，未提出上诉的其他当事人均为被上诉人。在本题中，甲、乙、丙三人因共同侵权而形成必要共同诉讼，属于必要共同诉讼人。其中，必要共同诉讼人中甲的上诉仅针对丙，而未涉及共同诉讼人乙和对方当事人丁的利益，是故甲是上诉人，丙是被上诉人，而乙、丁依据原审诉讼地位列明。本题答案为 A。

2. 张某诉新立公司买卖合同纠纷案，新立公司不服一审判决提起上诉。二审中，新立公司与张某达成协议，双方同意撤回起诉和上诉。关于本案，下列哪一选项是正确的？（2017 - 3 - 45，单）

A. 起诉应在一审中撤回，二审中撤回起诉的，法院不应准许

B. 因双方达成合意撤回起诉和上诉的，法院可准许张某二审中撤回起诉

C. 二审法院应裁定撤销一审判决并发回重审，一审法院重审时准许张某撤回起诉

D. 二审法院可裁定新立公司撤回上诉，而不许张某撤回起诉

【解析】本题是对二审程序撤诉问题的考查。二审程序中的撤诉分两种，既可以撤回起诉，也可以撤回上诉。《民事诉讼法解释》第 338 条规定，在第二审程序中，原审原告申请撤回起诉，经其他当事人同意，且不损害国家利益、社会公共利益、他人合法权益的，人民法院可以准许。准许撤诉的，应当一并裁定撤销一审裁判。故 B 项正确，本题的答案为 B。

3. 石山公司起诉建安公司请求返还 86 万元借款及支付 5 万元利息，一审判决石山公司胜诉，建安公司不服提起上诉。二审中，双方达成和解协议：石山公

司放弃 5 万元利息主张，建安公司在撤回上诉后 15 日内一次性付清 86 万元本金。建安公司向二审法院申请撤回上诉后，并未履行还款义务。关于石山公司的做法，下列哪一表述是正确的？（2017 – 3 – 46，单）

　　A. 可依和解协议申请强制执行

　　B. 可依一审判决申请强制执行

　　C. 可依和解协议另行起诉

　　D. 可依和解协议申请司法确认

【解析】　二审中因和解而撤诉，既可以是撤回起诉，也可以是撤回上诉，本题明确告知是因和解而撤回上诉。在二审程序中，上诉的撤回会产生以下法律后果：（1）在对方当事人未上诉的情况下，二审程序终结；（2）在对方当事人未提起上诉的情况下，第一审裁判发生法律效力；（3）撤回上诉的当事人承担第二审程序的上诉费用，减半收取。本题的一审判决因撤回上诉而生效，因而可据其申请执行，B 项正确。而和解协议本身是合同，仅具有相对约束力，而不具有强制执行力，A 项错误。本题答案为 B。

　　4. 朱某诉力胜公司商品房买卖合同纠纷案，朱某要求判令被告支付违约金 5 万元；因房屋质量问题，请求被告修缮，费用由被告支付。一审法院判决被告败诉，认可了原告全部诉讼请求。力胜公司不服令其支付 5 万元违约金的判决，提起上诉。二审法院发现一审法院关于房屋有质量问题的事实认定，证据不充分。关于二审法院对本案的处理，下列哪些说法是正确的？（2017 – 3 – 82，多）

　　A. 应针对上诉人不服违约金判决的请求进行审理

　　B. 可对房屋修缮问题在查明事实的情况下依法改判

　　C. 应针对上诉人上诉请求所涉及的事实认定和法律适用进行审理

　　D. 应全面审查一审法院对案件的事实认定和法律适用

扫码听课

【解析】　本题是对二审审理范围的考查。根据民事诉讼法的规定，第二审人民法院应当对当事人上诉请求所涉及的事实认定问题和适用法律问题进行审理，即我国民事诉讼第二审既是事实审又是法律审，故 C 项正确。

　　同时，我国民事诉讼的二审程序应遵循有限审查原则，即第二审人民法院审理的事实问题和法律问题，应当限定在上诉人的上诉请求范围内，受到当事人上诉请求的限制。本题力胜公司仅对令其支付 5 万元违约金的判决部分不服提起上诉，未涉及房屋的质量修缮问题，因此二审法院不应就房屋修缮问题作出判决，故 A 项正确，B、D 两项错误。本题答案为 A、C。

　　5. 甲、乙、丙诉丁遗产继承纠纷一案，甲不服法院作出的一审判决，认为分配给丙和丁的遗产份额过多，提起上诉。关于本案二审当事人诉讼地位的确定，下列哪一选项是正确的？（2016 – 3 – 44，单）

　　A. 甲是上诉人，乙、丙、丁是被上诉人

　　B. 甲、乙是上诉人，丙、丁是被上诉人

　　C. 甲、乙、丙是上诉人，丁为被上诉人

　　D. 甲是上诉人，乙为原审原告，丙、丁为被上诉人

扫码听课

【解析】　本题是对必要共同诉讼二审中当事人诉讼地位如何列明的考查。

　　根据《民事诉讼法解释》第 319 条规定，必要共同诉讼人的一人或者部分人提起上诉的，按下列情形分别处理：（1）上诉仅对与对方当事人之间权利义务分

担有意见，不涉及其他共同诉讼人利益的，对方当事人为被上诉人，未上诉的同一方当事人依原审诉讼地位列明；（2）上诉仅对共同诉讼人之间权利义务分担有意见，不涉及对方当事人利益的，未上诉的同一方当事人为被上诉人，对方当事人依原审诉讼地位列明；（3）上诉对双方当事人之间以及共同诉讼人之间权利义务承担有意见的，未提起上诉的其他当事人均为被上诉人。

本案中，甲认为分配给丙和丁的遗产份额过多，即对丙和丁的权利义务有意见，因此应将丙和丁作为被上诉人，甲为上诉人。而对于乙的权利义务的承担，甲在上诉中并没有涉及，故乙应当按照原审诉讼地位列明，将其列为原审原告。本题答案为 D。

6. 甲公司诉乙公司买卖合同纠纷一案，法院判决乙公司败诉并承担违约责任，乙公司不服提起上诉。在二审中，甲公司与乙公司达成和解协议，并约定双方均将提起之诉予以撤回。关于两个公司的撤诉申请，下列哪一说法是正确的？（2016 - 3 - 45，单）

A. 应当裁定准许双方当事人的撤诉申请，并裁定撤销一审判决
B. 应当裁定准许乙公司撤回上诉，不准许甲公司撤回起诉
C. 不应准许双方撤诉，应依双方和解协议制作调解书
D. 不应准许双方撤诉，应依双方和解协议制作判决书

【解析】本题是对二审中撤诉的考查。

根据《民事诉讼法解释》第 339 条规定，当事人在第二审程序中达成和解协议的，人民法院可以根据当事人的请求，对双方达成的和解协议进行审查并制作调解书送达当事人；因和解而申请撤诉，经审查符合撤诉条件的，人民法院应予准许。因此，在二审中双方达成和解协议的，有两种结案方式：一个是制作调解书，另一个是撤诉。故 C、D 项的说法是错误的。

根据《民事诉讼法解释》第 337 条规定，在第二审程序中，当事人申请撤回上诉，人民法院经审查认为一审判决确有错误，或者当事人之间恶意串通损害国家利益、社会公共利益、他人合法权益的，不应准许。《民事诉讼法解释》第 338 条规定，在第二审程序中，原审原告申请撤回起诉，经其他当事人同意，且不损害国家利益、社会公共利益、他人合法权益的，人民法院可以准许。准许撤诉的，应当一并裁定撤销一审裁判。故二审中撤诉，可以是撤回上诉，也可以是撤回起诉，裁定撤回上诉的，应当撤销一审判决。所以 B 项说法错误，A 项说法正确。需要提醒的是，撤回上诉时，如果对方不履行和解协议，此时一审裁判仍然存在，可以去申请执行一审裁判。本题答案为 A。

7. 王某诉赵某借款纠纷一案，法院一审判决赵某偿还王某债务，赵某不服，提出上诉。二审期间，案外人李某表示，愿以自己的轿车为赵某偿还债务提供担保。三人就此达成书面和解协议后，赵某撤回上诉，法院准许。一个月后，赵某反悔并不履行和解协议。关于王某实现债权，下列哪一选项是正确的？（2016 - 3 - 47，单）

A. 依和解协议对赵某向法院申请强制执行
B. 依和解协议对赵某、李某向法院申请强制执行
C. 依一审判决对赵某向法院申请强制执行
D. 依一审判决与和解协议对赵某、李某向法院申请强制执行

扫码听课

扫码听课

【解析】本题是对二审和解撤回上诉后相关裁判文书效力的考查。

根据《民事诉讼法解释》第 339 条规定，当事人在第二审程序中达成和解协议的，人民法院可以根据当事人的请求，对双方达成的和解协议进行审查并制作调解书送达当事人；因和解而申请撤诉，经审查符合撤诉条件的，人民法院应予准许。因此，在二审审理中，当事人申请撤回上诉，法院审查准许后，二审诉讼即告终结，一审裁判发生法律效力。因此，可以申请执行生效的一审判决。故选项 C 正确。同时，和解协议没有强制执行力，不能向法院申请强制执行。B 项错误。本题答案为 C。

8. 齐远、张红是夫妻，因感情破裂诉至法院离婚，提出解除婚姻关系、子女抚养、住房分割等诉讼请求。一审判决准予离婚并对子女抚养问题作出判决。齐远不同意离婚提出上诉。二审中，张红增加诉讼请求，要求分割诉讼期间齐远继承其父的遗产。下列哪一说法是正确的？（2015-3-44，单）

A. 一审漏判的住房分割诉讼请求，二审可调解，调解不成，发回重审

B. 二审增加的遗产分割诉讼请求，二审可调解，调解不成，发回重审

C. 住房和遗产分割的两个诉讼请求，二审可合并调解，也可一并发回重审

D. 住房和遗产分割的两个诉讼请求，经当事人同意，二审法院可一并裁判

【解析】根据《民事诉讼法解释》第 326 条规定，对当事人在第一审程序中已经提出的诉讼请求，原审人民法院未作审理、判决的，第二审人民法院可以根据当事人自愿的原则进行调解；调解不成的，发回重审。本案中，当事人在一审中已经提出了住房分割的诉讼请求，但是法院没有裁判，故这部分诉讼请求二审中可进行调解，调解不成的，发回重审。A 项说法正确，C、D 项错误。

根据《民事诉讼法解释》第 328 条规定，在第二审程序中，原审原告增加独立的诉讼请求或者原审被告提出反诉的，第二审人民法院可以根据当事人自愿的原则就新增加的诉讼请求或者反诉进行调解；调解不成的，告知当事人另行起诉。双方当事人同意由第二审人民法院一并审理的，第二审人民法院可以一并裁判。本案中，分割遗产这一诉讼请求是张红在二审中新增的诉讼请求，二审法院可对此进行调解，调解不成的，应告知另行起诉。故 B 项说法错误。本案答案为 A。

9. 甲诉乙人身损害赔偿一案，一审法院根据甲的申请，冻结了乙的银行账户，并由李法官独任审理。后甲胜诉，乙提出上诉。二审法院认为一审事实不清，裁定撤销原判，发回重审。关于重审，下列哪一表述是正确的？（2014-3-47，单）

A. 由于原判已被撤销，一审中的审判行为无效，保全措施也应解除

B. 由于原判已被撤销，一审中的诉讼行为无效，法院必须重新指定举证时限

C. 重审时不能再适用简易程序，应组成合议庭，李法官可作为合议庭成员参加重审

D. 若重审法院判决甲胜诉，乙再次上诉，二审法院认为重审认定的事实依然错误，则只能在查清事实后改判

【解析】根据《民事诉讼法》、最高人民法院的有关司法解释及司法实践，财产保全措施解除的原因有：第一，诉前保全措施采取后，利害关系人在 30 日内未起诉的；第二，财产纠纷案件，被申请人向法院提供担保的；第三，申请人在财

大咖点拨区

产保全期间撤回申请，法院同意其撤回申请的；第四，法院确认被申请人申请复议意见有理，而作出新裁定，撤销原财产保全裁定的；第五，被申请人依法履行了法院判决的义务，财产保全已没有存在意义的。撤销一审裁判的行为，并不一定会解除财产保全措施，故 A 项说法错误。

根据《关于适用〈关于民事诉讼证据的若干规定〉中有关举证时限规定的通知》第 9 条，关于发回重审案件举证期限问题。发回重审的案件，第一审人民法院在重新审理时，可以结合案件的具体情况和发回重审的原因等情况，酌情确定举证期限……如果案件是因认定事实不清、证据不足发回重审的，人民法院可以要求当事人协商确定举证期限，或者酌情指定举证期限。上述举证期限不受"不得少于三十日"的限制。故二审法院认为一审事实不清，裁定撤销原判，发回重审，并不是"必须"重新指定举证时限，B 项说法错误。

根据《民事诉讼法》第 41 条规定，人民法院审理第二审民事案件，由审判员组成合议庭。合议庭的成员人数，必须是单数。发回重审的案件，原审人民法院应当按照第一审程序另行组成合议庭。发回重审的案件，必须组成合议庭审理，不能适用简易程序，但是原来的审判人员李法官不得参与重审，故 C 项说法错误。

根据《民事诉讼法》第 177 条规定，原审人民法院对发回重审的案件作出判决后，当事人提起上诉的，第二审人民法院不得再次发回重审。因此，如果二审法院认为重审认定的事实依然错误，则只能在查清事实后改判。故 D 项说法正确。本题答案为 D。

10. 关于民事诉讼二审程序的表述，下列哪些选项是正确的？（2014 – 3 – 83，多）

A. 二审既可能因为当事人上诉而发生，也可能因为检察院的抗诉而发生

B. 二审既是事实审，又是法律审

C. 二审调解书应写明撤销原判

D. 二审原则上应开庭审理，特殊情况下可不开庭审理

扫码听课

【解析】民事诉讼中，二审程序的启动只可能是以当事人上诉而发生，检察院只能针对生效的裁判进行抗诉。故 A 项说法错误。

根据《民事诉讼法》第 175 条规定，第二审人民法院应当对上诉请求的有关事实和适用法律进行审查。故 B 项说法正确。

根据《民事诉讼法》第 179 条规定，第二审人民法院审理上诉案件，可以进行调解。调解达成协议，应当制作调解书，由审判人员、书记员署名，加盖人民法院印章。调解书送达后，原审人民法院的判决即视为撤销。故不需要在二审调解书上写明撤销原判，因此 C 项说法错误。

根据《民事诉讼法》第 176 条规定，第二审人民法院对上诉案件应当开庭审理，应当组成合议庭，开庭审理。经过阅卷、调查和询问当事人，对没有提出新的事实、证据或者理由，人民法院认为不需要开庭审理的，可以不开庭审理。第二审人民法院审理上诉案件，可以在本院进行，也可以到案件发生地或者原审人民法院所在地进行。故 D 项说法正确，本题答案为 B、D。

11. 甲对乙享有 10 万元到期债权，乙无力清偿，且怠于行使对丙的 15 万元债权，甲遂对丙提起代位权诉讼，法院依法追加乙为第三人。一审判决甲胜诉，

扫码听课

丙应向甲给付 10 万元。乙、丙均提起上诉，乙请求法院判令丙向其支付剩余 5 万元债务，丙请求法院判令甲对乙的债权不成立。关于二审当事人地位的表述，下列哪一选项是正确的？（2013－3－48，单）

A. 丙是上诉人，甲是被上诉人

B. 乙、丙是上诉人，甲是被上诉人

C. 乙是上诉人，甲、丙是被上诉人

D. 丙是上诉人，甲、乙是被上诉人

大咖点拨区

**【解析】** 根据《民事诉讼法解释》第 317 条规定，双方当事人和第三人都提出上诉的，均为上诉人。本题中乙、丙均提起上诉，因此很多考生会认为乙、丙都是上诉人。但是在代位权诉讼中，乙的身份是无独立请求权第三人，一审判决并未判令无独三乙承担实体义务，根据《民事诉讼法解释》第 82 条规定，此时乙没有上诉权，所以上诉人只有丙。而丙在上诉中请求的是判令甲对乙的债权不成立，假使该项上诉请求成立，受损的是甲的利益，因此甲是被上诉人。本题答案为 A。

12. 关于民事诉讼二审程序的表述，下列选项错误的是？（2012－3－43，单）

A. 二审案件的审理，遇有二审程序没有规定的情形，应当适用一审普通程序的相关规定

B. 二审案件的审理，以开庭审理为原则

C. 二审案件调解的结果变更了一审判决内容的，应当在调解书中写明"撤销原判"

D. 二审案件的审理，应当由法官组成的合议庭进行审理

扫码听课

**【解析】**《民事诉讼法》第 181 条规定：第二审人民法院审理上诉案件，除依照本章规定外，适用第一审普通程序。因此 A 项正确。

《民事诉讼法》第 176 条第 1 款规定：第二审人民法院对上诉案件，应当组成合议庭，开庭审理。经过阅卷、调查和询问当事人，对没有提出新的事实、证据或者理由，合议庭认为不需要开庭审理的，可以不开庭审理。由此可见二审案件的审理以开庭审理为原则，不开庭审理为例外。因此 B 项正确。

《民事诉讼法》第 179 条规定：第二审人民法院审理上诉案件，可以进行调解。调解达成协议，应当制作调解书，由审判人员、书记员署名，加盖人民法院印章。调解书送达后，原审人民法院的判决即视为撤销。因此，调解书中并不需要写明"撤销原判"，故 C 项错误。

《民事诉讼法》第 40 条第 1 款规定：人民法院审理第一审民事案件，由审判员、陪审员共同组成合议庭或者由审判员组成合议庭。《民事诉讼法》第 41 条第 1 款规定：人民法院审理第二审民事案件，由审判员组成合议庭。合议庭的成员人数，必须是单数。中级人民法院对第一审适用简易程序审结或者不服裁定提起上诉的第二审民事案件，事实清楚、权利义务关系明确的，经双方当事人同意，可以由审判员一人独任审理。因此 D 项现在不再正确。本题答案为 C、D。

13. 吴某被王某打伤后诉至法院，王某败诉。一审判决书送达王某时，其当即向送达人郑某表示上诉，但因其不识字，未提交上诉状。关于王某行为的法律效力，下列哪一选项是正确的？（2011－3－40，单）

A. 王某已经表明上诉，产生上诉效力

扫码听课

B. 郑某将王某的上诉要求告知法院后，产生上诉效力

C. 王某未提交上诉状，不产生上诉效力

D. 王某口头上诉经二审法院同意后，产生上诉效力

【解析】上诉要求必须递交书面上诉状，否则视为未提起上诉。对此，《民事诉讼法解释》第 320 条规定：一审宣判时或判决书、裁定书送达时，当事人口头表示上诉的，人民法院应告知其必须在法定上诉期间内提出上诉状。未在法定上诉期间内递交上诉状的，视为未提出上诉。因此，本题答案为 C。

14. 二审法院根据当事人上诉和案件审理情况，对上诉案件作出相应裁判。下列哪一选项是正确的？（2011 - 3 - 44，单）

A. 二审法院认为原判对上诉请求的有关事实认定清楚、适用法律正确，裁定驳回上诉，维持原判

B. 二审法院认为原判对上诉请求的有关事实认定清楚，但适用法律有错误，裁定发回重审

C. 二审法院认为一审判决是在案件未经开庭审理而作出的，裁定撤销原判，发回重审

D. 原审原告增加独立的诉讼请求，二审法院合并审理，一并作出判决

【解析】本题考查二审的裁判方式，A、B、C 项涉及通常情形的裁判方式，根据《民事诉讼法》第 177 条规定，第二审人民法院对上诉案件，经过审理，按照下列情形，分别处理：（1）原判决、裁定认定事实清楚，适用法律正确的，以判决、裁定方式驳回上诉，维持原判决、裁定；（2）原判决、裁定认定事实错误或者适用法律错误的，以判决、裁定方式依法改判、撤销或者变更；（3）原判决认定基本事实不清的，裁定撤销原判决，发回原审人民法院重审，或者查清事实后改判；（4）原判决遗漏当事人或者违法缺席判决等严重违反法定程序的，裁定撤销原判决，发回原审人民法院重审。A 选项裁判文书适用错误，因为是针对判决的上诉，因此应为"判决"驳回上诉，维持原判，而非"裁定"驳回上诉。B 选项所述情形属于第 177 条第（2）项法定改判情形，不应发回重审，因此也是错误的。C 选项属于严重违反法定程序，依据 177 条第（2）项规定，应该发回重审，表述正确。

选项 D 考查的是二审中原审原告增加独立的诉讼请求的处理，对此情形，《民事诉讼法解释》第 328 条规定：在第二审程序中，原审原告增加独立的诉讼请求或者原审被告提出反诉的，第二审人民法院可以根据当事人自愿的原则就新增加的诉讼请求或者反诉进行调解；调解不成的，告知当事人另行起诉。双方当事人同意由第二审人民法院一并审理的，第二审人民法院可以一并裁判。因此二审法院合并审理，一并作出判决的前提是双方当事人都同意。D 项错误。本题答案为 C。

15. 丙承租了甲、乙共有的房屋，因未付租金被甲、乙起诉。一审法院判决丙支付甲、乙租金及利息共计 10000 元，分 5 个月履行，每月给付 2000 元。甲、乙和丙均不服该判决，提出上诉：乙请求改判丙一次性支付所欠的租金 10000 元。甲请求法院判决解除与丙之间租赁关系。丙认为租赁合同中没有约定利息，甲、乙也没有要求给付利息，一审法院不应当判决自己给付利息，请求判决变更一审判决的相关内容。丙还提出，为修缮甲、乙的出租房自己花费了 3000 元，请求抵

扫码听课

大咖点拨区

销部分租金。根据上述事实，请回答（1）～（4）题。（2010 - 3 - 97～100，任）

（1）关于一审法院判决丙给付甲、乙利息的做法，下列说法正确的是？

A. 违背了民事诉讼的处分原则

B. 违背了民事诉讼的辩论原则

C. 违背了民事诉讼的当事人诉讼权利平等原则

D. 违背了民事诉讼的同等原则

扫码听课

【解析】 根据《民事诉讼法》第 13 条的规定，处分原则是指当事人有权在法律规定的范围内处分自己的民事权利和诉讼权利。处分原则的核心内涵：当事人提出诉讼请求是行使处分权最基本的表现形式，法官的判决不能超出当事人诉讼请求的范围也不能遗漏当事人的诉讼请求。这也被称为处分原则的约束性。本题中甲、乙的诉讼请求中没有要求给付利息，一审法院判决给付利息，明显违背了处分原则。因此，本题选择 A 项。辩论原则是当事人有权就事实问题、法律问题、程序问题进行辩论的原则。当事人诉讼权利平等原则是指不论其诉讼地位（原告或被告）、经济与社会地位、民族与种族、年龄与性别，当事人在民事诉讼中平等享有权利、平等履行义务的原则。同等原则，是指外国当事人与我国当事人在我国民事诉讼中享有同等的权利。同等原则与对等原则都是在涉外民事诉讼中适用的原则。这几个民事诉讼原则与本题无关，所以不选。本题答案为 A。

（2）关于二审中当事人地位的确定，下列选项正确的是？

A. 丙是上诉人，甲、乙是被上诉人

B. 甲、乙是上诉人，丙是被上诉人

C. 乙、丙是上诉人，甲是被上诉人

D. 甲、乙、丙都是上诉人

扫码听课

【解析】 根据《民事诉讼法解释》第 317 条规定，双方当事人和第三人都提出上诉的，均为上诉人。本题中，甲、乙和丙均不服该判决，提出上诉，所以甲、乙、丙均为上诉人。本题答案为 D。

（3）关于甲上诉请求解除与丙的租赁关系，下列选项正确的是？

A. 二审法院查明事实后直接判决

B. 二审法院直接裁定发回重审

C. 二审法院经当事人同意进行调解解决

D. 甲在上诉中要求解除租赁关系的请求，须经乙同意

扫码听课

【解析】 根据《民事诉讼法解释》第 328 条第 1 款的规定，在第二审程序中，原审原告增加独立的诉讼请求或原审被告提出反诉的，第二审人民法院可以根据当事人自愿的原则就新增加的诉讼请求或反诉进行调解，调解不成的，告知当事人另行起诉。本案中"上诉请求解除与丙的租赁关系"属于增加独立的诉讼请求，因此，A、B 项错误，C 项正确。根据《民事诉讼法》第 55 条的规定，共同诉讼的一方当事人对诉讼标的有共同权利义务的，其中一人的诉讼行为经其他共同诉讼人承认，对其他共同诉讼人发生效力。本题就属于因共有产生的必要共同诉讼，甲、乙为共同原告，所以对于甲的请求须经乙的同意。因此，D 项正确。本题答案为 C、D。

（4）关于丙提出用房屋修缮款抵销租金的请求，二审法院正确的处理办法是？

A. 查明事实后直接判决

扫码听课

B. 不予审理

C. 经当事人同意进行调解解决，调解不成的，发回重审

D. 经当事人同意进行调解解决，调解不成的，告知丙另行起诉

【解析】根据《民事诉讼法解释》第 328 条第 1 款的规定，在第二审程序中，原审原告增加独立的诉讼请求或原审被告提出反诉的，第二审人民法院可以根据当事人自愿的原则就新增加的诉讼请求或反诉进行调解，调解不成的，告知当事人另行起诉。本题中，丙提出的用房屋修缮款抵销租金的请求，构成反诉，所以法院可以在当事人同意情况下先进行调解，调解不成的，告知当事人另行起诉。因此，D 项正确。本题答案为 D。

16. 甲在某报发表纪实报道，对明星乙和丙的关系作了富有想象力的描述。乙和丙以甲及报社共同侵害了他们的名誉权为由提起诉讼，要求甲及报社赔偿精神损失并公开赔礼道歉。一审判决甲向乙和丙赔偿 1 万元，报社赔偿 3 万元，并责令甲及报社在该报上书面道歉。报社提起上诉，请求二审法院改判甲和自己各承担 2 万元，以甲的名义在该报上书面道歉。二审法院如何确定当事人的地位？(2007 - 3 - 43，单)

A. 报社是上诉人，甲是被上诉人，乙和丙列为原审原告

B. 报社是上诉人，甲、乙、丙是被上诉人

C. 报社是上诉人，乙和丙是被上诉人，甲列为原审被告

D. 报社和甲是上诉人，乙和丙是被上诉人

【解析】本题考查二审程序中当事人的确定。

《民事诉讼法解释》第 319 条第 3 款明确规定：必要共同诉讼人中的一人或者部分人提出上诉的，该上诉对双方当事人之间以及共同诉讼人之间权利义务承担有意见的，未提出上诉的其他当事人均为被上诉人。本题解题的关键在于将一审判决的内容与上诉请求对应起来，从而得出倘若上诉人的上诉请求成立谁有损失，谁有损失谁就是被上诉人的结论。本题中一审判决的内容有二：（1）甲向乙和丙赔偿 1 万元，报社赔偿 3 万元；（2）甲及报社在该报上书面道歉。上诉人报社的上诉请求也有二：（1）请求二审法院改判甲和自己各承担 2 万元；（2）请求以甲的名义在该报上书面道歉。以对应方法进行作答，1 对 1 甲损失；2 对 2 乙、丙损失（少了报社一方的道歉），故甲、乙、丙均为被上诉人。本题答案为 B。

17. 一审法院作出判决后，当事人不服提出上诉，在二审案件的审理过程中，一审法院发现原一审判决存在错误。关于本案的处理，下列说法中正确的是？(2019 年回忆版真题)

A. 一审法院应该裁定补正相关错误

B. 二审法院应当将案件发回一审法院重审

C. 二审法院应当向上级法院移送全部案卷

D. 一审法院可以提出一审判决有错误的意见，报送二审法院

【解析】本题是对二审中一审法院发现原裁判存在错误时处理方式的考查。

《民事诉讼法解释》第 242 条规定，一审宣判后，原审人民法院发现判决有错误，当事人在上诉期内提出上诉的，原审人民法院可以提出原判决有错误的意见，报送第二审人民法院，由第二审人民法院按照第二审程序进行审理；当事人不上诉的，按照审判监督程序处理。本案中，当事人已经提出了上诉，因此一审

法院发现原一审判决存在错误时，可以提出一审判决有错误的意见，报送二审法院，D 项正确。本题答案为 D。

18. 大山公司诉梧桐公司返还货款及迟延履行期间的利息，法院一审判决梧桐公司支付货款 230 万元和利息 20 万元，梧桐公司不服提起上诉，之后双方达成和解，约定梧桐公司一个月内支付货款 200 万元，大山公司放弃剩余货款及利息，梧桐公司撤回上诉，和解获得法院批准。但梧桐公司并未足额支付货款，大山公司的救济方式正确的是？（2018 年回忆版真题）

A. 申请对一审判决强制执行

B. 申请法院执行和解协议

C. 申请恢复二审审理程序

D. 申请依据和解协议制作调解书

【解析】本题是对二审中和解与撤回上诉法律后果的考查。

双方当事人在二审中达成和解协议并撤回上诉的，在一方当事人不履行和解协议时，另一方当事人可以申请法院对一审判决强制执行，A 项正确。

和解协议的本质为合同，其本身只具有合同的相对约束力，并不具有强制执行力，B 项错误。上诉撤回后，二审程序即告结束，一次不存在所谓的恢复审理，C 项错误。

撤诉（包括撤回起诉和撤回上诉）和调解本身系和解后的两种不同结案方式，既然在达成和解协议后，当事人已经选择了撤回上诉，那么就不能再申请依据和解协议制作调解书，D 项错误。本题答案为 A。

大咖点拨区

扫码听课

扫码听课

# 专题十六　再审程序

1. 甲诉乙合同纠纷一案。法院判决甲胜诉，在执行过程中，甲和乙自愿达成和解协议，将判决中确定的乙向甲偿还 100 万元人民币减少为 80 万元，协议生效之日起 1 个月内还清。乙按照和解协议的约定履行了相关义务，后甲以发现新证据为由向法院申请再审，法院对再审申请进行审查时，发现和解协议已履行完毕，法院的正确做法是？（2021 年回忆版真题）

A. 应当裁定执行回转

B. 应裁定驳回甲的再审申请

C. 审查执行和解协议是否违反自愿与合法原则

D. 裁定终结对再审的审查

【解析】本题是对再审申请审查的考查。

《民事诉讼法解释》第 402 条规定，再审申请审查期间，有下列情形之一的，裁定终结审查：（1）再审申请人死亡或者终止，无权利义务承继者或者权利义务承继者声明放弃再审申请的；（2）在给付之诉中，负有给付义务的被申请人死亡或者终止，无可供执行的财产，也没有应当承担义务的人的；（3）当事人达成和解协议且已履行完毕的，但当事人在和解协议中声明不放弃申请再审权利的除外；（4）他人未经授权以当事人名义申请再审的；（5）原审或者上一级人民法院已经裁定再审的；（6）有本解释第三百八十三条第一款规定情形的。本题中双方已经达成执行和解协议且履行完毕，属于 402 条下的（3）种情形，故应当裁定终结再审申请的审查。本题答案为 D。

2. 丁甲与王二之间的借款合同纠纷在 A 市 B 区人民法院审理并作出一审判决后，双方均未上诉。几个月后，丁甲与王二分别先后向 A 市 B 区人民法院和 A 市中级人民法院申请再审。下列说法正确的是？（2020 年回忆版真题）

A. 应由 A 市中级人民法院裁定由 B 区人民法院审核再审申请

B. 应当由先受理的法院审核再审申请

C. 应当由 B 区法院审核再审申请

D. 应当由 A 市中级人民法院审核再审申请

【解析】本题考查当事人申请再审的管辖。

《民事诉讼法》第 206 条规定：当事人对已经发生法律效力的判决、裁定，认为有错误的，可以向上一级人民法院申请再审。当事人一方人数众多或者当事人双方为公民的案件，也可以向原审人民法院申请再审。本题属于双方都是公民的情形，因此既可以向原审人民法院申请再审，也可以向上一级人民法院申请再审。另《民事诉讼法解释》第 379 条规定：当事人一方人数众多或者当事人双方为公民的案件，当事人分别向原审人民法院和上一级人民法院申请再审且不能协商一致的，由原审人民法院受理。据此，C 项正确，本题答案为 C。

3. 元丰公司依据供货合同要求神木公司给付货款，法院经审理一审二审神木公司均败诉，神木公司向法院申请再审，上级法院认为事实不清，指定下级法院再审，再审期间元丰公司要求增加违约金，神木公司以货物质量不合格为由主张解除合同，法院应当如何处理？（2019 年回忆版真题）

A. 对于增加违约金，法院应调解处理

B. 对于解除合同法院应调解处理

C. 对于增加违约金的要求，法院告知另诉

D. 对于解除合同请求，法院告知另诉

大咖点拨区

扫码听课

【解析】本题是对再审审理范围的考查。

人民法院应当在具体的再审请求范围内或在抗诉支持当事人请求的范围内审理再审案件。当事人超出原审范围增加、变更诉讼请求的，不属于再审审理范围。据此，在再审中，人民法院对于新增的诉讼请求（包括原告增加独立的诉讼请求或被告提出反诉）不予审理。由于调解属于典型的审理方式，既然人民法院对于新增的诉讼请求不予审理，那么当然不会进行调解，符合条件的，人民法院应当告知当事人另行起诉。（《民事诉讼法解释》第 405 条也有近似规定）因此 A、B 两项错误，C、D 两项正确。本题答案为 C、D。

4. 周立诉孙华人身损害赔偿案，一审法院适用简易程序审理，电话通知双方当事人开庭，孙华无故未到庭，法院缺席判决孙华承担赔偿周立医疗费。判决书生效后，周立申请强制执行，执行程序开始，孙华向一审法院提出再审申请。法院裁定再审，未裁定中止原判决的执行。关于本案，下列哪一说法是正确的？（2015 - 3 - 46，单）

A. 法院电话通知当事人开庭是错误的

B. 孙华以法院未传票通知其开庭即缺席判决为由，提出再审申请是符合法律规定的

C. 孙华应向二审法院提出再审申请，而不可向原一审法院申请再审

D. 法院裁定再审，未裁定中止原判决的执行是错误的

扫码听课

【解析】根据《民事诉讼法解释》第 261 条规定，适用简易程序审理案件，人民法院可以采取捎口信、电话、短信、传真、电子邮件等简便方式传唤双方当事人、通知证人和送达裁判文书以外的诉讼文书。以简便方式送达的开庭通知，未经当事人确认或者没有其他证据证明当事人已经收到的，人民法院不得缺席判决。适用简易程序审理案件，由审判员独任审判，书记员担任记录。因此在适用简易程序审理案件时，可以采用电话通知开庭，所以 A 项说法是错误的。

根据《民事诉讼法》第 207 条规定，当事人的申请符合下列情形之一的，人民法院应当再审：……（10）未经传票传唤，缺席判决的。虽然适用简易程序审理可以采用电话通知开庭，但必须经过当事人确认或者证明当事人已经收到该开庭通知，否则人民法院不能缺席判决。本案中，并没有明确交代孙华已经收到了开庭通知，故直接缺席判决是错误的，当事人可以申请再审。所以 B 项说法正确。

根据《民事诉讼法》第 206 条规定，当事人对已经发生法律效力的判决、裁定，认为有错误的，可以向上一级人民法院申请再审；当事人一方人数众多或者当事人双方为公民的案件，也可以向原审人民法院申请再审。当事人申请再审的，不停止判决、裁定的执行。本案双方当事人都是公民，故申请再审既可以向

上一级法院申请再审，也可以向原审法院申请再审，C项说法错误。

根据《民事诉讼法》第213条规定，按照审判监督程序决定再审的案件，裁定中止原判决、裁定、调解书的执行，但追索赡养费、扶养费、抚养费、抚恤金、医疗费用、劳动报酬等案件，可以不中止执行。本案属于追索医疗费用的案件，裁定再审后，也可以不裁定中止原裁判的执行，故D项说法是错误的。本题答案为B。

5. 万某起诉吴某人身损害赔偿一案，经过两级法院审理，均判决支持万某的诉讼请求，吴某不服，申请再审。再审中万某未出席开庭审理，也未向法院说明理由。对此，法院的下列哪一做法是正确的？（2014－3－50，单）

A. 裁定撤诉，视为撤回起诉　　　B. 裁定撤诉，视为撤回再审申请

C. 裁定诉讼中止　　　D. 缺席判决

【解析】根据《民事诉讼法解释》第406条第1款第（2）项规定，再审申请人经传票传唤，无正当理由拒不到庭的，或者未经法庭许可中途退庭的，按撤回再审请求处理的。本案中申请再审人为吴某，并不是万某，因此不能视为撤诉或视为撤回再审申请，故A、B项说法错误。

根据《民事诉讼法》第153条规定，诉讼中止的情形包括：（1）一方当事人死亡，需要等待继承人表明是否参加诉讼的；（2）一方当事人丧失诉讼行为能力，尚未确定法定代理人的；（3）作为一方当事人的法人或者其他组织终止，尚未确定权利义务承受人的；（4）一方当事人因不可抗拒的事由，不能参加诉讼的；（5）本案必须以另一案的审理结果为依据，而另一案尚未审结的；（6）其他应当中止诉讼的情形。本案并不符合诉讼中止的情形，故C项说法错误。

在本案再审程序中，吴某为原告，万某为被告，万某未出席，也未向法院说明理由。依据《民事诉讼法》第147条规定，被告经传票传唤，无正当理由拒不到庭的，或者未经法庭许可中途退庭的，可以缺席判决。故D项说法正确。本题答案为D。

6. 就瑞成公司与建华公司的合同纠纷，某省甲市中院作出了终审裁判。建华公司不服，打算启动再审程序。后其向甲市检察院申请检察建议，甲市检察院经过审查，作出驳回申请的决定。关于检察监督，下列哪些表述是正确的？（2014－3－80，多）

A. 建华公司可在向该省高院申请再审的同时，申请检察建议

B. 在甲市检察院驳回检察建议申请后，建华公司可向该省检察院申请抗诉

C. 甲市检察院在审查检察建议申请过程中，可向建华公司调查核实案情

D. 甲市检察院在审查检察建议申请过程中，可向瑞成公司调查核实案情

【解析】根据《民事诉讼法》第216条第1款规定，有下列情形之一的，当事人可以向人民检察院申请检察建议或者抗诉：（1）人民法院驳回再审申请的；（2）人民法院逾期未对再审申请作出裁定的；（3）再审判决、裁定有明显错误的。故当事人对生效文书不服，欲寻求再审救济，应当先向法院申请再审，即"法院纠错先行，检察监督断后"，找过法院后遇到特定情形才可再向检察院申请检察建议或申请抗诉，故A项说法错误。

根据《民事诉讼法》第216条第2款的规定，人民检察院对当事人的申请应当在3个月内进行审查，作出提出或者不予提出检察建议或者抗诉的决定。当事

人不得再次向人民检察院申请检察建议或者抗诉。故 B 项说法错误。

根据《民事诉讼法》第 217 条规定，人民检察院因履行法律监督职责提出检察建议或者抗诉的需要，可以向当事人或者案外人调查核实有关情况。故 C、D 项说法正确。本题答案为 C、D。

7. 关于检察监督，下列哪一选项是正确的？（2013 - 3 - 49，单）

A. 甲县检察院认为乙县法院的生效判决适用法律错误，对其提出检察建议

B. 丙市检察院就合同纠纷向仲裁委员会提出检察建议，要求重新仲裁

C. 丁县检察院认为丁县法院某法官在制作除权判决时收受贿赂，向该法院提出检察建议

D. 戊县检察院认为戊县法院认定某公民为无民事行为能力人的判决存在程序错误，报请上级检察院提起抗诉

【解析】 根据《民事诉讼法》第 215 条规定，最高人民检察院对各级人民法院已经发生法律效力的判决、裁定，上级人民检察院对下级人民法院已经发生法律效力的判决、裁定，发现有本法第 207 条规定情形之一的，或者发现调解书损害国家利益、社会公共利益的，应当提出抗诉。地方各级人民检察院对同级人民法院已经发生法律效力的判决、裁定，发现有本法第 207 条规定情形之一的，或者发现调解书损害国家利益、社会公共利益的，可以向同级人民法院提出检察建议，并报上级人民检察院备案；也可以提请上级人民检察院向同级人民法院提出抗诉。各级人民检察院对审判监督程序以外的其他审判程序中审判人员的违法行为，有权向同级人民法院提出检察建议。虽然检察建议是同级提出，但是这里的同级依然受到地域的限制。因此 A 项错误。

人民检察院进行法律监督的阶段限于民事审判和民事执行，并不包括仲裁。因此 B 项错误。

D 项的错误在于认定公民为无民事行为能力的案件适用特别程序，不适用审判监督，自然也就不能抗诉。

检察建议作为一种灵活的监督方式，既可能产生再审的法律效果，也可能产生其他法律后果或功能，如追究法官的不法行为——刑事追诉、为公示催告程序中的当事人提供相应救济等。因此 C 项正确。本题答案为 C。

8. 周某因合同纠纷起诉，甲省乙市的两级法院均驳回其诉讼请求。周某申请再审，但被驳回。周某又向检察院申请抗诉，检察院以原审主要证据系伪造为由提出抗诉，法院裁定再审。关于启动再审的表述，下列哪些说法是不正确的？（2013 - 3 - 81，多）

A. 周某只应向甲省高院申请再审

B. 检察院抗诉后，应当由接受抗诉的法院审查后，作出是否再审的裁定

C. 法院应当在裁定再审的同时，裁定撤销原判

D. 法院应当在裁定再审的同时，裁定中止执行

【解析】 根据《民事诉讼法》第 206 条规定，当事人对已经发生法律效力的判决、裁定，认为有错误的，可以向上一级人民法院申请再审；当事人一方人数众多或者当事人双方为公民的案件，也可以向原审人民法院申请再审。本题中周某可以向上一级的高院申请再审，也可以向原市的中院申请，因此 A 项错误。严格来讲，A 项表述并不严谨，因为我们并不知道这样的合同纠纷是不是发生在双

方都是自然人之间。

根据《民事诉讼法》第213条规定，人民法院按照审判监督程序决定再审的案件，原则上裁定中止原判决、裁定、调解书的执行，但追索赡养费、扶养费、抚养费、抚恤金、医疗费用、劳动报酬等案件，可以不中止执行。因此C项错误，D项正确。

根据《民事诉讼法》第218条规定，人民检察院提出抗诉的案件，接受抗诉的人民法院应当自收到抗诉书之日起30日内作出再审的裁定。

而根据《民事诉讼法解释》第417条规定，人民检察院依当事人的申请对生效判决、裁定提出抗诉，符合下列条件的，人民法院应当在30日内裁定再审：（1）抗诉书和原审当事人申请书及相关证据材料已经提交；（2）抗诉对象为依照民事诉讼法和本解释规定可以进行再审的判决、裁定；（3）抗诉书列明该判决、裁定有民事诉讼法第215条第1款规定情形；（4）符合民事诉讼法第216条第1款第（1）项、第（2）项规定情形。不符合前款规定的，人民法院可以建议人民检察院予以补正或者撤回；不予补正或者撤回的，人民法院可以裁定不予受理。从该条规定可知，对依当事人申请检察院的抗诉，法院不是必然裁定再审，需要审查符合条件的，才做出再审裁定。故B项说法正确。本题答案为A、C。

9. 韩某起诉翔鹭公司要求其依约交付电脑，并支付迟延履行违约金5万元。经县市两级法院审理，韩某均胜诉。后翔鹭公司以原审适用法律错误为由申请再审，省高院裁定再审后，韩某变更诉讼请求为解除合同，支付迟延履行违约金10万元。再审法院最终维持原判。关于再审程序的表述，下列哪些选项是正确的？（2013-3-82，多）

A. 省高院可以亲自提审，提审应当适用二审程序

B. 省高院可以指令原审法院再审，原审法院再审时应当适用一审程序

C. 再审法院对韩某变更后的请求应当不予审查

D. 对于维持原判的再审裁判，韩某认为有错误的，可以向检察院申请抗诉

【解析】根据《民事诉讼法》第211条第2款规定，最高人民法院、高级人民法院裁定再审的案件，由本院再审或者交其他人民法院再审，也可以交原审人民法院再审。

同时，根据《民事诉讼法》第214条规定，如果再审审理法院是原审法院或与原审法院同级的人民法院，案件原本是第一审法院审结的，再审时仍按第一审程序进行审理，审理后作出的裁判属于未确定的裁判，当事人不服的，可以提起上诉。案件原来是第二审法院审结的，再审时仍按第二审程序进行审理，审理后作出的裁判为终审裁判，当事人不得再提起上诉。如果是上级人民法院或最高人民法院提审的，则一律适用二审程序进行审理。在本题中，省高院裁定再审的时候，可以决定提审，也可以指令原审法院再审。如果提审，则当然是按照二审来审；如果指令原审法院再审，因为生效裁判由二审法院作出，原审法院再审时也应当适用二审程序。因此A项正确，B项错误。

根据《民事诉讼法解释》第405条规定，人民法院审理再审案件应当围绕再审请求进行。当事人的再审请求超出原审诉讼请求的，不予审理。人民法院应当在具体的再审请求范围内或在抗诉支持当事人请求的范围内审理再审案件。当事人超出原审范围增加、变更诉讼请求的，不属于再审审理范围。韩某变更后的请

求不属于再审审理范围，因此应当不予审查。C 项正确。

根据《民事诉讼法》的规定，我国的再审救济遵循"一次法院 + 一次检察院"的模式，即"法院纠错先行，检察监督断后"。因此对于维持原判的再审裁判，韩某认为有错误的，可以再向检察院申请抗诉，D 项正确。本题答案为 A、C、D。

10. 关于再审程序的说法，下列哪些选项是正确的？（2010 - 3 - 82，多）

A. 在再审中，当事人提出新的诉讼请求的，原则上法院应根据自愿原则进行调解，调解不成的告知另行起诉

B. 在再审中，当事人增加诉讼请求的，原则上法院应根据自愿原则进行调解，调解不成的裁定发回重审

C. 按照第一审程序再审案件时，经法院许可原审原告可撤回起诉

D. 在一定条件下，案外人可申请再审

【解析】根据《民事诉讼法解释》第 405 条的规定，人民法院审理再审案件应当围绕再审请求进行。当事人的再审请求超出原审诉讼请求的，不予审理；符合另案诉讼条件的，告知当事人可以另行起诉。因此，A、B 项错误。

根据《民事诉讼法解释》第 410 条的规定，一审原告在再审审理程序中申请撤回起诉，经其他当事人同意，且不损害国家利益、社会公共利益、他人合法权益的，人民法院可以准许。裁定准许撤诉的，应当一并撤销原判决。一审原告在再审审理程序中撤回起诉后重复起诉的，人民法院不予受理。因此，C 项正确。

案外人对原判决、裁定、调解书确定的执行标的物主张权利，且无法提起新的诉讼解决争议的，可以向作出原判决、裁定、调解书的人民法院的上一级人民法院申请再审。因此，D 项正确。本题答案为 C、D。

11. 甲公司诉乙公司合同纠纷案，南山市 S 县法院进行了审理并作出驳回甲公司诉讼请求的判决，甲公司未提出上诉。判决生效后，甲公司因收集到新的证据申请再审。下列哪些选项是正确的？（2009 - 3 - 87，多）

A. 甲公司应当向 S 县法院申请再审

B. 甲公司应当向南山市中级法院申请再审

C. 法院应当适用一审程序再审本案

D. 法院应当适用二审程序再审本案

【解析】本题是对当事人申请再审及相应审理程序的考查。

根据《民事诉讼法》第 206 条规定：当事人对已经发生法律效力的判决、裁定，认为有错误的，可以向上一级人民法院申请再审；当事人一方人数众多或者当事人双方为公民的案件，也可以向原审人民法院申请再审。本题的诉讼主体是甲、乙两公司，不符合一方人数众多或者当事人双方为公民的情形，因此甲公司要申请再审，应当向上一级人民法院即南山市中级人民法院申请再审，故 A 项错误，B 项正确。

根据《民事诉讼法》第 211 条第 2 款规定：因当事人申请裁定再审的案件由中级人民法院以上的人民法院审理（回不到基层），但当事人依照本法第 206 条的规定选择向基层人民法院申请再审的除外（此时可以回到基层）。本题因不满足当事人一方人数众多或者当事人双方为公民而不能向原基层人民法院申请再审，因此排除该法条中后半句但书的适用。如前所述，本题的诉讼主体是甲、乙

大咖点拨区

扫码听课

扫码听课

大咖点拨区

扫码听课

两公司，不符合一方人数众多或者当事人双方为公民的情形，因此甲公司要申请再审，应当向上一级人民法院即南山市中级法院申请再审。此时因为回不到基层，南山市中级人民法院则只能自己提审，即适用二审程序审理。C项错误，D项正确。本题答案为B、D。

12. 根据民事诉讼法的规定，第二审程序与审判监督程序具有下列哪些区别？（2006－3－89，多）

A. 二审程序与审判监督程序合议庭的组成形式不尽相同

B. 适用第二审程序以开庭审理为原则，而适用审判监督程序以书面审理为原则

C. 第二审程序中法院可以以调解方式结案，而适用审判监督程序不适用调解

D. 适用第二审程序作出的裁判是终审裁判，适用审判监督程序作出的裁判却未必是终审裁判

【解析】本题综合考查审判监督程序与二审程序的区别。

关于审判组织，根据《民事诉讼法》第41的规定，人民法院审理第二审民事案件，由审判员组成合议庭。合议庭的成员人数，必须是单数。中级人民法院对第一审适用简易程序审结或者不服裁定提起上诉的第二审民事案件，事实清楚、权利义务关系明确的，经双方当事人同意，可以由审判员一人独任审理。审理再审案件，原来是第一审的，按照第一审程序另行组成合议庭；原来是第二审的或者是上级人民法院提审的，按照第二审程序另行组成合议庭。A项正确。

关于审理方式，《民事诉讼法》第176条规定：第二审人民法院对上诉案件，应当开庭审理。经过阅卷、调查和询问当事人，对没有提出新的事实、证据或者理由，合议庭认为不需要开庭审理的，可以不开庭审理。另据《民事诉讼法》第214条的规定，人民法院按照审判监督程序再审的案件，发生法律效力的判决、裁定是由第一审法院作出的，按照第一审程序审理；发生法律效力的判决、裁定是由第二审法院作出的，按照第二审程序审理所作的判决、裁定，是发生法律效力的判决、裁定；上级人民法院按照审判监督程序提审的，按照第二审程序审理，所作的判决、裁定是发生法律效力的判决、裁定。可见，二审程序与审判监督程序作为审判程序的一种，均是以开庭审理为原则。B项错误。

民事诉讼中的调解不区分审理阶段。适用审判监督程序的案件也可以调解。C项错误。

关于裁判效力，《民事诉讼法》第182条规定：第二审人民法院的判决、裁定，是终审的判决、裁定；另据《民事诉讼法》第214条的规定，人民法院按照审判监督程序再审的案件，发生法律效力的判决、裁定是由第一审法院作出的，按照第一审程序审理，该再审判决通常不是终审裁判。D项正确。本题答案为A、D。

13. 江某诉周某要求其返还自己所有的一件玉器，A市B县法院判决周某交付玉器，双方均未提起上诉。因周某拒不履行判决，江某申请强制执行，法院依法扣押该玉器。执行过程中，张某向法院提出异议，主张自己享有玉器的所有权，法院经审查驳回了其异议。张某遂向A市中级法院申请再审，A市中级法院在再审中经调查发现该玉器为张某和江某所共有。关于A市中级法院的做法，下列选项中正确的有？（2018年回忆版真题）

A. A市中级法院应作出新判决

扫码听课

B. 应当进行调解，调解不成的，驳回张某再审申请，告知其提起执行异议之诉

C. 应当进行调解，调解不成的，告知张某另行起诉

D. 应当进行调解，调解不成的，裁定撤销原判决，发回重审

【解析】本题是对再审中发现遗漏必要共同诉讼人该如何处理的考查。

本案中的玉器为张某和江某共有，因此张某属于典型的必要共同诉讼人。根据《民事诉讼法解释》第 422 条规定：人民法院因必要共同诉讼人的申请而裁定再审的，按照第一审程序再审的，应当追加其为当事人，作出新的判决、裁定；按照第二审程序再审，经调解不能达成协议的，应当撤销原判决、裁定，发回重审，重审时应追加其为当事人。本题中的诉讼双方均为公民，B 县基层法院作出一审生效判决，当事人申请再审找到的是上一级法院 A 市中院，根据"回不到基层"的规则要求（回到基层的前提是当事人一方人数众多或当事人双方为公民，且当事人直接向原基层法院申请再审），A 市中院应当提审本案，即适用二审程序再审。因此 D 项正确。本题答案为 D。

大咖点拨区

# 专题十七　特别程序

1. 康某不慎撞伤了王某，经人民调解委员会调解，双方达成协议：康某赔偿王某1万元。双方向A区法院申请司法确认。后来王某得知自己的伤残等级应该获得更多的赔偿，即以构成重大误解为由向A区法院申请撤销该调解协议。关于本案，法院的正确处理方式是？（2019年回忆版真题）

A. 根据一事不再理原则，驳回王某的申请

B. 应适用特别程序审理

C. 应适用简易程序审理

D. 告知当事人向上一级法院申请再审

【解析】本题是对人民调解司法确认程序的考查。

《民事诉讼法解释》第374条规定：适用特别程序作出的判决、裁定，当事人、利害关系人认为有错误的，可以向作出该判决、裁定的法院提出异议。人民法院经审查，异议成立或者部分成立的，作出新的判决、裁定撤销或者改变原判决、裁定；异议不成立的，裁定驳回。对人民法院作出的确认调解协议、准许实现担保物权的裁定，当事人有异议的，应当自收到裁定之日起15日内提出；利害关系人有异议的，自知道或者应当知道其民事权益受到侵害之日起6个月内提出。据此，B项正确。本题答案为B。

2. 李某因债务人刘某下落不明申请宣告刘某失踪。法院经审理宣告刘某为失踪人，并指定刘妻为其财产代管人。判决生效后，刘父认为由刘妻代管财产会损害儿子的利益，要求变更刘某的财产代管人。关于本案程序，下列哪一说法是正确的？（2017-3-47，单）

A. 李某无权申请刘某失踪

B. 刘父应提起诉讼变更财产代管人，法院适用普通程序审理

C. 刘父应向法院申请变更刘妻的财产代管权，法院适用特别程序审理

D. 刘父应向法院申请再审变更财产代管权，法院适用再审程序审理

【解析】《民事诉讼法解释》第344条规定，失踪人的财产代管人经人民法院指定后，代管人申请变更代管的，比照《民事诉讼法》特别程序的有关规定进行审理。申请理由成立的，裁定撤销申请人的代管人身份，同时另行指定财产代管人；申请理由不成立的，裁定驳回申请。失踪人的其他利害关系人申请变更代管的，人民法院应当告知其以原指定的代管人为被告起诉，并按普通程序进行审理。据此，本题中法院指定刘妻为财产代管人，刘父要求变更刘某的财产代管人，应当提起诉讼变更财产代管人，法院适用普通程序审理。本题答案为B。

3. 2015年4月，居住在B市（直辖市）东城区的林剑与居住在B市西城区的钟阳（二人系位于B市北城区正和钢铁厂的同事）签订了一份借款合同，约定钟阳向林剑借款20万元，月息1%，2017年1月20日前连本带息一并返还。合同还约定，如因合同履行发生争议，可向B市东城区仲裁委员会仲裁。至2017年

2月，钟阳未能按时履约。2017年3月，二人到正和钢铁厂人民调解委员会（下称调解委员会）请求调解。调解委员会委派了三位调解员主持该纠纷的调解。请回答第（1）～（3）题。（2017-3-95~97，任）

（1）如调解委员会调解失败，解决的办法有？

A. 双方自行协商达成和解协议

B. 在双方均同意的情况下，要求林剑居住地的街道居委会的人民调解委员会组织调解

C. 依据借款合同的约定通过仲裁的方式解决

D. 通过诉讼方式解决

【解析】本题是对诉讼外人民调解及多元纠纷解决机制的考查。

解决民事纠纷的主要方式或曰制度有四种，分别是和解、调解、仲裁和诉讼。据此很多同学会误选A、B、C、D。但是本题中双方约定的是向B市东城区仲裁委员会仲裁，根据《仲裁法》第10条第1款的规定，仲裁委员会可以在直辖市和省、自治区人民政府所在地的市设立，也可以根据需要在其他设区的市设立，不按行政区划层层设立。因而，C项中当事人约定的B市东城区仲裁委员会根本不存在。故本题答案为A、B、D。

（2）如调解成功，林剑与钟阳在调解委员会的主持下达成如下协议：2017年5月15日之前，钟阳向林剑返还借款20万元，支付借款利息2万元。该协议有林剑、钟阳的签字，盖有调解委员会的印章和三位调解员的签名。钟阳未按时履行该调解协议，林剑拟提起诉讼。在此情况下，下列说法正确的是？

A. 应以调解委员会为被告

B. 应以钟阳为被告

C. 应以调解委员会和钟阳为共同被告

D. 应以钟阳为被告，调解委员会为无独立请求权的第三人

【解析】《民事诉讼法解释》第61条规定，当事人之间的纠纷经人民调解委员会调解达成协议后，一方当事人不履行调解协议，另一方当事人向人民法院提起诉讼的，应以对方当事人为被告。故本题答案为B。

（3）如调解成功，林剑与钟阳在调解委员会的主持下达成了调解协议，相关人员希望该调解协议被司法确认，下列说法正确的是：

A. 应由林剑或钟阳向有管辖权的法院申请

B. 应由林剑、钟阳共同向有管辖权的法院申请

C. 应在调解协议生效之日起30日内提出申请，申请可以是书面方式，也可以是口头方式

D. 对申请的案件有管辖权的法院包括：B市西城区法院、B市东城区法院和B市北城区法院

【解析】本题是对确认人民调解协议案件的考查。

根据《民事诉讼法》第201条及相关司法解释的规定，经依法设立的调解组织调解达成调解协议，申请司法确认的，由双方当事人自调解协议生效之日起三十日内，共同向下列法院提出：（一）人民法院邀请调解组织开展先行调解的，向做出邀请的人民法院提出；（二）调解组织自行开展调解的，向当事人住所地、标的物所在地、调解组织所在地的基层人民法院提出；调解协议所涉纠纷应当由

中级人民法院管辖的，向相应的中级人民法院提出。当事人申请司法确认调解协议，可以采用书面形式或者口头形式。当事人口头申请的，人民法院应当记入笔录，并由当事人签名、捺印或者盖章。故 A 项错误，B、C 两项正确。同时，由于本题中双方住所地分别位于东城区和西城区，而调解委员会系位于 B 市北城区的正和钢铁厂人民调解委员会，因此对申请的案件有管辖权的法院包括：B 市西城区法院、B 市东城区法院和 B 市北城区法院，D 项正确。本题答案为 B、C、D。

4. 李云将房屋出售给王亮，后因合同履行发生争议，经双方住所地人民调解委员会调解，双方达成调解协议，明确王亮付清房款后，房屋的所有权归属王亮。为确保调解协议的效力，双方约定向法院提出司法确认申请，李云随即长期出差在外。下列哪一说法是正确的？（2015－3－45，单）

A. 本案系不动产交易，应向房屋所在地法院提出司法确认申请

B. 李云长期出差在外，王亮向法院提出确认申请，法院可受理

C. 李云出差两个月后，双方向法院提出确认申请，法院可受理

D. 本案的调解协议内容涉及物权确权，法院不予受理

【解析】根据《民事诉讼法》第 201 条和相关司法解释的规定，当事人申请确认调解协议效力须具备以下条件：

（1）双方当事人共同提出申请。这条规定体现了对当事人处分权的尊重，申请确认调解协议效力必须是双方当事人自愿。故 B 项说法错误。

（2）在法定期间提出申请。当事人申请确认调解协议效力的，应当自调解协议生效之日起 30 日内提出申请。故 C 项说法错误。

（3）以书面形式或者口头形式提出申请。双方当事人向人民法院申请确认调解协议效力的，可以以书面形式提出申请，也可以以口头形式提出申请。以口头形式提出申请的，人民法院应当记入笔录，并由申请人签名、捺印或者盖章。

（4）确认调解协议案件的管辖——①人民法院邀请调解组织开展先行调解的，向做出邀请的人民法院提出；②调解组织自行开展调解的，向当事人住所地、标的物所在地、调解组织所在地的基层人民法院提出；调解协议所涉纠纷应当由中级人民法院管辖的，向相应的中级人民法院提出。本题属于调解组织自行开展的调解，因此不仅可以由标的物所在地管辖，还可以由当事人住所地、调解组织所在地的法院管辖。故 A 项说法错误。

根据《民事诉讼法解释》第 357 条规定，当事人申请司法确认调解协议，有下列情形之一的，人民法院裁定不予受理：（1）不属于人民法院受理范围的；（2）不属于收到申请的人民法院管辖的；（3）申请确认婚姻关系、亲子关系、收养关系等身份关系无效、有效或者解除的；（4）涉及适用其他特别程序、公示催告程序、破产程序审理的；（5）调解协议内容涉及物权、知识产权确权的。根据该条第五项的规定，本案属于物权确权的案件，故不能对其调解协议给予司法确认，D 项说法正确。本题答案为 D。

5. 甲公司与银行订立了标的额为 8000 万元的贷款合同，甲公司董事长美国人汤姆用自己位于 W 市的三套别墅为甲公司提供抵押担保。贷款到期后甲公司无力归还，银行向法院申请适用特别程序实现对别墅的抵押权。关于本案的分析，下列哪一选项是正确的？（2014－3－44，单）

A. 由于本案标的金额巨大，且具有涉外因素，银行应向 W 市中院提交书面

申请

　　B. 本案的被申请人只应是债务人甲公司

　　C. 如果法院经过审查，作出拍卖裁定，可直接移交执行庭进行拍卖

　　D. 如果法院经过审查，驳回银行申请，银行可就该抵押权益向法院起诉

　　【解析】根据《民事诉讼法》第203条规定，申请实现担保物权，由担保物权人以及其他有权请求实现担保物权的人依照民法典等法律，向担保财产所在地或者担保物权登记地基层人民法院提出。故 A 项说法错误，不管金额多大，均由基层法院管辖。本题 B 项，本题中的被申请人除了债务人甲公司，还应当列担保人汤姆为被申请人。因为实现担保物权的裁定将涉及担保人汤姆的财产权利，如果不将其列为被申请人，将会导致裁定对其没有约束力，进而无法实现担保物权。B 项错误。

　　根据《民事诉讼法》第204条规定，人民法院受理申请后，经审查，符合法律规定的，裁定拍卖、变卖担保财产，当事人依据该裁定可以向人民法院申请执行；不符合法律规定的，裁定驳回申请，当事人可以向人民法院提起诉讼。故 C 项说法错误，实现担保物权的裁定应申请执行，而不是移送执行。D 项说法正确。本题答案为 D。

　　6. 甲区 A 公司将位于丙市价值5000万元的写字楼转让给乙区的 B 公司。后双方发生争议，经丁区人民调解委员会调解达成协议：B 公司在1个月内支付购房款。双方又对该协议申请法院作出了司法确认裁定。关于本案及司法确认的表述，下列哪些选项是不正确的？（2013 - 3 - 83，多）

　　A. 应由丙市中级法院管辖

　　B. 可由乙区法院管辖

　　C. 应由一名审判员组成合议庭，开庭审理司法确认申请

　　D. 本案的调解协议和司法确认裁定，均具有既判力

　　【解析】根据《民事诉讼法》第201条的规定，经依法设立的调解组织调解达成调解协议，申请司法确认调解协议，由双方当事人自调解协议生效之日起30日内，共同向下列法院提出：（1）人民法院邀请调解组织开展先行调解的，向做出邀请的人民法院提出；（2）调解组织自行开展调解的，向当事人住所地、标的物所在地、调解组织所在地的基层人民法院提出；调解协议所涉纠纷应当由中级人民法院管辖的，向相应的中级人民法院提出。另据2021年《最高人民法院关于调整中级人民法院管辖第一审民事案件标准的通知》第一条和第二条的规定，"当事人住所地均在或者均不在受理法院所处省级行政辖区的，中级人民法院管辖诉讼标的额5亿元以上的第一审民事案件。当事人一方住所地不在受理法院所处省级行政辖区的，中级人民法院管辖诉讼标的额1亿元以上的第一审民事案件。"本题价值5000万元的写字楼不属于中院的级别管辖标准，因此 A 项错误。乙区法院作为一方当事人 B 公司的住所地法院，可以管辖调解协议的确认案件，B 项正确。

　　人民法院审理确认调解协议案件，由一名审判员独任审理。审判员根据双方当事人提供的证明材料对调解协议的合法性进行审查；人民法院审查相关情况时，应当通知双方当事人共同到场对案件进行核实。因此人民调解协议的确认案件不需要开庭审理，C 项错误。

大咖点拨区

扫码听课

同时，根据《民事诉讼法》第202条之规定，人民法院受理申请后，经审查，符合法律规定的，裁定调解协议有效，一方当事人拒绝履行或者未全部履行的，对方当事人可以向人民法院申请执行；不符合法律规定的，裁定驳回申请，当事人可以通过调解方式变更原调解协议或者达成新的调解协议，也可以向人民法院提起诉讼。因此人民调解协议本身不具有既判力，只有司法确认的裁定才有既判力。D项错误。本题答案A、C、D。

7. 关于《民事诉讼法》规定的特别程序的表述，下列哪一选项是正确的？（2012－3－44，单）

A. 适用特别程序审理的案件都是非讼案件

B. 起诉人或申请人与案件都有直接的利害关系

C. 适用特别程序审理的案件都是一审终审

D. 陪审员通常不参加适用特别程序案件的审理

【解析】根据《民事诉讼法》第184条的规定，有两类案件适用特别程序予以审理：一类是选民资格案件；另一类是非讼案件。非讼案件包括宣告公民失踪、宣告公民死亡案件、认定公民无民事行为能力、限制民事行为能力案件、认定财产无主案件等。因此，A项错误。

根据《民事诉讼法》第188条规定：公民不服选举委员会对选民资格的申诉所作的处理决定，可以在选举日的5日以前向选区所在地基层人民法院起诉。《民事诉讼法》第198条第1款规定：申请认定财产无主，由公民、法人或者其他组织向财产所在地基层人民法院提出。据此，选民资格案件、认定财产无主案件的申请人与案件并无直接利害关系，因此，B项错误。

根据《民事诉讼法》第185条规定：依照本章程序审理的案件，实行一审终审。选民资格案件或者重大、疑难的案件，由审判员组成合议庭审理；其他案件由审判员一人独任审理。因此，C项正确，D项错误，因为特别程序只能由审判员审理，陪审员不是"通常"不参加而是"一定"不会参加。本题答案为C。

# 专题十八　督促程序

1. 乙向甲借款 50 万元，并由丙为乙提供担保。后乙迟迟不肯还款，甲向法院申请了对乙的支付令，之后甲又将丙诉至法院。关于本案，下列选项中说法正确的是？（2019 年回忆版真题）

A. 如果法院受理了甲的起诉，则支付令失效

B. 如果法院受理了甲的起诉，则支付令效力中止

C. 法院对乙发出的支付令，对担保人丙也有拘束力

D. 法院对乙发出的支付令，对担保人丙没有拘束力

【解析】本题是对支付令效力的考查。

《民事诉讼法解释》第 436 条规定：对设有担保的债务的主债务人发出的支付令，对担保人没有拘束力。债权人就担保关系单独提起诉讼的，支付令自法院受理案件之日起失效。因此，如果法院受理了甲对担保人丙的起诉，则支付令失效，A 项正确，B 项错误。法院对主债务人乙发出的支付令，对担保人丙并没有拘束力，D 项正确，C 项错误。本题答案为 A、D。

扫码听课

2. 甲公司购买乙公司的产品，丙公司以其房产为甲公司提供抵押担保。因甲公司未按约支付 120 万元货款，乙公司向 A 市 B 县法院申请支付令。法院经审查向甲公司发出支付令，甲公司拒绝签收。甲公司未在法定期间提出异议，而以乙公司提供的产品有质量问题为由向 A 市 C 区法院提起诉讼。关于本案，下列哪些表述是正确的？（2017 - 3 - 83，多）

A. 甲公司拒绝签收支付令，法院可采取留置送达

B. 甲公司提起诉讼，法院应裁定中止督促程序

C. 乙公司可依支付令向法院申请执行甲公司的财产

D. 乙公司可依支付令向法院申请执行丙公司的担保财产

【解析】根据《民事诉讼法解释》第 431 条规定，向债务人本人送达支付令，债务人拒绝接收的，人民法院可以留置送达。因此，A 项正确。

甲公司在收到支付令以后，向发出法院（A 市 B 县法院）以外的其他法院起诉并不构成有效异议，因而不影响支付令的效力。B 项错误。

根据《民事诉讼法》第 223 条第 3 款的规定，债务人在前款规定的期间不提出异议又不履行支付令的，债权人可以向人民法院申请执行。同时，根据《民事诉讼法解释》第 436 条之规定，对设有担保的债务的主债务人发出的支付令，对担保人没有拘束力。故 C 项正确，D 项错误。本题答案为 A、C。

扫码听课

3. 单某将八成新手机以 4000 元的价格卖给卢某，双方约定：手机交付卢某，卢某先付款 1000 元，待试用一周没有问题后再付 3000 元。但试用期满卢某并未按约定支付余款，多次催款无果后单某向 M 法院申请支付令。M 法院经审查后向卢某发出支付令，但卢某拒绝签收，法院采取了留置送达。20 天后，卢某向 N 法院起诉，以手机有质量问题要求解除与单某的买卖合同，并要求单某退还 1000 元

付款。根据本案，下列哪些选项是正确的？（2016－3－82，多）

A. 卢某拒绝签收支付令，M法院采取留置送达是正确的

B. 单某可以依支付令向法院申请强制执行

C. 因卢某向N法院提起了诉讼，支付令当然失效

D. 因卢某向N法院提起了诉讼，M法院应当裁定终结督促程序

【解析】本题是对支付令异议的考查。

根据《民事诉讼法解释》第431条规定，向债务人本人送达支付令，债务人拒绝接收的，人民法院可以留置送达。故选项A的说法是正确的。

根据《民事诉讼法》第223条规定，人民法院受理申请后，经审查债权人提供的事实、证据，对债权债务关系明确、合法的，应当在受理之日起15日内向债务人发出支付令；申请不成立的，裁定予以驳回。债务人应当自收到支付令之日起15日内清偿债务，或者向人民法院提出书面异议。债务人在前款规定的期间不提出异议又不履行支付令的，债权人可以向人民法院申请执行。本案中，发出支付令后已经过了20天，此时已经过了15天的支付令异议期，支付令已经生效，此时单某可以向法院申请强制执行，故B项说法正确。

根据《民事诉讼法解释》第433条规定，债务人在收到支付令后，未在法定期间提出书面异议，而向其他人民法院起诉的，不影响支付令的效力。C、D两项说法错误。故本题答案为A、B。

4. 甲向乙借款20万元，丙是甲的担保人，现已到偿还期限，经多次催讨未果，乙向法院申请支付令。法院受理并审查后，向甲送达支付令。甲在法定期间未提出异议，但以借款不成立为由向另一法院提起诉讼。关于本案，下列哪一说法是正确的？（2015－3－47，单）

A. 甲向另一法院提起诉讼，视为对支付令提出异议

B. 甲向另一法院提起诉讼，法院应裁定终结督促程序

C. 甲在法定期间未提出书面异议，不影响支付令效力

D. 法院发出的支付令，对丙具有拘束力

【解析】根据《民事诉讼法解释》第433条规定，债务人在收到支付令后，未在法定期间提出书面异议，而向其他人民法院起诉的，不影响支付令的效力。债务人超过法定期间提出异议的，视为未提出异议。故A、B项说法错误。

根据《民事诉讼法解释》第438条规定，债务人对债务本身没有异议，只是提出缺乏清偿能力、延缓债务清偿期限、变更债务清偿方式等异议的，不影响支付令的效力。同时，债务人对于支付令的异议应当向发出支付令的法院提出，因此，甲向其他法院起诉的行为不构成这里的支付令异议。C项说法正确。

根据《民事诉讼法解释》第436条规定，对设有担保的债务的主债务人发出的支付令，对担保人没有拘束力。债权人就担保关系单独提起诉讼的，支付令自人民法院受理案件之日起失效。故D项说法错误，该支付令对担保人丙不具有拘束力。本题答案为C。

5. 黄某向法院申请支付令，督促陈某返还借款。送达支付令时，陈某拒绝签收，法官遂进行留置送达。12天后，陈某以已经归还借款为由向法院提起书面异议。黄某表示希望法院彻底解决自己与陈某的借款问题。下列哪一说法是正确的？（2014－3－46，单）

A. 支付令不能留置送达，法官的送达无效

B. 提出支付令异议的期间是 10 天，陈某的异议不发生效力

C. 陈某的异议并未否认二人之间存在借贷法律关系，因而不影响支付令的效力

D. 法院应将本案转为诉讼程序审理

【解析】根据《民事诉讼法解释》第 431 条规定，向债务人本人送达支付令，债务人拒绝接收的，人民法院可以留置送达。故支付令可以留置送达，A 项说法错误。

根据《民事诉讼法》第 223 条第 2 款规定，债务人应当自收到支付令之日起 15 日内清偿债务，或者向人民法院提出书面异议。故提出支付令异议的期间是 15 天，B 项说法错误。

根据《民事诉讼法解释》第 438 条的规定，债务人对债务本身没有异议，只是提出缺乏清偿能力、延缓债务清偿期限、变更债务清偿方式等异议的，不影响支付令的效力。陈某提出已经归还了借款，属于有效的异议，故 C 项说法错误。

根据《民事诉讼法》第 224 条规定，人民法院收到债务人提出的书面异议后，经审查，异议成立的，应当裁定终结督促程序，支付令自行失效。支付令失效的，转入诉讼程序，但申请支付令的一方当事人不同意提起诉讼的除外。故 D 项说法正确。本题答案为 D。

6. 胡某向法院申请支付令，督促彗星公司缴纳房租。彗星公司收到后立即提出书面异议称，根据租赁合同，彗星公司的装修款可以抵销租金，因而自己并不拖欠租金。对于法院收到该异议后的做法，下列哪些选项是正确的？（2013 - 3 - 84，多）

A. 对双方进行调解，促进纠纷的解决

B. 终结督促程序

C. 将案件转为诉讼程序审理，但彗星公司不同意的除外

D. 将案件转为诉讼程序审理，但胡某不同意的除外

【解析】督促程序作为典型的非讼案件，并不适用调解制度，A 项错误。

根据《民事诉讼法》第 224 条的规定，人民法院收到债务人提出的书面异议后，经审查，异议成立的，应当裁定终结督促程序，支付令自行失效。支付令失效的，转入诉讼程序，但申请支付令的一方当事人不同意提起诉讼的除外。本题中申请支付令的主体是胡某，因此 B、D 项正确。本题答案为 B、D。

7. 甲公司因乙公司拖欠货款向 A 县法院申请支付令，经审查甲公司的申请符合法律规定，A 县法院向乙公司发出支付令。乙公司收到支付令后在法定期间没有履行给付货款的义务，而是向 A 县法院提起诉讼，要求甲公司承担因其提供的产品存在质量问题的违约责任。关于本案，下列哪些选项是正确的？（2011 - 3 - 85，多）

A. 支付令失效

B. 甲公司可以持支付令申请强制执行

C. A 县法院应当受理乙公司的起诉

D. A 县法院不应受理乙公司的起诉

【解析】本题考查对支付令的异议及异议成立的法律后果，对此问题，根据

修改后的《民事诉讼法解释》第433条规定，债务人在收到支付令后，未在法定期间提出书面异议，而向其他人民法院起诉的，不影响支付令的效力。要注意，该法条的规定要引申解释一下，"向其他人民法院起诉的，不影响支付令的效力"，可是如果向发出支付令的法院起诉，支付令的效力又当如何呢？既然没有一并排除支付令在此等情形下的效力，可以推断，债务人在收到支付令后向发出支付令的法院起诉也视为对支付令的异议（对这一点在以前的考试真题中已经得到确认），法院应当受理起诉，支付令应当失效。故A、C项正确，B、D项错误。本题答案为A、C。

8. 关于支付令，下列哪些说法是正确的？（2010－3－89，多）

A. 法院送达支付令债务人拒收的，可采取留置送达

B. 债务人提出支付令异议的，法院无需审查异议理由客观上是否属实

C. 债务人收到支付令后不在法定期间提出异议而向法院起诉的，不影响支付令的效力

D. 支付令送达后即具有强制执行力

【解析】根据《民事诉讼法解释》第431条规定，向债务人本人送达支付令，债务人拒绝接收的，人民法院可以留置送达。因此，A项正确。

根据《民事诉讼法》第224条规定：人民法院收到债务人提出的书面异议后，经审查，异议成立的，应当裁定终结督促程序，支付令自行失效。对于债务人提出的书面异议只进行形式审查，即不审查理由，因为对于理由的审查属于实质审查，因此B项正确。

根据《民事诉讼法解释》第433条规定，债务人在收到支付令后，未在法定期间提出书面异议，而向其他人民法院起诉的，不影响支付令的效力。这条规定包含着如果债务人向发出支付令的法院起诉，也会产生终结督促程序的法律效果。因此，C项因不周延而错误。

根据《民事诉讼法》第223条第3款的规定，债务人在前款规定的期间不提出异议又不履行支付令的，债权人可以向人民法院申请执行。因此，支付令产生强制执行力的前提是债务人在规定的期间不提出异议又不履行支付令，而不是送达后就产生强制执行力。因此，D项错误。本题答案为A、B。

# 专题十九　公示催告程序

1. 海昌公司因丢失票据申请公示催告，期间届满无人申报权利，海昌公司遂申请除权判决。在除权判决作出前，家佳公司看到权利申报公告，向法院申报权利。对此，法院下列哪一做法是正确的？（2017-3-48，单）

A. 因公示催告期满，裁定驳回家佳公司的权利申报

B. 裁定追加家佳公司参加案件的除权判决审理程序

C. 应裁定终结公示催告程序

D. 作出除权判决，告知家佳公司另行起诉

【解析】申报权利原则上应在人民法院指定的公示催告期间内进行，在作出除权判决之前申报的，人民法院也应当准许。因此在除权判决作出前，家佳公司仍然可以向法院申报权利，A项错误。

除权判决是公示催告程序的最后阶段，但却并非必经阶段。只要除权判决作出以前有人申报权利，即使申请人请求作出除权判决，人民法院也不能作出除权判决，而只能裁定终结公示催告程序，因此B、D项错误，C项正确。本题答案为C。

扫码听课

2. 大界公司就其遗失的一张汇票向法院申请公示催告，法院经审查受理案件并发布公告。在公告期间，盘堂公司持被公示催告的汇票向法院申报权利。对于盘堂公司的权利申报，法院实施的下列哪些行为是正确的？（2016-3-83，多）

A. 应当通知大界公司到法院查看盘堂公司提交的汇票

B. 若盘堂公司出具的汇票与大界公司申请公示的汇票一致，则应当开庭审理

C. 若盘堂公司出具的汇票与大界公司申请公示的汇票不一致，则应当驳回盘堂公司的申请

D. 应当责令盘堂公司提供证明其对出示的汇票享有所有权的证据

【解析】根据《民事诉讼法解释》第451条规定，利害关系人申报权利，人民法院应当通知其向法院出示票据，并通知公示催告申请人在指定的期间查看该票据。公示催告申请人申请公示催告的票据与利害关系人出示的票据不一致的，应当裁定驳回利害关系人的申报。故A项说法正确，C项说法正确。

扫码听课

根据《民事诉讼法》第228条规定，利害关系人应当在公示催告期间向人民法院申报。人民法院收到利害关系人的申报后，应当裁定终结公示催告程序，并通知申请人和支付人。申请人或者申报人可以向人民法院起诉。故收到申报后，如两者票据一致，法院裁定终结公示催告程序，并不需要开庭审理，B项说法错误。

法院对利害关系人的申报只进行形式审查，即只审查票号、票面金额是否一致，并不进行票据来源等实质性审查，故D项说法错误。本题答案为A、C。

3. 甲公司财务室被盗，遗失金额为80万元的汇票一张。甲公司向法院申请公示催告，法院受理后即通知支付人A银行停止支付，并发出公告，催促利害关

系人申报权利。在公示催告期间，甲公司按原计划与材料供应商乙企业签订购货合同，将该汇票权利转让给乙企业作为付款。公告期满，无人申报，法院即组成合议庭作出判决，宣告该汇票无效。关于本案，下列哪些说法是正确的？（2015 - 3 - 85，多）

A. A银行应当停止支付，直至公示催告程序终结

B. 甲公司将该汇票权利转让给乙企业的行为有效

C. 甲公司若未提出申请，法院可以作出宣告该汇票无效的判决

D. 法院若判决宣告汇票无效，应当组成合议庭

【解析】根据《民事诉讼法》第227条第1款规定，支付人收到人民法院停止支付的通知，应当停止支付，至公示催告程序终结。故A项说法正确。

根据《民事诉讼法》第227条第2款规定，公示催告期间，转让票据权利的行为无效。故B项说法错误。

根据《民事诉讼法》第229条规定，没有人申报的，人民法院应当根据申请人的申请，作出判决，宣告票据无效。判决应当公告，并通知支付人。自判决公告之日起，申请人有权向支付人请求支付。因此没有人申报权利时，法院应当根据申请人的申请作出除权判决，而不能依职权直接作出判决，故C项说法错误。

根据《民事诉讼法解释》第454条规定，适用公示催告程序审理案件，可由审判员一人独任审理；判决宣告票据无效的，应当组成合议庭审理。故D项说法正确。本题答案为A、D。

4. 甲公司因票据遗失向法院申请公示催告。在公示催告期间届满的第3天，乙向法院申报权利。下列哪一说法是正确的？（2012 - 3 - 46，单）

A. 因公示催告期间已经届满，法院应当驳回乙的权利申报

B. 法院应当开庭，就失票的权属进行调查，组织当事人进行辩论

C. 法院应当对乙的申报进行形式审查，并通知甲到场查验票据

D. 法院应当审查乙迟延申报权利是否具有正当事由，并分别情况作出处理

【解析】申报权利一般应在人民法院指定的公示催告期间内进行，在作出除权判决之前申报的，法院也应当准许。乙是在公示催告期间届满的第3天向法院申报权利，此时因尚未作出除权判决，法院应当准许，故A、D两项错误。公示催告程序作为非讼程序的一种，其本身不解决争议，因此不适用辩论原则，故B项错误。在公示催告程序中，人民法院对权利人的申报仅进行形式审查，并邀请申请人到场查验利害关系人申报的票据，因此C项正确。本题答案为C。

# 专题二十　民事裁判

1. 某死亡赔偿案件，二审法院在将判决书送达当事人签收后，发现其中死亡赔偿金计算错误（数学上的错误），导致总金额少了 7 万余元。关于二审法院如何纠正，下列哪一选项是正确的？（2016－3－46，单）

A. 应当通过审判监督程序，重新制作判决书

B. 直接作出改正原判决的新判决书并送达双方当事人

C. 作出裁定书予以补正

D. 报请上级法院批准后作出裁定予以补正

【解析】本题是对裁判文书适用的考查。

根据《民事诉讼法》第 157 条规定，裁定适用于下列范围：（1）不予受理；（2）对管辖权有异议的；（3）驳回起诉；（4）保全和先予执行；（5）准许或者不准许撤诉；（6）中止或者终结诉讼；（7）补正判决书中的笔误；（8）中止或者终结执行；（9）撤销或者不予执行仲裁裁决；（10）不予执行公证机关赋予强制执行效力的债权文书；（11）其他需要裁定解决的事项。

根据《民事诉讼法解释》第 245 条规定，民事诉讼法第 157 条第 1 款第（7）项规定的笔误是指法律文书误写、误算，诉讼费用漏写、误算和其他笔误。因此，对于本题中的死亡赔偿金计算错误，可以直接通过裁定书予以补正，故本题答案为 C。

2. 张丽因与王旭感情不和，长期分居，向法院起诉要求离婚。法院向王旭送达应诉通知书，发现王旭已于张丽起诉前因意外事故死亡。关于本案，法院应作出下列哪一裁判？（2015－3－48，单）

A. 诉讼终结的裁定　　　　B. 驳回起诉的裁定

C. 不予受理的裁定　　　　D. 驳回诉讼请求的判决

【解析】本案中被告在起诉前已经死亡，根本不具备诉讼权利能力，不符合《民事诉讼法》第 122 条规定的起诉条件，法院应不予受理或驳回起诉，故 A、D 项的说法都是错误的。

不予受理和驳回起诉的区别主要是在时间上。立案受理前，人民法院认为起诉不符合法定条件的，应当在 7 日内裁定不予受理；如果人民法院在立案受理后，发现起诉不符合法定条件的，应当裁定驳回起诉。本案已经开始向被告王旭送达应诉通知书，因此是在案件受理之后，开庭审理之前，此时发现起诉不符合条件的，应该裁定驳回起诉而不是不予受理，故 B 项正确，C 项错误。本题答案为 B。

3. 关于民事诉讼程序中的裁判，下列哪些表述是正确的？（2014－3－82，多）

A. 判决解决民事实体问题，而裁定主要处理案件的程序问题，少数涉及实体问题

B. 判决都必须以书面形式作出，某些裁定可以口头方式作出

大咖点拨区

扫码听课

C. 一审判决都允许上诉，一审裁定有的允许上诉，有的不能上诉

D. 财产案件的生效判决都有执行力，大多数裁定都没有执行力

【解析】本题考查的是民事判决和裁定的区别。裁定与判决的区别主要有：

（1）适用的事项不同。裁定解决的是诉讼过程中的程序性问题；判决解决的是当事人双方争执的权利义务问题，即实体法律关系。民事诉讼程序中的裁定并不涉及实体问题，而在刑事诉讼中，少数裁定涉及实体问题，如减刑、假释等。故 A 项说法错误。司法部的官方答案认为 A 项正确。

（2）作出的依据不同。裁定根据的事实是程序性事实，依据的法律是民事诉讼法，可以在诉讼过程中的任何阶段作出。判决根据的事实是法院认定的民事法律关系发生、变更和消灭的事实，依据的法律是民法、婚姻法、继承法、经济法等实体法，判决通常只能在案件审理的最后阶段作出。

（3）形式、上诉范围、上诉期限和法律效力不同。裁定可以采取口头形式或者书面形式，而判决必须采取书面形式。故 B 项说法正确。只有不予受理的、对管辖权有异议的和驳回起诉的裁定，根据民事诉讼法的规定，准许当事人在裁定后 10 日内上诉，其他裁定一经作出，立即生效；而判决允许上诉的范围比较广泛，地方各级法院作出的第一审判决，在判决作出后 15 日内准许上诉，但也有很多一审判决是不允许上诉的，如关于婚姻效力确认的判决，故 C 项说法错误。裁定的效力及于程序，而判决的效力及于实体。

（4）执行力方面有所不同。判决的执行力是指判决有作为执行根据，从而进行强制执行的效力。但这只是对给付判决而言，没有给付内容的判决，不具有执行力。确认判决和变更判决不必执行，也不可能执行。D 项错在"财产案件的生效判决都具有执行力"，确认判决和变更判决也可能牵涉到财产问题。个别裁定具有执行力，法院有权依权利人的申请或依职权强制执行。即只有具有给付内容或者由法律特别规定的裁定，才具有执行力，如诉讼保全和先行给付的裁定等。本题答案为 B。（司法部答案为 A、B）

4. 甲公司诉乙公司货款纠纷一案，A 市 B 区法院在审理中查明甲公司的权利主张已超过诉讼时效（乙公司并未提出时效抗辩），遂判决驳回甲公司的诉讼请求。判决作出后上诉期间届满之前，B 区法院发现其依职权适用诉讼时效规则是错误的。关于本案的处理，下列哪一说法是正确的？（2012－3－41，单）

A. 因判决尚未发生效力，B 区法院可以将判决书予以收回，重新作出新的判决

B. B 区法院可以将判决书予以收回，恢复庭审并向当事人释明时效问题，视具体情况重新作出判决

C. B 区法院可以作出裁定，纠正原判决中的错误

D. 如上诉期间届满当事人未上诉的，B 区法院可以决定再审，纠正原判决中的错误

扫码听课

【解析】本题考查的是判决错误的处理以及与笔误的区别。

《诉讼时效解释》第 2 条规定：当事人未提出诉讼时效抗辩，人民法院不应对诉讼时效问题进行释明。因此，B 区法院判决错误。根据《民事诉讼法解释》第 242 条规定，一审宣判后，原审人民法院发现判决有错误，当事人在上诉期内提出上诉的，原审人民法院可以提出原判决有错误的意见，报送第二审人民法

院，由第二审人民法院按照第二审程序进行审理；当事人不上诉的，按照审判监督程序处理。因此，B 区法院发现自己的判决错误，应当在判决发生法律效力后启动再审程序纠正原判决中的错误。因此，A、B、C 项错误，D 项正确。本题答案为 D。

大咖点拨区

扫码听课

5. 关于民事诉讼的裁定，下列哪一选项是正确的？（2012 – 3 – 47，单）

A. 裁定可以适用于不予受理、管辖权异议和驳回诉讼请求

B. 当事人有正当理由没有到庭的，法院应当裁定延期审理

C. 裁定的拘束力通常只及于当事人、诉讼参与人和审判人员

D. 当事人不服一审法院作出的裁定，可以向上一级法院提出上诉

【解析】本题是对裁定的综合考查。

（1）《民事诉讼法》第 157 条规定：裁定适用于下列范围：（1）不予受理；（2）对管辖权有异议的；（3）驳回起诉；（4）保全和先予执行；（5）准许或者不准许撤诉；（6）中止或者终结诉讼；（7）补正判决书中的笔误；（8）中止或者终结执行；（9）撤销或者不予执行仲裁裁决；（10）不予执行公证机关赋予强制执行效力的债权文书；（11）其他需要裁定解决的事项。对前款第（1）～（3）项裁定，可以上诉。驳回诉讼请求是对当事人的诉讼请求经过实体上的审理做出的裁判，所用文书是判决。与此不同的是驳回起诉，它是在程序上作出处理，当用裁定。因此 A 项错误。

（2）延期审理的文书是决定，因此 B 项错误。

（3）民事裁定具有法律上的拘束力，当事人、诉讼参与人、审判人员应按裁定的规定为一定行为或不为一定行为。由于裁定是法院用于指挥诉讼的手段，解决程序性问题，作用于诉讼过程。因此，不参与诉讼的单位和人员一般与裁定无关，换句话说，裁定对社会一般不具有拘束力，裁定的拘束力通常只及于当事人、诉讼参与人和审判人员。因此 C 项正确。

（4）根据《民事诉讼法》第 157 条的规定，当事人只能对不予受理、对管辖权有异议的、驳回起诉这三种裁定提起上诉，并非所有的裁定都可以通过上诉得以救济，因此 D 项错误。本题答案为 C。

6. 王某以借款纠纷为由起诉吴某。经审理，法院认为该借款关系不存在，王某交付吴某的款项为应支付的货款，王某与吴某之间存在买卖关系而非借用关系。法院向王某作出说明，但王某坚持己见，不予变更诉讼请求和理由。法院遂作出裁定，驳回王某的诉讼请求。关于本案，下列哪一说法是正确的？（2010 – 3 – 36，单）

A. 法院违反了不告不理原则　　　B. 法院适用裁判形式错误

C. 法院违反了辩论原则　　　　　D. 法院违反了处分原则

扫码听课

【解析】判决书、裁定书和决定书是我国民事诉讼中的三种裁判文书，本题考查的是判决书与裁定书适用的范围。判决书用来解决实体性问题，更为直白地讲，就是对原告诉讼请求成立与否作出判定；裁定书用来解决程序性问题。本题中法院驳回王某的诉讼请求，解决的是实体性问题，用的却是裁定，很显然，属于法院适用裁判形式错误。因此，B 项正确。不告不理原则是指民事诉讼程序由当事人的起诉来启动，法院不依职权来启动民事诉讼程序的原则，法院在原告诉讼请求范围内审理案件。本案中在原告坚持诉讼请求的情况下，法院仅对诉讼请

求作出裁决，并不违反不告不理，相反正是坚持了不告不理。辩论原则是指民事诉讼中当事人有权进行辩论的原则；处分原则是指在民事诉讼中当事人可以处分自己民事权利和诉讼权利的原则。本题中法院的行为并未体现对这两个原则的违反。本题答案为 B。

7. 当事人对法院作出的下列哪些民事决定有权申请复议？（2006 - 3 - 77，多）

A. 关于再审的决定　　　　　　　　B. 关于回避的决定

C. 关于罚款的决定　　　　　　　　D. 关于拘留的决定

【解析】本题考查以复议为救济方式的决定。

根据《民事诉讼法》第 50 条规定，关于回避的决定当事人有权向原法院申请复议一次，B 项正确。

根据《民事诉讼法》第 119 条规定，对罚款、拘留的决定不服的，当事人可以向上一级人民法院申请复议一次，C、D 选项正确。

《民事诉讼法》及相关司法解释并无关于再审决定可以复议的相关规定，故 A 项错误。本题答案为 B、C、D。

8. 某法院对甲、乙之间的租赁合同纠纷案件作出了判决，当事人在上诉期内均未上诉。后该法院发现判决书将支付房租数额 10000 元误写成了 1000 元。法院对此应当如何处理？（2005 - 3 - 35，单）

A. 作出补正错误的裁定书并送达双方当事人

B. 通知收回判决书，重新制作判决书

C. 由院长提交审判委员会讨论决定再审

D. 裁定撤销判决书，重新制作

【解析】本题考查的是对判决书中的笔误用何种文书处理。

根据《民事诉讼法》第 157 条规定，补正判决书中的笔误使用裁定。据此，本题答案为 A。

# 专题二十一 执行程序

## 一、执行概述

关于民事审判程序与民事执行程序的关系，下列哪些说法是错误的？（2009 - 3 - 86，多）

A. 民事审判程序是确认民事权利义务的程序，民事执行程序是实现民事权利义务关系的程序

B. 法院对案件裁定进行再审时，应当裁定终结执行

C. 民事审判程序是民事执行程序的前提

D. 民事执行程序是民事审判程序的继续

【解析】本题是对审判程序与执行程序关系的考查。

根据《民事诉讼法》第213条规定：按照审判监督程序决定再审的案件，裁定中止原判决、裁定、调解书的执行，但追索赡养费、扶养费、抚养费、抚恤金、医疗费用、劳动报酬等案件，可以不中止执行。因此，应当裁定"中止"执行。可知B项错误。

执行程序是保证具有执行效力的法律文书得以实施的程序。执行程序与审判程序既有联系又有区别，两者的联系表现为：依审判程序作出的具有给付内容并需予以执行的法律文书适用执行程序予以执行。两者的区别表现为：审判程序是确认民事权利义务关系的程序，执行程序是实现民事权利义务关系的程序。执行程序是保证审判程序的任务得以实现的有力手段。但执行程序具有相对的独立性：首先，经审判程序处理的民事案件并不必然也要经过执行程序；其次，执行程序所适用的案件不只限于审判程序处理的案件范围。例如，公证机关制作的赋予强制执行效力的债权文书，仲裁机构作出的生效裁决书，需要执行的，也由人民法院适用执行程序进行执行。因此，执行程序既不绝对地依赖于审判程序而存在，也不必然地是审判程序的继续。故C、D两项不正确，A项正确。本题答案为B、C、D。

## 二、执行程序的进行

1. A区甲起诉B区乙，C区法院判决甲胜诉，甲申请C区法院强制执行，执行中甲与乙达成和解协议，法院中止执行，但和解协议部分履行后甲与乙产生争议，下列说法正确的是？（2020年回忆版真题）

A. 甲可就和解协议向C区法院起诉

B. 甲可就和解协议向B区法院起诉

C. 甲可就和解协议向C区法院申请恢复强制执行

D. 因和解协议已部分履行，因此甲不能申请恢复强制执行

【解析】本题是对执行和解后不完全履行义务的救济考查。

《最高人民法院关于执行和解若干问题的规定》第9条规定：被执行人一方不履行执行和解协议的，申请执行人可以申请恢复执行原生效法律文书，也可以就履行执行和解协议向执行法院提起诉讼。因此，执行和解后被执行人不完全履行协议义务，申请执行人享有救济方式的选择权，其既可以申请恢复执行原生效法律文书，也可以就履行执行和解协议提起诉讼。C项错误在于申请恢复执行的并非和解协议，二是原生效的法律文书。和解协议本身系合同，只具有合同的相对约束力，没有强制执行力。A、B两项的差异在于向哪个法院就履行和解协议提起诉讼。出于诉讼效益以及查清案件事实等多重因素考量，前述规定中的法院当为"执行法院"，即C区法院。本题答案为A。

2. 钱某在甲、乙、丙三人合伙开设的饭店就餐时被砸伤，遂以营业执照上登记的字号"好安逸"饭店为被告提起诉讼，要求赔偿医疗费等费用25万元。法院经审理，判决被告赔偿钱某19万元。执行过程中，"好安逸"饭店支付了8万元后便再无财产可赔。对此，法院应采取下列哪一处理措施？（2017－3－49，单）

A. 裁定终结执行

B. 裁定终结本次执行

C. 裁定中止执行，告知当事人另行起诉合伙人承担责任

D. 裁定追加甲、乙、丙为被执行人，执行其财产

【解析】《最高人民法院关于人民法院执行工作若干问题的规定（试行）》第77条规定，被执行人为个人合伙组织或合伙型联营企业，无能力履行生效法律文书所确定的义务的，人民法院可以裁定追加该合伙组织的合伙人或参加该联营企业的法人为被执行人。因此本题答案为D。

3. 龙前铭申请执行郝辉损害赔偿一案，法院查扣了郝辉名下的一辆汽车。查扣后，郝辉的两个哥哥向法院主张该车系三兄弟共有。法院经审查，确认该汽车为三兄弟共有。关于该共同财产的执行，下列哪些表述是正确的？（2017－3－84，多）

A. 因涉及案外第三人的财产，法院应裁定中止对该财产的执行

B. 法院可查扣该共有财产

C. 共有人可对该共有财产协议分割，经债权人同意有效

D. 龙前铭可对该共有财产提起析产诉讼

【解析】本题考点过于生僻，是对共有财产执行规定的记忆考查。

根据《最高人民法院关于人民法院民事执行中查封、扣押、冻结财产的规定》第12条的规定，对被执行人与其他人共有的财产，人民法院可以查封、扣押、冻结，并及时通知共有人。共有人协议分割共有财产，并经债权人认可的，人民法院可以认定有效。查封、扣押、冻结的效力及于协议分割后被执行人享有份额内的财产；对其他共有人享有份额内的财产的查封、扣押、冻结，人民法院应当裁定予以解除。共有人提起析产诉讼或者申请执行人代位提起析产诉讼的，人民法院应当准许。诉讼期间中止对该财产的执行。由此可知后三项正确，本题答案为B、C、D。

4. 甲向法院申请执行郭某的财产，乙、丙和丁向法院申请参与分配，法院根据郭某财产以及各执行申请人债权状况制定了财产分配方案。甲和乙认为分配方

案不合理，向法院提出了异议，法院根据甲和乙的意见，对分配方案进行修正后，丙和丁均反对。关于本案，下列哪一表述是正确的？（2016－3－48，单）

　　A．丙、丁应向执行法院的上一级法院申请复议

　　B．甲、乙应向执行法院的上一级法院申请复议

　　C．丙、丁应以甲和乙为被告向执行法院提起诉讼

　　D．甲、乙应以丙和丁为被告向执行法院提起诉讼

　　【解析】本题是对参与分配方案的制定及其相关异议救济的考查。

　　根据《民事诉讼法解释》第512条规定，债权人或者被执行人对分配方案提出书面异议的，执行法院应当通知未提出异议的债权人、被执行人。未提出异议的债权人、被执行人自收到通知之日起15日内未提出反对意见的，执行法院依异议人的意见对分配方案审查修正后进行分配；提出反对意见的，应当通知异议人。异议人可以自收到通知之日起15日内，以提出反对意见的债权人、被执行人为被告，向执行法院提起诉讼；异议人逾期未提起诉讼的，执行法院按照原分配方案进行分配。诉讼期间进行分配的，执行法院应当提存与争议债权数额相应的款项。

　　本题中，针对甲和乙对分配方案的异议，丙和丁提出了反对意见，因此甲和乙可以丙和丁为被告向执行法院提起诉讼，故本题答案为D。

　　5. 何某依法院生效判决向法院申请执行甲的财产，在执行过程中，甲突发疾病猝死。法院询问甲的继承人是否继承遗产，甲的继承人乙表示继承，其他继承人均表示放弃继承。关于该案执行程序，下列哪一选项是正确的？（2016－3－49，单）

　　A．应裁定延期执行

　　B．应直接执行被执行人甲的遗产

　　C．应裁定变更乙为被执行人

　　D．应裁定变更甲的全部继承人为被执行人

　　【解析】本题是对作为被执行人的公民死亡时如何变更被执行人的考查。

　　根据《民事诉讼法解释》第475条规定，作为被执行人的公民死亡，其遗产继承人没有放弃继承的，人民法院可以裁定变更被执行人，由该继承人在遗产的范围内偿还债务。继承人放弃继承的，人民法院可以直接执行被执行人的遗产。

　　本题中，被执行人甲死亡，甲的继承人乙表示继承甲的遗产，因此法院应裁定变更乙为被执行人，应选择C项。故本题答案为C。

　　6. 甲乙双方合同纠纷，经仲裁裁决，乙须偿付甲货款100万元，利息5万元，分5期偿还。乙未履行该裁决。甲据此向法院申请执行，在执行过程中，双方达成和解协议，约定乙一次性支付货款100万元，甲放弃利息5万元并撤回执行申请。和解协议生效后，乙反悔，未履行和解协议。关于本案，下列哪一说法是正确的？（2015－3－49，单）

　　A．对甲撤回执行的申请，法院裁定中止执行

　　B．甲可向法院申请执行和解协议

　　C．甲可以乙违反和解协议为由提起诉讼

　　D．甲可向法院申请执行原仲裁裁决，法院恢复执行

　　【解析】仲裁和解是指仲裁当事人通过协商，自行解决已提交仲裁的争议事

项的行为。仲裁和解是仲裁当事人行使处分权的表现。《执行和解规定》第9条明确赋予了申请执行人以选择权，即在被执行人不履行和解协议时，申请执行人既可以申请恢复执行，也可以就履行执行和解协议提起诉讼。故本题现答案为C、D。

7. 执行程序的参与分配制度对适用条件作了规定。下列哪一选项不属于参与分配适用的条件？（2011-3-46，单）

A. 被执行人的财产无法清偿所有的债权

B. 被执行人为法人或其他组织而非自然人

C. 有多个申请人对同一被申请人享有债权

D. 参与分配的债权只限于金钱债权

【解析】本题考查参与分配的条件。根据《民事诉讼法解释》第508条规定，被执行人为公民或者其他组织，在执行程序开始后，被执行人的其他已经取得执行依据的债权人发现被执行人的财产不能清偿所有债权的，可以向人民法院申请参与分配。故A、C、D项说法正确，B项说法错误。本题答案为B。

8. 法院受理甲出版社、乙报社著作权纠纷案，判决乙赔偿甲10万元，并登报赔礼道歉。判决生效后，乙交付10万元，但未按期赔礼道歉，甲申请强制执行。执行中，甲、乙自行达成口头协议，约定乙免于赔礼道歉，但另付甲一万元。关于法院的做法，下列哪一选项是正确的？（2010-3-45，单）

A. 不允许，因协议内容超出判决范围，应当继续执行生效判决

B. 允许，法院视为申请人撤销执行申请

C. 允许，将当事人协议内容记入笔录，由甲、乙签字或盖章

D. 允许，根据当事人协议内容制作调解书

【解析】执行和解是执行当事人之间就履行方式、履行债务金额、履行期间相互协商达成协议，被执行人依协议履行义务从而无须法院采取强制执行措施的执行活动。在执行中，双方当事人可以自愿达成和解协议，变更生效法律文书确定的履行义务主体、标的物及其数额、履行期限和履行方式。由此可见，民事诉讼在执行过程中是可以进行执行和解的，也可以变更生效法律文书确定的内容。因此，A项错误。

根据《民事诉讼法解释》第466条规定，申请执行人与被执行人达成和解协议后请求中止执行或者撤回执行申请的，人民法院可以裁定中止执行或者终结执行。故达成和解协议后，可以根据当事人申请中止或终结原来的执行程序，并不是视为撤销执行申请，B项说法错误。

根据《民事诉讼法》第237条的规定，在执行中，双方当事人自行和解达成协议的，执行员应当将协议内容记入笔录，由双方当事人签名或者盖章，因此，C项正确。

执行中只有执行和解，没有执行调解，也没有执行调解书，也就不可能存在根据执行和解协议制作执行调解书的情形，D项错误。本题答案为C。

### 三、执行救济

1. 梁某被判决向曲某支付借款本金和利息320万元，梁某未及时履行，曲某申请执行，法院查封梁某名下的房产，梁某的父亲老梁向执行法院提出异议，称

该房产为老梁所有。关于本案，以下说法中正确的是？（2019 年回忆版真题）

　　A. 老梁可以直接向法院提起异议之诉

　　B. 在法院审查老梁提出的异议期间，执行法院对该房产可以继续执行

　　C. 如果法院经审查裁定老梁的异议成立，则应当终结对该房产的执行

　　D. 如果法院经审查裁定驳回了老梁的异议，老梁可以曲某作为被告提起执行异议之诉

　　【解析】本题是对执行异议及其救济方式的考查。

　　执行异议之诉的提起须以提出执行异议为前提，因此老梁不能直接向法院提起执行异议之诉，A 项错误。

　　执行异议审查期间，不停止执行，B 项正确。

　　执行异议成立的，人民法院应当裁定中止执行，而不是终结执行，C 项错误。

　　本案中老梁的执行异议与原生效裁判无关，原判的标的物为金钱，而执行的标的物为房产，属于原判的标的物与执行的标的物不同一，因此假使执行异议被驳回，老梁可以作为原告提起案外人执行异议之诉，而在案外人执行异议之诉中，申请执行人曲某应当作为被告，D 项正确。本题答案为 B、D。

扫码听课

　　2. 易某依法院对王某支付其 5 万元损害赔偿金之判决申请执行。执行中，法院扣押了王某的某项财产。案外人谢某提出异议，称该财产是其借与王某使用的，该财产为自己所有。法院经审查，认为谢某异议理由成立，遂裁定中止对该财产的执行。关于本案的表述，下列哪一选项是正确的？（2017 - 3 - 41，单）

　　A. 易某不服该裁定提起异议之诉的，由易某承担对谢某不享有该财产所有权的证明责任

　　B. 易某不服该裁定提起异议之诉的，由谢某承担对其享有该财产所有权的证明责任

　　C. 王某不服该裁定提起异议之诉的，由王某承担对谢某不享有该财产所有权的证明责任

　　D. 王某不服该裁定提起异议之诉的，由王某承担对其享有该财产所有权的证明责任

　　【解析】本题是对执行异议之诉中举证证明责任分配规定的直接考查。

　　根据现行法律规定，提出异议之诉的主体应当是案外人谢某或申请执行人易某，而不能是被执行人王某。因此 C、D 两项错误。

扫码听课

　　同时，根据《民事诉讼法解释》第 311 条之规定，案外人或者申请执行人提起执行异议之诉的，案外人应当就其对执行标的享有足以排除强制执行的民事权益承担举证证明责任。因此 B 项正确，A 项错误。本题答案为 B。

　　3. 张山承租林海的商铺经营饭店，因拖欠房租被诉至饭店所在地甲法院，法院判决张山偿付林海房租及利息，张山未履行判决。经律师调查发现，张山除所居住房以外，其名下另有一套房屋，林海遂向该房屋所在地乙法院申请执行。乙法院对该套房屋进行查封拍卖。执行过程中，张山前妻宁虹向乙法院提出书面异议，称两人离婚后该房屋已由丙法院判决归其所有，目前尚未办理房屋变更登记手续。请回答第（1）～（3）题。（2015 - 3 - 98～100，任）

　　（1）对于宁虹的异议，乙法院的正确处理是？

　　A. 应当自收到异议之日起 15 日内审查

扫码听课

**大咖点拨区**

B. 若异议理由成立，裁定撤销对该房屋的执行

C. 若异议理由不成立，裁定驳回

D. 应当告知宁虹直接另案起诉

【解析】根据《民事诉讼法》第234条规定，执行过程中，案外人对执行标的提出书面异议的，人民法院应当自收到书面异议之日起15日内审查，理由成立的，裁定中止对该标的的执行；理由不成立的，裁定驳回。案外人、当事人对裁定不服，认为原判决、裁定错误的，依照审判监督程序办理；与原判决、裁定无关的，可以自裁定送达之日起15日内向人民法院提起诉讼。故本题答案为A、C。

（2）如乙法院裁定支持宁虹的请求，林海不服提出执行异议之诉，有关当事人的诉讼地位是？

A. 林海是原告，张山是被告，宁虹是第三人

B. 林海和张山是共同原告，宁虹是被告

C. 林海是原告，张山和宁虹是共同被告

D. 林海是原告，宁虹是被告，张山视其态度而定

【解析】根据《民事诉讼法解释》第308条规定，申请执行人提起执行异议之诉的，以案外人为被告。被执行人反对申请执行人主张的，以案外人和被执行人为共同被告；被执行人不反对申请执行人主张的，可以列被执行人为第三人。本案中，林海提起的申请执行人异议之诉，林海毫无疑问应是原告，案外人宁虹是被告，被执行人张山，案情没有交代其是否反对案外人，诉讼地位不确定，故本题答案为D。

（3）乙法院裁定支持宁虹的请求，林海提出执行异议之诉，下列说法可成立的是？

A. 林海可向甲法院提起执行异议之诉

B. 如乙法院审理该案，应适用普通程序

C. 宁虹应对自己享有涉案房屋所有权承担证明责任

D. 如林海未对执行异议裁定提出诉讼，张山可以提出执行异议之诉

【解析】根据《民事诉讼法解释》第304条规定，案外人、当事人对执行异议裁定不服，自裁定送达之日起十五日内向人民法院提起执行异议之诉的，由执行法院管辖。林海如要提起执行异议之诉，应该向执行法院（即乙法院）提起，故A项说法错误。

根据《民事诉讼法解释》第310条规定，人民法院审理执行异议之诉案件，适用普通程序。故B项说法正确。

根据《民事诉讼法解释》第311条规定，案外人或者申请执行人提起执行异议之诉的，案外人应当就其对执行标的享有足以排除强制执行的民事权益承担举证证明责任。故C项说法正确。

根据《民事诉讼法解释》第309条规定，申请执行人对中止执行裁定未提起执行异议之诉，被执行人提起执行异议之诉的，人民法院告知其另行起诉。故被执行人不能提起执行异议之诉，D项说法错误。本题答案为B、C。

4. 对于甲和乙的借款纠纷，法院判决乙应归还甲借款。进入执行程序后，由于乙无现金，法院扣押了乙住所处的一架钢琴准备拍卖。乙提出钢琴是其父亲的遗物，申请用一台价值与钢琴相当的相机替换钢琴。法院认为相机不足以抵偿乙

扫码听课

扫码听课

扫码听课

的债务，未予同意。乙认为扣押行为错误，提出异议。法院经过审查，驳回该异议。关于乙的救济渠道，下列哪一表述是正确的？（2014 - 3 - 49，单）

A. 向执行法院申请复议

B. 向执行法院的上一级法院申请复议

C. 向执行法院提起异议之诉

D. 向原审法院申请再审

【解析】本题是对执行行为异议的考查。

根据《民事诉讼法》第 232 条规定，当事人、利害关系人认为执行行为违反法律规定的，可以向负责执行的人民法院提出书面异议。当事人、利害关系人提出书面异议的，人民法院应当自收到书面异议之日起 15 日内审查，理由成立的，裁定撤销或者改正；理由不成立的，裁定驳回。当事人、利害关系人对裁定不服的，可以自裁定送达之日起 10 日内向上一级人民法院申请复议。故 B 项说法正确。本题答案为 B。

5. 甲诉乙返还 10 万元借款。胜诉后进入执行程序，乙表示自己没有现金，只有一枚祖传玉石可抵债。法院经过调解，说服甲接受玉石抵债，双方达成和解协议并当即交付了玉石。后甲发现此玉石为赝品，价值不足千元，遂申请法院恢复执行。关于执行和解，下列哪些说法是正确的？（2014 - 3 - 85，多）

A. 法院不应在执行中劝说甲接受玉石抵债

B. 由于和解协议已经即时履行，法院无须再将和解协议记入笔录

C. 由于和解协议已经即时履行，法院可裁定执行中止

D. 法院应恢复执行

【解析】根据《民事诉讼法》第 237 条第 1 款的规定，在执行中，双方当事人自行和解达成协议的，执行员应当将协议内容记入笔录，由双方当事人签名或者盖章。在执行阶段，法院不能进行调解，执行和解是当事人处分自己民事权利和诉讼权利的行为，是双方行为，故 A 项说法正确。

根据上述第 237 条第 1 款的规定，可知即使即时履行的也要记入笔录，故 B 项说法错误。

当事人之间达成的和解协议合法有效并已履行完毕的，人民法院作执行结案处理。故如果和解协议履行完毕的，应该是执行终结。故 C 项说法错误。

根据《民事诉讼法》第 237 条第 2 款规定，申请执行人因受欺诈、胁迫与被执行人达成和解协议，或者当事人不履行和解协议的，人民法院可以根据当事人的申请，恢复对原生效法律文书的执行。本案中，被执行人用赝品玉石抵债，属于欺诈行为，故可以申请恢复执行，D 项说法正确。本题答案为 A、D。

6. 关于执行行为异议与案外人对诉讼标的异议的比较，下列哪一选项是错误的？（2011 - 3 - 47，单）

A. 异议都是在执行过程中提出

B. 异议都应当向执行法院提出

C. 申请异议当事人有部分相同

D. 申请异议人对法院针对异议所作裁定不服，可采取的救济手段相同

【解析】本题考查执行异议的两种形式，《民事诉讼法》第 232 条、第 234 条是解题的基础。该法第 232 条规定：当事人、利害关系人认为执行行为违反法律

规定的，可以向负责执行的人民法院提出书面异议。当事人、利害关系人提出书面异议的，人民法院应当自收到书面异议之日起15日内审查，理由成立的，裁定撤销或者改正；理由不成立的，裁定驳回。当事人、利害关系人对裁定不服的，可以自裁定送达之日起10日内向上一级人民法院申请复议。该法第234条规定：执行过程中，案外人对执行标的提出书面异议的，人民法院应当自收到书面异议之日起15日内审查，理由成立的，裁定中止对该标的的执行；理由不成立的，裁定驳回。案外人、当事人对裁定不服，认为原判决、裁定错误的，依照审判监督程序办理；与原判决、裁定无关的，可以自裁定送达之日起15日内向人民法院提起诉讼。通过对上述两个法条的比较，不难发现，A、B项所述是正确的，D项所述是错误的。

对执行行为异议裁定不服的救济途径是向上一级法院申请复议，对案外人异议裁定不服的救济途径有两种，一种是案外人申请再审，另一种是执行异议之诉，显然二者的救济途径是不同的。根据以上分析，这道题目难度不大。可能给考生带来困扰的是C项，这个选项实际上想表达的意思是"申请异议的主体有部分相同"。倘若如此，C项表述是没问题的，因为利害关系人与案外人有一部分就是重合的。进一步而言，案外人就是主张实体权利的利害关系人。本题答案为D。

7. 根据《民事诉讼法》和相关司法解释规定，关于执行程序中的当事人，对下列哪些事项可享有异议权？（2010－3－90，多）

A. 法院对某案件的执行管辖权　　B. 执行法院的执行行为的合法性

C. 执行标的的所有权归属　　　　D. 执行法院作出的执行中止的裁定

【解析】根据《执行程序解释》第3条的规定，人民法院受理执行申请后，当事人对管辖权有异议的，应当自收到执行通知书之日起10日内提出。因此，A项正确。

根据《民事诉讼法》第232条的规定，当事人、利害关系人认为执行行为违反法律规定的，可以向负责执行的人民法院提出书面异议。当事人、利害关系人提出书面异议的，人民法院应当自收到书面异议之日起15日内审查，理由成立的，裁定撤销或者改正；理由不成立的，裁定驳回。当事人、利害关系人对裁定不服的，可以自裁定送达之日起10日内向上一级人民法院申请复议。因此，B项正确。

对执行标的的所有权归属提出异议是案外人的权利，其法律依据是《民事诉讼法》第234条。根据该条的规定，执行过程中，案外人对执行标的提出书面异议的，人民法院应当自收到书面异议之日起15日内审查，理由成立的，裁定中止对该标的的执行；理由不成立的，裁定驳回。因此，C项异议的主体是案外人，并非当事人，故不选。

目前我国尚无法律规定当事人对执行中止裁定提出异议，因此D项不选。本题答案为A、B。

8. 甲公司申请强制执行乙公司的财产，法院将乙公司的一处房产列为执行标的。执行中，丙银行向法院主张，乙公司已将该房产抵押贷款，并以自己享有抵押权为由提出异议。乙公司否认将房产抵押给丙银行。经审查，法院驳回丙银行的异议。丙银行拟向法院起诉，关于本案被告的确定，下列哪一选项是正确的？（2010－3－49，单）

扫码听课

扫码听课

A. 丙银行只能以乙公司为被告起诉

B. 丙银行只能以甲公司为被告起诉

C. 丙银行可选择甲公司为被告起诉，也可选择乙公司为被告起诉

D. 丙银行应当以甲公司和乙公司为共同被告起诉

【解析】 根据《民事诉讼法解释》第 307 条的规定，案外人提起执行异议之诉的，以申请执行人为被告。被执行人反对案外人异议的，被执行人为共同被告；被执行人不反对案外人异议的，可以列被执行人为第三人。本案中丙银行应当以申请执行人甲公司为被告，而被执行人乙公司也反对丙银行所主张的实体权利，故乙公司应与甲公司作为共同被告。本题答案为 D。

### 四、执行措施

1. 田某拒不履行法院令其迁出钟某房屋的判决，因钟某已与他人签订租房合同，房屋无法交给承租人，使钟某遭受损失，钟某无奈之下向法院申请强制执行。法院受理后，责令田某 15 日内迁出房屋，但田某仍拒不履行。关于法院对田某可以采取的强制执行措施，下列哪些选项是正确的？（2016 - 3 - 84，多）

A. 罚款

B. 责令田某向钟某赔礼道歉

C. 责令田某双倍补偿钟某所受到的损失

D. 责令田某加倍支付以钟某所受损失为基数的同期银行利息

【解析】 本题是对强制执行措施的考查。

根据《民事诉讼法解释》第 505 条规定，被执行人不履行法律文书指定的行为，且该项行为只能由被执行人完成的，人民法院可以依照《民事诉讼法》第 114 条第 1 款第（6）项规定处理，即人民法院可以根据情节轻重对被执行人予以罚款、拘留；构成犯罪的，依法追究刑事责任。故 A 项说法是正确的，B 项说法于法无据，不选。

根据《民事诉讼法解释》第 507 条规定，被执行人未按判决、裁定和其他法律文书指定的期间履行非金钱给付义务的，无论是否已给申请执行人造成损失，都应当支付迟延履行金。已经造成损失的，双倍补偿申请执行人已经受到的损失；没有造成损失的，迟延履行金可以由人民法院根据具体案件情况决定。本案为非金钱义务，应该责令田某支付迟延履行金，故 C 项说法正确。D 项说法错误。本题答案为 A、C。

2. 执行法院对下列哪些财产不得采取执行措施？（2008 - 3 - 89，多）

A. 被执行人未发表的著作

B. 被执行人及其所扶养家属完成义务教育所必需的物品

C. 金融机构交存在中国人民银行的存款准备金和备付金

D. 金融机构的营业场所

【解析】 本题考查可以采取执行措施的财产。

根据最高人民法院《关于人民法院民事执行中查封、扣押、冻结财产的规定》第 3 条的规定，对被执行人及其所扶养家属完成义务教育所必需的物品、被执行人未公开的发明或者未发表的著作，人民法院不得查封、扣押、冻结。另外根据《执行工作若干规定》第 27 条的规定，被执行人为金融机构的，对其交存

扫码听课

扫码听课

在人民银行的存款准备金和备付金不得冻结和扣划，但对其在本机构、其他金融机构的存款，及其在人民银行的其他存款可以冻结、划拨，并可对被执行人的其他财产采取执行措施，但不得查封其营业场所。本题答案为 A、B、C、D。

### 五、综合

1. 兴源公司与郭某签订钢材买卖合同，并书面约定本合同一切争议由中国国际经济贸易仲裁委员会仲裁。兴源公司支付 100 万元预付款后，因郭某未履约依法解除了合同。郭某一直未将预付款返还，兴源公司遂提出返还货款的仲裁请求，仲裁庭适用简易程序审理，并作出裁决，支持该请求。由于郭某拒不履行裁决，兴源公司申请执行。郭某无力归还 100 万元现金，但可以收藏的多幅字画提供执行担保。担保期满后郭某仍无力还款，法院在准备执行该批字画时，朱某向法院提出异议，主张自己才是这些字画的所有权人，郭某只是代为保管。请回答第（1）～（3）题。（2013 - 3 - 98 ~ 100，任）

（1）针对本案中郭某拒不履行债务的行为，法院采取的正确的执行措施是？

A. 依职权决定限制郭某乘坐飞机

B. 要求郭某报告当前的财产情况

C. 强制郭某加倍支付迟延履行期间的债务利息

D. 根据郭某的申请，对拖欠郭某货款的金康公司发出履行通知

【解析】根据《民事诉讼法》第 260 条规定，被执行人未按判决、裁定和其他法律文书指定的期间履行给付金钱义务的，应当加倍支付迟延履行期间的债务利息。因此，C 项正确。

最高人民法院《关于限制被执行人高消费及有关消费的若干规定》第 3 条规定，被执行人为自然人的，被采取限制消费措施后，不得有以下高消费及非生活和工作必需的消费行为：①乘坐交通工具时，选择飞机、列车软卧、轮船二等以上舱位；②在星级以上宾馆、酒店、夜总会、高尔夫球场等场所进行高消费；③购买不动产或者新建、扩建、高档装修房屋；④租赁高档写字楼、宾馆、公寓等场所办公；⑤购买非经营必需车辆；⑥旅游、度假；⑦子女就读高收费私立学校；⑧支付高额保费购买保险理财产品；⑨乘坐 G 字头动车组列车全部座位、其他动车组列车一等以上座位等其他非生活和工作必需的消费行为。被执行人为单位的，被采取限制消费措施后，被执行人及其法定代表人、主要负责人、影响债务履行的直接责任人员、实际控制人不得实施前款规定的行为。因私消费以个人财产实施前款规定行为的，可以向执行法院提出申请。执行法院审查属实的，应予准许。根据该条第①项规定，人民法院可以限制郭某乘坐飞机，因此 A 项正确。

根据《执行程序解释》第 31 条规定，人民法院依照《民事诉讼法》规定责令被执行人报告财产情况的，应当向其发出报告财产令。报告财产令中应当写明报告财产的范围、报告财产的期间、拒绝报告或者虚假报告的法律后果等内容。因此 B 项正确。

根据最高人民法院《关于人民法院执行工作若干问题的规定（试行）》第 45 条第 1 款的规定，被执行人不能清偿债务，但对本案以外的第三人享有到期债权的，人民法院可以依申请执行人或被执行人的申请，向第三人发出履行到期债务

的通知。因此 D 项正确。本题答案为 A、B、C、D。

（2）如果法院批准了郭某的执行担保申请，驳回了朱某的异议，关于执行担保的效力和救济，下列选项正确的是？

A. 批准执行担保后，应当裁定终结执行

B. 担保期满后郭某仍无力偿债，法院根据兴源公司申请方可恢复执行

C. 恢复执行后，可以执行作为担保财产的字画

D. 恢复执行后，既可以执行字画，也可以执行郭某的其他财产

【解析】根据《民事诉讼法》第 238 条规定，在执行中，被执行人向人民法院提供担保，并经申请执行人同意的，人民法院可以决定暂缓执行及暂缓执行的期限。被执行人逾期仍不履行的，人民法院有权执行被执行人的担保财产或者担保人的财产。因此 A 项错误。B 选项法院并非只能依申请恢复执行，因此 B 项错误。

根据《民事诉讼法解释》第 471 条规定，被执行人在人民法院决定暂缓执行的期限届满后仍不履行义务的，人民法院可以直接执行担保财产，或者裁定执行担保人的财产，但执行担保人的财产以担保人应当履行义务部分的财产为限。C、D 项正确。本题答案为 C、D。

（3）关于朱某的异议和处理，下列选项正确的是？

A. 朱某应当以书面方式提出异议

B. 法院在审查异议期间，不停止执行活动，可以对字画采取保全措施和处分措施

C. 如果朱某对驳回异议的裁定不服，可以提出执行标的异议之诉

D. 如果朱某对驳回异议的裁定不服，可以申请再审

【解析】案外人对执行标的的异议，是指在执行过程中，案外人对被执行的财产的全部或一部分主张实体权利，并要求负责执行的人民法院停止并变更执行的书面请求。

根据《民事诉讼法》第 234 条规定，执行过程中，案外人对执行标的提出书面异议的，人民法院应当自收到书面异议之日起 15 日内审查，理由成立的，裁定中止对该标的的执行；理由不成立的，裁定驳回。案外人、当事人对裁定不服，认为原判决、裁定错误的，依照审判监督程序办理；与原判决、裁定无关的，可以自裁定送达之日起 15 日内向人民法院提起诉讼。由此可见，案外人异议应当以书面形式提出，因此 A 项正确。

《执行程序解释》第 15 条规定：案外人异议审查期间，人民法院不得对执行标的进行处分。由此，为了保护当事人和案外人的利益，此时可以采取保全措施，但不能采取处分措施，因此 B 项错误。

依据《民事诉讼法》第 234 条规定，案外人异议经过审查，会出现下列两种处理情况：①如果异议理由不成立的，则裁定予以驳回，执行程序继续进行；②如果异议理由成立的，由执行机构报院长批准，裁定中止执行。法院对执行标的异议的处理裁定是在执行过程中经过执行法院的初步审查作出，并非经过法定的诉讼程序，因而不能构成确认实体权利的最终依据。根据法律和司法解释，案外人、当事人如果对裁定不服，希望通过诉讼对相关标的的权利重新确认的，有两种可能：①原判决、裁定对执行标的的处分结果本身有误，则当事人或案外人

大咖点拨区

可以按照审判监督程序，向法院申请再审；②原判决、裁定并未直接涉及执行标的的权利归属，则案外人或申请执行人可以自裁定送达之日起15日内，向执行法院提起新的诉讼，也即案外人执行异议之诉和申请执行人执行异议之诉。本题中，朱某向法院提出异议，主张自己才是这些字画的所有权人，郭某只是代为保管，因此与原生效裁判的标的物－预付款无关（原判的标的物预付款与执行的标的物字画不同一），不存在再审的错误前提，因此朱某的救济方式应当是提出执行异议之诉。D项错误，C项正确。本题答案为A、C。

# 专题二十二　涉外民事诉讼程序

1. 达善公司因合同纠纷向甲市 A 区法院起诉美国芙泽公司，经法院调解双方达成调解协议。关于本案的处理，下列哪些选项是正确的？（2016 – 3 – 85，多）

A. 法院应当制作调解书

B. 法院调解书送达双方当事人后即发生法律效力

C. 当事人要求根据调解协议制作判决书的，法院应当予以准许

D. 法院可以将调解协议记入笔录，由双方签字即发生法律效力

【解析】本题是对涉外民事诉讼及调解制度的综合考查。

根据《民事诉讼法解释》第 530 条规定，涉外民事诉讼中，经调解双方达成协议，应当制发调解书。当事人要求发给判决书的，可以依协议的内容制作判决书送达当事人。故选项 A 说法正确，选项 C 说法错误，不是"应当"予以准许，而是"可以"。

根据《民事诉讼法解释》第 149 条规定，调解书需经当事人签收后才发生法律效力的，应当以最后收到调解书的当事人签收的日期为调解书生效日期。故调解书必须经双方当事人"签收"后，才发生法律效力，而不是"送达"后即发生法律效力。故 B 项说法错误。

根据《民事诉讼法解释》第 151 条规定，根据民事诉讼法第 98 条第 1 款第（4）项规定，当事人各方同意在调解协议上签名或者盖章后即发生法律效力的，经人民法院审查确认后，应当记入笔录或者将调解协议附卷，并由当事人、审判人员、书记员签名或者盖章后即具有法律效力。前款规定情形，当事人请求制作调解书的，人民法院审查确认后可以制作调解书送交当事人。当事人拒收调解书的，不影响调解协议的效力。故选项 D 说法错误。此种情形下，调解协议想要发生法律效力，除了要求当事人签字之外，还要求审判人员、书记员签名或者盖章。故本题答案为 A。本题官方参考答案为 A、B、C，值得商榷。

2. 张某诉美国人海斯买卖合同一案，由于海斯在我国无住所，法院无法与其联系，遂要求张某提供双方的电子邮件地址，电子送达了诉讼文书，并在电子邮件中告知双方当事人在收到诉讼文书后予以回复，但开庭之前法院只收到张某的回复，一直未收到海斯的回复。后法院在海斯缺席的情况下，对案件作出判决，驳回张某的诉讼请求，并同样以电子送达的方式送达判决书。关于本案诉讼文书的电子送达，下列做法合法的是？（2014 – 3 – 42，单）

A. 向张某送达举证通知书　　　　B. 向张某送达缺席判决书

C. 向海斯送达举证通知书　　　　D. 向海斯送达缺席判决书

【解析】根据《民事诉讼法》第 90 条规定，经受送达人同意，人民法院可以采用能够确认其收悉的电子方式送达诉讼文书。通过电子方式送达的判决书、裁定书、调解书，受送达人提出需要纸质文书的，人民法院应当提供。采用前款方式送达的，以送达信息到达送达人特定系统的日期为送达日期。故采用电子邮件

送达的方式必须确认受送达人能够收到，故向张某送达举证通知书是有效的，A项说法正确，判决书现在亦能适用电子邮件方式送达，故 B 项说法正确。

根据《民事诉讼法》第 274 条规定，人民法院对在中华人民共和国领域内没有住所的当事人送达诉讼文书，可以采用下列方式：……（七）采用传真、电子邮件等能够确认受送达人收悉的方式送达。本题这种送达方式并没有得到海斯的确认，即确认收悉，故向海斯送达的举证通知书和缺席判决书都是无效的，C、D项不当选。本题原答案为 A，现答案为 A、B。

3. 2012 年 1 月，中国甲市公民李虹（女）与美国留学生琼斯（男）在中国甲市登记结婚，婚后两人一直居住在甲市 B 区。2014 年 2 月，李虹提起离婚诉讼，甲市 B 区法院受理了该案件，适用普通程序审理。关于本案，下列哪些表述是正确的？（2014 - 3 - 84，多）

A. 本案的一审审理期限为 6 个月

B. 法院送达诉讼文书时，对李虹与琼斯可采取同样的方式

C. 不服一审判决，李虹的上诉期为 15 天，琼斯的上诉期为 30 天

D. 美国驻华使馆法律参赞可以个人名义作为琼斯的诉讼代理人参加诉讼

【解析】根据《民事诉讼法》第 277 条规定，人民法院审理涉外民事案件的期间，不受本法第 152 条、第 183 条规定的限制。本题中案件是涉外案件，故审理期限不受限制，A 项说法错误。

根据《民事诉讼法》第 274 条规定，涉外诉讼中特殊送达方式的对象是在中华人民共和国领域内没有住所的当事人。而本案中当事人在中国境内都有住所，即甲市 B 区，所以都应按照国内普通诉讼送达方式送达文书，故 B 项说法正确。

根据《民事诉讼法》第 276 条规定，在中华人民共和国领域内没有住所的当事人，不服第一审人民法院判决、裁定的，有权在判决书、裁定书送达之日起 30 日内提起上诉。被上诉人在收到上诉状副本后，应当在 30 日内提出答辩状。当事人不能在法定期间提起上诉或者提出答辩状，申请延期的，是否准许，由人民法院决定。但是特殊上诉期限的规定，也是针对在国内没有住所的当事人，李虹和琼斯都属于在国内有住所的，故其上诉期限均应为 15 天。所以 C 项说法错误。

根据《民事诉讼法解释》第 528 条规定，涉外民事诉讼中的外籍当事人，可以委托本国人为诉讼代理人，也可以委托本国律师以非律师身份担任诉讼代理人；外国驻华使领馆官员，受本国公民的委托，可以个人名义担任诉讼代理人，但在诉讼中不享有外交或领事特权和豁免。故 D 项说法正确。本题答案为 B、D。

4. 关于涉外民事诉讼管辖的表述，下列哪一选项是正确的？（2013 - 3 - 47，单）

A. 凡是涉外诉讼与我国法院所在地存在一定实际联系的，我国法院都有管辖权，体现了诉讼与法院所在地实际联系原则

B. 当事人在不违反级别管辖和专属管辖的前提下，可以约定各类涉外民事案件的管辖法院，体现了尊重当事人原则

C. 中外合资经营企业与其他民事主体的合同纠纷，专属我国法院管辖，体现了维护国家主权原则

D. 重大的涉外案件由中级以上级别的法院管辖，体现了便于当事人诉讼原则

大咖点拨区

【解析】《民事诉讼法》确定涉外民事诉讼管辖权是以下原则为依据的：

（1）诉讼与法院所在地实际联系的原则。凡是诉讼与我国法院所在地存在一定实际联系的，我国人民法院都有管辖权。因此 A 项正确。

（2）尊重当事人的原则。无论当事人一方是否为中国公民、法人和其他组织，在不违反级别管辖和专属管辖的前提下，都可以选择与争议有实际联系地点的法院管辖。选项 B 考查协议管辖规则，协议管辖的确是当事人意思自治的体现，但是协议管辖适用的案件只能是合同纠纷或其他财产权益纠纷，而非各类涉外民事案件，且协议选择的法院必须与案件有实际联系。因此 B 项错误。

（3）维护国家主权原则。司法管辖权是国家主权的重要组成部分，对涉外民事诉讼案件行使专属管辖权，充分体现了维护国家主权的原则。选项 C 考查涉外的专属管辖，即因在中国领域内履行中外合资经营企业合同、中外合作经营企业合同、中外合作勘探开发自然资源合同发生纠纷提起的诉讼，由中国法院管辖。因此针对的是合资、合作双方的合同纠纷，而非与其他民事主体的合同纠纷，因此 C 项错误。

（4）级别管辖中法律明确规定，重大的涉外案件由中院管辖，这主要是考虑到此类案件标的额大或案件复杂，为了维护当事人的诉讼权益，而非便于当事人诉讼。案件由基层法院管辖才便于当事人进行诉讼。因此 D 项错误。本题答案为 A。

5. 住所位于我国 A 市 B 区的甲公司与美国乙公司在我国 M 市 N 区签订了一份买卖合同，美国乙公司在我国 C 市 D 区设有代表处。甲公司因乙公司提供的产品质量问题诉至法院。关于本案，下列哪些选项是正确的？（2010 - 3 - 85，多）

A. M 市 N 区法院对本案有管辖权

B. C 市 D 区法院对本案有管辖权

C. 法院向乙公司送达时，可向乙公司设在 C 市 D 区的代表处送达

D. 如甲公司不服一审判决，应当在一审判决书送达之日起 15 日内提起上诉

扫码听课

【解析】根据《民事诉讼法》第 272 条的规定，因合同纠纷或者其他财产权益纠纷，对在中华人民共和国领域内没有住所的被告提起的诉讼，如果合同在中华人民共和国领域内签订或者履行，或者诉讼标的物在中华人民共和国领域内或者被告在中华人民共和国领域内有可供扣押的财产，或者被告在中华人民共和国领域内设有代表机构，可以由合同签订地、合同履行地、诉讼标的物所在地、可供扣押财产所在地、侵权行为地或者代表机构住所地人民法院管辖。这是对涉外民事诉讼牵连管辖的规定，本题既属于涉外纠纷又是合同纠纷，完全符合适用牵连管辖的条件，M 市 N 区属于合同签订地，C 市 D 区属于代表机构住所地，所以选项 A、B 正确。

根据《民事诉讼法》第 274 条的规定，人民法院对在中华人民共和国领域内没有住所的当事人送达诉讼文书，可以采用下列方式：①依照受送达人所在国与中华人民共和国缔结或者共同参加的国际条约中规定的方式送达；②通过外交途径送达；③对具有中华人民共和国国籍的受送达人，可以委托中华人民共和国驻受送达人所在国的使领馆代为送达；④向受送达人委托的有权代其接受送达的诉讼代理人送达；⑤向受送达人在中华人民共和国领域内设立的代表机构或者有权接受送达的分支机构、业务代办人送达；⑥受送达人所在国的法律允许邮寄送达

的，可以邮寄送达，自邮寄之日起满 3 个月，送达回证没有退回，但根据各种情况足以认定已经送达的，期间届满之日视为送达；⑦采用传真、电子邮件等能够确认受送达人收悉的方式送达；⑧不能用上述方式送达的，公告送达，自公告之日起满 3 个月，即为送达。C 项正确。

根据《民事诉讼法》第 275～276 条的规定，如果当事人在我国领域内有住所的，适用《民事诉讼法》关于期间的一般规定。如果当事人在我国领域内没有住所的，则应适用《民事诉讼法》涉外诉讼程序中的特别规定。D 项所述甲公司在我国 A 市 B 区，因此适用《民事诉讼法》关于期间的一般规定，即对一审判决不服的上诉期为 15 日。D 项正确。本题答案为 A、B、C、D。

6. 根据《民事诉讼法》规定，关于涉外民事诉讼，下列哪些选项是正确的？(2008 延 - 3 - 90，多)

A. 基层法院可以管辖相应的涉外案件

B. 经我国法院同意，外国当事人可以委托其本国律师以律师名义代理诉讼

C. 当事人在诉讼中达成调解协议的，可以要求法院依调解协议的内容制作判决书

D. 住所在我国领域内的当事人，对一审判决不服提起上诉的期限是 15 日

【解析】根据《民事诉讼法》第 19 条的规定，中级人民法院对第一审重大涉外案件有管辖权，因此非重大的涉外案件可以由基层人民法院管辖，故 A 项的说法正确。

《民事诉讼法》第 270 条规定：外国人、无国籍人、外国企业和组织在人民法院起诉、应诉，需要委托律师代理诉讼的，必须委托中华人民共和国的律师。外国当事人可以委托外国公民代理诉讼，但必须是非律师身份。B 项错误。

《民事诉讼法解释》第 530 条规定：涉外民事诉讼中，经调解双方达成协议，应当制发调解书。当事人要求发给判决书的，可以依协议的内容制作判决书送达当事人。由此可知 C 项正确。

《民事诉讼法》第 276 条只是规定了在中华人民共和国领域内没有住所的当事人，不服第一审人民法院判决、裁定的，有权在判决书、裁定书送达之日起 30 日内提起上诉。因此，在涉外民事诉讼中，如果当事人在我国领域内有住所，则适用民事诉讼法关于期间的一般规定，即对一审判决不服提起上诉的期限是 15 日；对一审裁定不服提起上诉的期限是 10 日。故 D 项正确。本题答案为 A、C、D。

7. 中国公民甲与外国公民乙因合同纠纷诉至某市中级法院，法院判决乙败诉。判决生效后，甲欲请求乙所在国家的法院承认和执行该判决。关于甲可以利用的途径，下列哪些说法是正确的？(2009 - 3 - 90，多)

A. 可以直接向有管辖权的外国法院申请承认和执行

B. 可以向中国法院申请，由法院根据我国缔结或者参加的国际条约，或者按照互惠原则，请求外国法院承认和执行

C. 可以向司法行政部门申请，由司法行政部门根据我国缔结或者参加的国际条约，或者按照互惠原则，请求外国法院承认和执行

D. 可以向外交部门申请，由外交部门向外国中央司法机关请求协助

【解析】本题是对司法协助的考查。

根据《民事诉讼法》第287条规定：人民法院作出的发生法律效力的判决、裁定，如果被执行人或者其财产不在中华人民共和国领域内，当事人请求执行的，可以由当事人直接向有管辖权的外国法院申请承认和执行，也可以由人民法院依照中华人民共和国缔结或者参加的国际条约的规定，或者按照互惠原则，请求外国法院承认和执行。本题属于对该规范的直接考查，故A、B两项当选。本题答案为A、B。

大咖点拨区

# 专题二十三　仲裁与仲裁法概述

1. 关于法院与仲裁庭在审理案件有关权限的比较,下列哪些选项是正确的? (2012-3-85,多)

A. 在一定情况下,法院可以依职权收集证据,仲裁庭也可以自行收集证据

B. 对专门性问题需要鉴定的,法院可以指定鉴定部门鉴定,仲裁庭也可以指定鉴定部门鉴定

C. 当事人在诉讼中或仲裁中达成和解协议的,法院可以根据当事人的申请制作判决书,仲裁庭也可以根据当事人的申请制作裁决书

D. 当事人协议不愿写明争议事实和判(裁)决理由的,法院可以在判决书中不予写明,仲裁庭也可以在裁决书中不予写明

【解析】本题是对仲裁与法院审理权限比较的考查。

《民事诉讼法》第67条第2款规定:当事人及其诉讼代理人因客观原因不能自行收集的证据,或者人民法院认为审理案件需要的证据,人民法院应当调查收集。《仲裁法》第43条规定:当事人应当对自己的主张提供证据。仲裁庭认为有必要收集的证据,可以自行收集。因此A项正确。

《民事诉讼法》第79条第2款规定:当事人未申请鉴定,人民法院对专门性问题认为需要鉴定的,应当委托具备资格的鉴定人进行鉴定。《仲裁法》第44条规定:仲裁庭对专门性问题认为需要鉴定的,可以交由当事人约定的鉴定部门鉴定,也可以由仲裁庭指定的鉴定部门鉴定。因此B项也是正确的。

修改后的《民事诉讼法解释》第148条规定:当事人自行和解或者调解达成协议后,请求人民法院按照和解协议或者调解协议的内容制作判决书的,人民法院不予准许。《仲裁法》第49条规定:当事人申请仲裁后,可以自行和解。达成和解协议的,可以请求仲裁庭根据和解协议作出裁决书,也可以撤回仲裁申请。因此,当事人在诉讼中或仲裁中达成和解协议的,法院一般不可以根据当事人的申请制作判决书,而仲裁庭可以根据当事人的申请制作裁决书,故C项错误。

《仲裁法》第54条规定:裁决书应当写明仲裁请求、争议事实、裁决理由、裁决结果、仲裁费用的负担和裁决日期。当事人协议不愿写明争议事实和裁决理由的,可以不写。《民事诉讼法》第155条规定:判决书应当写明判决结果和作出该判决的理由。判决书内容包括:(1)案由、诉讼请求、争议的事实和理由;(2)判决认定的事实和理由、适用的法律和理由;(3)判决结果和诉讼费用的负担;(4)上诉期间和上诉的法院。判决书由审判人员、书记员署名,加盖人民法院印章。因此当事人协议不愿写明争议事实和判(裁)决理由的,仲裁庭可以在裁决书中不予写明,但法院必须在判决书中写明,故D项错误。本题答案为A、B。

2. 关于民事仲裁与民事诉讼的区别，下列哪一选项是正确的？（2011－3－36，单）

A. 具有给付内容的生效判决书都具有执行力，具有给付内容的生效裁决书没有执行力

B. 诉讼中当事人可以申请财产保全，在仲裁中不可以申请财产保全

C. 仲裁不需对案件进行开庭审理，诉讼原则上要对案件进行开庭审理

D. 仲裁机构是民间组织，法院是国家机关

大咖点拨区

扫码听课

【解析】民事诉讼和民事仲裁是解决民商事纠纷的主要方式。本题考查它们之间的区别。

关于判决书与仲裁裁决书的执行力。判决书与仲裁裁决书都具有执行力。关于生效法律文书的执行力，《民事诉讼法》第231条规定：发生法律效力的民事判决、裁定，以及刑事判决、裁定中的财产部分，由第一审人民法院或者与第一审人民法院同级的被执行的财产所在地人民法院执行。法律规定由人民法院执行的其他法律文书，由被执行人住所地或者被执行的财产所在地人民法院执行。这里的由人民法院执行的其他法律文书，包括仲裁裁决书、公证债权文书。上述规定表明，发生法律效力的判决书与仲裁裁决书都是执行根据，都具有执行力。因此，A项表述错误。

关于财产保全的申请。对于诉讼中财产保全的申请，《民事诉讼法》第103条规定：人民法院对于可能因当事人一方的行为或者其他原因，使判决难以执行或者造成当事人其他损害的案件，根据对方当事人的申请，可以裁定对其财产进行保全、责令其作出一定行为或者禁止其作出一定行为；当事人没有提出申请的，人民法院在必要时也可以裁定采取保全措施。《民事诉讼法》第104条规定：利害关系人因情况紧急，不立即申请保全将会使其合法权益受到难以弥补的损害的，可以在提起诉讼或者申请仲裁前向被保全财产所在地、被申请人住所地或者对案件有管辖权的人民法院申请采取保全措施。申请人应当提供担保，不提供担保的，裁定驳回申请。可见，在民事诉讼中当事人可以申请财产保全，在起诉前利害关系人也可以申请财产保全。关于仲裁中的财产保全，《仲裁法》第28条规定：一方当事人因另一方当事人的行为或者其他原因，可能使裁决不能执行或者难以执行的，可以申请财产保全。当事人申请财产保全的，仲裁委员会应当将当事人的申请依照《民事诉讼法》的有关规定提交人民法院。可见，在仲裁中当事人也可以申请财产保全（要注意根据新法仲裁前也可以财产保全）。因此，B项错误。

关于开庭审理。在民事诉讼的审判程序中，原则上都要开庭审理（一审程序必须开庭），因此，诉讼原则上要对案件进行开庭审理的说法是准确的。C项表述的问题出在前半句。对此，《仲裁法》第39条规定：仲裁应当开庭进行。当事人协议不开庭的，仲裁庭可以根据仲裁申请书、答辩书以及其他材料作出裁决。由此可见，仲裁原则上也要求开庭审理，只有在当事人双方协商一致要求不开庭时才会书面审理并裁决。仲裁不公开原则是大家很熟悉的仲裁特色之一，但是，不公开与不开庭是两个层次的概念，不能混淆。不公开，意味着不允许旁听、采访、报道；不开庭意味着审判或裁决组织在没有当事人以及其他参与人参与的情形下，通过阅读案卷资料方式来审理案件。只要不属于法定的不开庭的情形，不

公开审理的案件也要开庭。依据以上分析，C项是错误的。

关于仲裁机构与法院的性质。人民法院是我国审判机关，这在《宪法》《法院组织法》《民事诉讼法》中都有明确规定，毋庸置疑。对于仲裁机构的性质，《仲裁法》的一个条文可作为判断依据，这就是《仲裁法》第10条。据此条文，仲裁委员会可以在直辖市和省、自治区人民政府所在地的市设立，也可以根据需要在其他设区的市设立，不按行政区划层层设立。仲裁委员会由前款规定的市的人民政府组织有关部门和商会统一组建。设立仲裁委员会，应当经省、自治区、直辖市的司法行政部门登记。我们知道，民间组织（社会团体）才有必要在司法行政部门登记。据以上分析，D项表述正确。本题答案为D。

# 专题二十四 仲裁协议

1. A 市 B 区蓝月公司与 C 市 D 县新辉公司在 D 县签署仓储合同，合同约定双方因为履行该合同发生纠纷，应当向 E 县仲裁委申请仲裁。合同履行过程中，新辉公司与 F 市 G 区顶力公司成立了新立公司（F 市 G 区），后来蓝月公司拖欠仓储费用，新立公司欲追究其违约责任，下列纠纷解决途径表述正确的是？（2018 年回忆版真题）

A. 本案新立公司不能向仲裁委申请仲裁，因为仲裁协议对合并后的新立公司不产生约束力

B. 本案新立公司可以向 D 县人民法院提起诉讼

C. 本案新立公司可以向 B 区法院提起诉讼

D. 本案新立公司可以向 E 县仲裁委申请仲裁

【解析】本题是对仲裁委员会的设立及仲裁协议效力扩张（继受）的考查。

仲裁委员会可以在直辖市和省、自治区人民政府所在地的市设立，也可以根据需要在其他设区的市设立。即仲裁委员会最低设在设区的市一级，区、县一级不存在仲裁委员会。本题中双方约定合同纠纷由 E 县仲裁委仲裁，因 E 县不存在仲裁委员会而导致仲裁协议无效。故 D 项错误，A 项前半句正确。但由于仲裁协议原则上具有扩张（继受）效力，因此仲裁协议对合并后的新立公司产生约束力，A 项后半句错误。

由于本案仲裁协议无效，因此合同纠纷发生后当事人双方不能申请仲裁，而是应当通过诉讼的方式予以解决。本案属于合同纠纷，当由被告住所地和合同履行地法院管辖，C 项中的 B 区法院为被告住所地，其有管辖权，C 项正确。B 项中的 D 县法院为合同签订地法院，其没有管辖权，B 项错误。本题答案为 C。

扫码听课

2. 住所在 M 省甲县的旭日公司与住所在 N 省乙县的世新公司签订了一份建筑工程施工合同，工程地为 M 省丙县，并约定如合同履行发生争议，在北京适用《中国国际经济贸易仲裁委员会仲裁规则》进行仲裁。履行过程中，因工程款支付问题发生争议，世新公司拟通过仲裁或诉讼解决纠纷，但就在哪个仲裁机构进行仲裁，双方产生分歧。对此，下列哪一部门对该案享有管辖权？（2017-3-35，单）

A. 北京仲裁委员会      B. 中国国际经济贸易仲裁委员会

C. M 省甲县法院      D. M 省丙县法院

【解析】根据《仲裁法解释》第 4 条的规定，仲裁协议仅约定纠纷适用的仲裁规则的，没有约定具体的仲裁委员会，视为未约定仲裁机构，故双方应当通过诉讼途径解决纠纷。本案为建设工程施工合同纠纷，应当适用专属管辖的规定，即由不动产所在地，M 省丙县法院专属管辖。本题答案为 D。

扫码听课

3. 住所在 A 市 B 区的两江公司与住所在 M 市 N 区的百向公司，在两江公司的分公司所在地 H 市 J 县签订了一份产品购销合同，并约定如发生合同纠纷可向

扫码听课

设在 W 市的仲裁委员会申请仲裁（W 市有两个仲裁委员会）。因履行合同发生争议，两江公司向 W 市的一个仲裁委员会申请仲裁。仲裁委员会受理后，百向公司拟向法院申请认定仲裁协议无效。百向公司应向下列哪一法院提出申请？（2017－3－50，单）

A. 可向 W 市中级法院申请　　　　B. 只能向 M 市中级法院申请

C. 只能向 A 市中级法院申请　　　　D. 可向 H 市中级法院申请

【解析】根据最高人民法院《关于审理仲裁司法审查案件若干问题的规定》第二条规定，申请确认仲裁协议效力的案件，由仲裁协议约定的仲裁机构所在地、仲裁协议签订地、申请人住所地、被申请人住所地的中级人民法院管辖，因此，本题中申请人可以向约定的仲裁机构所在（W 市中级法院）或仲裁协议签订地的中级法院（H 市中级法院）或申请人住所地（M 市中级法院）或被申请人住所地（A 市中级法院）提出。本题答案为 A、D。

4. 住所在北京市 C 区的甲公司与住所在北京市 H 区的乙公司在天津市 J 区签订了一份买卖合同，约定合同履行发生争议，由北京仲裁委员会仲裁或者向 H 区法院提起诉讼。合同履行过程中，双方发生争议，甲公司到北京仲裁委员会申请仲裁，仲裁委员会受理并向乙公司送达了甲公司的申请书副本。在仲裁庭主持首次开庭的答辩阶段，乙公司对仲裁协议的效力提出异议。仲裁庭对此作出了相关的意思表示。此后，乙公司又向法院提出对仲裁协议的效力予以认定的申请。下列哪些选项是正确的？（2017－3－85，多）

A. 双方当事人约定的仲裁协议原则有效

B. 仲裁庭对案件管辖权作出决定应有仲裁委员会的授权

C. 仲裁庭对乙公司的申请应予以驳回，继续审理案件

D. 乙公司应向天津市中级法院申请认定仲裁协议的效力

【解析】《仲裁法解释》第 7 条规定，当事人约定争议可以向仲裁机构申请仲裁也可以向人民法院起诉的，仲裁协议无效。但一方向仲裁机构申请仲裁，另一方未在《仲裁法》第 20 条第 2 款规定期间内提出异议的除外。本题中双方约定合同履行发生争议，可由北京仲裁委员会仲裁或者向 H 区法院提起诉讼，因此，仲裁协议无效，A 项错误。

根据《中国国际经济贸易仲裁委员会仲裁规则》第 6 条的规定，仲裁委员会有权对仲裁协议的存在、效力以及仲裁案件的管辖权作出决定。如有必要，仲裁委员会也可以授权仲裁庭作出管辖权决定。因此 B 项正确。

依据《仲裁法》第 20 条的规定，当事人对仲裁协议的效力有异议，应当在仲裁庭首次开庭前提出。本题的时间是首次开庭的答辩阶段，已经超过了首次开庭前的时间，故仲裁庭不予受理，因此 C 项正确。

《关于审理仲裁司法审查案件若干问题的规定》第 2 条第 1 款规定，申请确认仲裁协议效力的案件，由仲裁协议约定的仲裁机构所在地、仲裁协议签订地、申请人住所地、被申请人住所地的中级人民法院管辖。本题中约定的仲裁机构所在地、申请人住所地和被申请人住所地皆为北京市，而仲裁协议签订地为天津市，故北京市中级法院和天津市中级法院均有权认定仲裁协议的效力，乙公司可以向天津市中院申请确认，也可以向北京市中院申请确认，因此 D 项"乙公司应向天津市中级法院申请认定仲裁协议的效力"的表述错误。本题答案为 B、C。

5. 大成公司与华泰公司签订投资合同，约定了仲裁条款：如因合同效力和合同履行发生争议，由 A 仲裁委员会仲裁。合作中双方发生争议，大成公司遂向 A 仲裁委员会提出仲裁申请，要求确认投资合同无效。A 仲裁委员会受理。华泰公司提交答辩书称，如合同无效，仲裁条款当然无效，故 A 仲裁委员会无权受理本案。随即，华泰公司向法院申请确认仲裁协议无效，大成公司见状，向 A 仲裁委员会提出请求确认仲裁协议有效。关于本案，下列哪一说法是正确的？（2015 - 3 - 50，单）

大咖点拨区

扫码听课

A. A 仲裁委员会无权确认投资合同是否有效

B. 投资合同无效，仲裁条款即无效

C. 仲裁条款是否有效，应由法院作出裁定

D. 仲裁条款是否有效，应由 A 仲裁委员会作出决定

【解析】根据《仲裁法》第 19 条规定，仲裁协议独立存在，合同的变更、解除、终止或者无效，不影响仲裁协议的效力。仲裁庭有权确认合同的效力。故 A 项说法错误，根据仲裁条款的独立性，即使投资合同无效，仲裁条款依然有效，B 项说法也是错误的。

根据《仲裁法》第 20 条规定，当事人对仲裁协议的效力有异议的，可以请求仲裁委员会作出决定或者请求人民法院作出裁定。一方请求仲裁委员会作出决定，另一方请求人民法院作出裁定的，由人民法院裁定。当事人对仲裁协议的效力有异议，应当在仲裁庭首次开庭前提出。故 C 项说法正确，D 项说法错误。本题答案为 C。

6. 兴源公司与郭某签订钢材买卖合同，并书面约定本合同一切争议由中国国际经济贸易仲裁委员会仲裁。兴源公司支付 100 万元预付款后，因郭某未履约依法解除了合同。郭某一直未将预付款返还，兴源公司遂提出返还货款的仲裁请求，仲裁庭适用简易程序审理，并作出裁决，支持该请求。

由于郭某拒不履行裁决，兴源公司申请执行。郭某无力归还 100 万元现金，但可以收藏的多幅字画提供执行担保。担保期满后郭某仍无力还款，法院在准备执行该批字画时，朱某向法院提出异议，主张自己才是这些字画的所有权人，郭某只是代为保管。请回答第（1）～（3）题。（2013 - 3 - 95～97，任）

（1）关于仲裁协议的表述，下列选项正确的是？

A. 买卖合同虽已解除，但仲裁条款具有独立性，兴源公司可以据此申请仲裁

B. 兴源公司返还货款的请求是基于不当得利请求权，与买卖合同无关，不应据此申请仲裁

C. 仲裁协议未约定适用简易程序，仲裁庭不应适用简易程序审理

D. 双方选择的中国国际经济贸易仲裁委员会是涉外仲裁机构，本案不具有涉外因素，应当重新选择

【解析】《仲裁法》第 19 条规定：仲裁协议独立存在，合同的变更、解除、终止或者无效，不影响仲裁协议的效力。因此 A 项正确。

当事人在仲裁协议中概括约定仲裁事项为合同争议的，基于合同成立、效力、变更、转让、履行、违约责任、解释、解除等产生的纠纷都可以认定为仲裁事项。因此 B 项错误。

简易程序是指在仲裁过程中，仲裁机构审理简单仲裁案件所适用的，简便易

扫码听课

扫码听课

行的审理程序。仲裁中的简易程序是对仲裁普通程序的一种简化。适用简易程序进行仲裁的一个条件，即经双方当事人默示或者书面同意。所谓默示是指双方当事人没有明确约定排除对简易程序的适用，因此，在符合仲裁规则规定的适用简易程序的标的金额时，即适用简易程序。因此，即使协议未约定适用简易程序，仲裁庭也可以适用，因此 C 项错误。

对于仲裁委员会的选定，原则上应当明确、具体，即双方当事人在仲裁协议中可以选定任一仲裁委员会进行仲裁，不受当事人住所及合同履行地、签订地、财产所在地等的限制，因此 D 项错误。本题答案为 A。

（2）本案适用简易程序审理后，关于仲裁委员会和仲裁庭可以自行决定的事项，下列选项正确的是？

A. 指定某法院的王法官担任本案仲裁员

B. 由一名仲裁员组成仲裁庭独任审理

C. 依据当事人的材料和证据书面审理

D. 简化裁决书，未写明争议事实

【解析】仲裁中的简易程序与仲裁的普通程序相比，体现了如下特点：

（1）仲裁庭的组成方式简便。在仲裁程序中适用简易程序时，是由独任仲裁员组成仲裁庭进行仲裁，即由双方当事人共同选定或者共同委托仲裁委员会主任指定一名仲裁员成立独任仲裁庭对纠纷案件进行审理。虽然仲裁庭为独任庭，但仲裁员的选择尊重当事人的意愿，因此 A 项错误、B 项正确。

（2）审理方式灵活。适用简易程序审理仲裁案件，仲裁庭可以根据案件的实际情况，按照其认为适当的方式进行仲裁，既可以决定只依据当事人提交的书面材料和证据进行书面审理，也可以决定开庭审理。因此 C 项正确。

（3）各种期限的规定相对较短。适用简易程序时，程序中各种期限的规定相对较短。不论是提交答辩书和其他材料的期限，还是提出反请求的期限；不论是指定仲裁员的期限，还是将开庭日期通知当事人的期限，抑或作出仲裁裁决的期限，较之普通仲裁程序中的期限来说都有所缩短。

《仲裁法》第 54 条规定：裁决书应当写明仲裁请求、争议事实、裁决理由、裁决结果、仲裁费用的负担和裁决日期。当事人协议不愿写明争议事实和裁决理由的，可以不写。因此，争议事实的不写明以当事人协议为前提，D 项错误。本题答案为 B、C。

（3）假设在执行过程中，郭某向法院提出异议，认为本案并非合同纠纷，不属于仲裁协议约定的纠纷范围。法院对该异议正确的处理方式是？

A. 裁定执行中止

B. 经过审理，裁定不予执行仲裁裁决的，同时裁定终结执行

C. 经过审理，可以通知仲裁委员会重新仲裁

D. 不予支持该异议

扫码听课

【解析】根据《仲裁法》第 20 条规定，当事人对仲裁协议的效力有异议的，可以请求仲裁委员会作出决定或者请求人民法院作出裁定。一方请求仲裁委员会作出决定，另一方请求人民法院作出裁定的，由人民法院裁定。当事人对仲裁协议的效力有异议，应当在仲裁庭首次开庭前提出。另据《仲裁法解释》第 27 条规定，当事人在仲裁程序中未对仲裁协议的效力提出异议，在仲裁裁决作出后以

仲裁协议无效为由主张撤销仲裁裁决或者提出不予执行抗辩的，人民法院不予支持。当事人在仲裁程序中对仲裁协议的效力提出异议，在仲裁裁决作出后又以此为由主张撤销仲裁裁决或者提出不予执行抗辩，经审查符合《仲裁法》第58条或者《民事诉讼法》第244条、第281条规定的，人民法院应予支持，故D项正确。本题答案为D。

7. 武当公司与洪湖公司签订了一份钢材购销合同，同时约定，因合同效力或合同的履行发生纠纷提交A仲裁委员会或B仲裁委员会仲裁解决。合同签订后，洪湖公司以本公司具体承办人超越权限签订合同为由，主张合同无效。关于本案，下列哪一说法是正确的？（2012-3-48，单）

A. 因当事人约定了2个仲裁委员会，仲裁协议当然无效
B. 因洪湖公司承办人员超越权限签订合同导致合同无效，仲裁协议当然无效
C. 洪湖公司如向法院起诉，法院应当受理
D. 洪湖公司如向法院起诉，法院应当裁定不予受理

扫码听课

【解析】《仲裁法解释》第5条规定：仲裁协议约定两个以上仲裁机构的，当事人可以协议选择其中的一个仲裁机构申请仲裁；当事人不能就仲裁机构选择达成一致的，仲裁协议无效。据此，当事人约定了2个仲裁委员会，仲裁协议并非当然无效，而是在当事人不能就仲裁机构选择达成一致时，仲裁协议才无效，因此A项错误。

《仲裁法》第19条规定：仲裁协议独立存在，合同的变更、解除、终止或者无效，不影响仲裁协议的效力。即仲裁条款具有独立性，因此B项错误。

C、D两项考查法院主管与仲裁委员会主管的关系。仲裁与诉讼是两种不同的争议解决方式，当事人之间发生的争议只能由双方当事人在仲裁或者诉讼中选择其一加以采用，即我们常说的"或裁或审"。但在没有仲裁协议或者仲裁协议无效的情况下，法院可以行使司法管辖权予以审理。本题当中，洪湖公司向法院起诉意味着武当公司与洪湖公司不能就仲裁机构选择达成一致，因此约定的仲裁无效。无效的仲裁协议不能排斥法院的司法管辖权，故对于洪湖公司的起诉法院应当受理，C项正确，D项错误。本题答案为C。

8. 关于仲裁协议的效力，下列哪些选项是正确的？（2008延-3-88，多）

A. 当事人对仲裁协议效力有争议的，既可以向法院申请认定，也可以向仲裁委员会申请认定
B. 作为合同内容的仲裁条款，在合同无效时，其效力不受影响
C. 仲裁裁决被法院撤销后，当事人可以依原仲裁协议重新申请仲裁
D. 仲裁裁决被法院裁定不予执行后，当事人可以依原仲裁协议重新申请仲裁

扫码听课

【解析】本题综合考查仲裁协议的效力。

关于仲裁协议效力的认定，《仲裁法》第20条第1款规定：当事人对仲裁协议的效力有异议的，可以请求仲裁委员会作出决定或者请求人民法院作出裁定。一方请求仲裁委员会作出决定，另一方请求人民法院作出裁定的，由人民法院裁定。A项正确。

关于仲裁协议效力的独立性，《仲裁法》第19条规定：仲裁协议独立存在，合同的变更、解除、终止或者无效，不影响仲裁协议的效力。据此，B项正确。

仲裁裁决被撤销或裁定不予执行后，当事人可以选择向法院起诉或重新申请

仲裁，不过此时重新申请仲裁基于新的仲裁协议，而不是原仲裁协议。原仲裁协议的效力已经被用尽，故不能依原仲裁协议申请仲裁，C、D两项错误。本题答案为A、B。

# 专题二十五　仲裁程序

## 一、仲裁员的回避

1. 甲公司与乙公司因合同纠纷向某仲裁委员会申请仲裁，第一次开庭后，甲公司的代理律师发现合议庭首席仲裁员苏某与乙公司的老总汪某在一起吃饭，遂向仲裁庭提出回避申请。关于本案仲裁程序，下列哪一选项是正确的？（2016-3-50，单）

A. 苏某的回避应由仲裁委员会集体决定

B. 苏某回避后，合议庭应重新组成

C. 已经进行的仲裁程序应继续进行

D. 当事人可请求已进行的仲裁程序重新进行

【解析】本题是对仲裁员的回避程序及其相关后果的考查。

根据《仲裁法》第36条的规定，仲裁员是否回避，由仲裁委员会主任决定；仲裁委员会主任担任仲裁员时，由仲裁委员会集体决定。本题中，作为首席仲裁员苏某的回避依然应该由仲裁委员会主任决定，A项说法错误。

根据《仲裁法》第37条第1款规定，仲裁员因回避或者其他原因不能履行职责的，应当依照本法规定重新选定或者指定仲裁员。因此，如果苏某回避后，只是更换一个仲裁员，合议庭并不需要全部重新组成，故选项B说法错误。（严格意义上说B项表述也是正确的，更换一个人员，也可以说是重新组成了仲裁庭，但是作为单选题，D项表述更准确。）

根据《仲裁法》第37条第2款规定，因回避而重新选定或者指定仲裁员后，当事人可以请求已进行的仲裁程序重新进行，是否准许，由仲裁庭决定；仲裁庭也可以自行决定已进行的仲裁程序是否重新进行。故选项C说法错误，不是应当继续进行，而是由仲裁庭决定。选项D说法正确，当事人可以请求重新进行，但最终决定权在仲裁庭。本题答案为D。

2. 某仲裁委员会在开庭审理甲公司与乙公司合同纠纷一案时，乙公司对仲裁庭中的一名仲裁员提出了回避申请。经审查后，该仲裁员依法应予回避，仲裁委员会重新确定了仲裁员。关于仲裁程序如何进行，下列哪一选项是正确的？（2012-3-49，单）

A. 已进行的仲裁程序应当重新进行

B. 已进行的仲裁程序有效，仲裁程序应当继续进行

C. 当事人请求已进行的仲裁程序重新进行的，仲裁程序应当重新进行

D. 已进行的仲裁程序是否重新进行，仲裁庭有权决定

【解析】《仲裁法》第37条规定：仲裁员因回避或者其他原因不能履行职责的，应当依照本规定重新选定或者指定仲裁员。因回避而重新选定或者指定仲裁员后，当事人可以请求已经进行的仲裁程序重新进行，是否准许，由仲裁庭决

扫码听课

扫码听课

定；仲裁庭也可以自行决定已进行的仲裁程序是否重新进行。因此，我们说仲裁程序中仲裁员回避后先前进行的仲裁活动效力待定，但决定权在仲裁庭，故 D 项正确，其他选项错误。本题答案为 D。

### 二、财产保全与证据保全

甲县的佳华公司与乙县的亿龙公司订立的烟叶买卖合同中约定，如果因为合同履行发生争议，应提交 A 仲裁委员会仲裁。佳华公司交货后，亿龙公司认为烟叶质量与约定不符，且正在霉变，遂准备提起仲裁，并对烟叶进行证据保全。关于本案的证据保全，下列哪些表述是正确的？（2014 - 3 - 77，多）

A. 在仲裁程序启动前，亿龙公司可直接向甲县法院申请证据保全

B. 在仲裁程序启动后，亿龙公司既可直接向甲县法院申请证据保全，也可向 A 仲裁委员会申请证据保全

C. 法院根据亿龙公司申请采取证据保全措施时，可要求其提供担保

D. A 仲裁委员会收到保全申请后，应提交给烟叶所在地的中级法院

【解析】根据《民事诉讼法》第 84 条第 2 款规定，因情况紧急，在证据可能灭失或者以后难以取得的情况下，利害关系人可以在提起诉讼或者申请仲裁前向证据所在地、被申请人住所地或者对案件有管辖权的人民法院申请保全证据。故仲裁前申请保全的，只能向有关法院申请，A 项说法正确。而在仲裁程序启动后，即仲裁程序中，当事人应当向仲裁委员会申请证据保全，由仲裁委员会将当事人的证据保全申请提交证据所在地的人民法院。仲裁程序之中，当事人不能直接向人民法院申请证据保全，B 项说法错误。

根据《国家司法考试辅导用书》的观点，利害关系人申请诉前证据保全时应当提供担保，而对于仲裁前申请证据保全时担保未予规定，但我们认为仲裁前保全应参照诉前保全之规定，担保也是应当，而非可以。因此，我们认为 C 项有问题。

根据《仲裁法》第 46 条规定，在证据可能灭失或者以后难以取得的情况下，当事人可以申请证据保全。当事人申请证据保全的，仲裁委员会应当将当事人的申请提交证据所在地基层人民法院。在国内仲裁中，应为证据所在地的基层法院，涉外仲裁中，则应为证据所在地的中级法院。本题为国内仲裁，故 A 仲裁委员会收到保全申请后，应提交给烟叶所在地的基层法院。D 项说法错误。因为是多选题，我们只能退而求其次，本题答案为 A、C。

### 三、仲裁裁决

1. 根据《仲裁法》，仲裁庭作出的裁决书生效后，在下列哪一情形下仲裁庭不可进行补正？（2011 - 3 - 50，单）

A. 裁决书认定的事实错误

B. 裁决书中的文字错误

C. 裁决书中的计算错误

D. 裁决书遗漏了仲裁评议中记录的仲裁庭已经裁决的事项

【解析】本题考查仲裁庭对仲裁裁决书的补正事项的范围。对此，《仲裁法》第 56 条规定：对裁决书中的文字、计算错误或者仲裁庭已经裁决但在裁决书中遗

漏的事项，仲裁庭应当补正；当事人自收到裁决书之日起30日内，可以请求仲裁庭补正。据此，仲裁庭对仲裁裁决书的补正，限于三项：一是仲裁裁决书中的文字错误；二是仲裁裁决书中的计算错误；三是已经裁决但在仲裁裁决书中被遗漏的事项。因此，选项B、C、D可以补正的，本题答案为A。

2. 下列关于仲裁裁决的哪些观点是正确的？（2006－3－85，多）

A. 当事人可以请求仲裁庭根据双方的和解协议作出裁决

B. 仲裁庭可以根据双方当事人达成的调解协议作出裁决

C. 仲裁裁决应当根据仲裁庭多数仲裁员的意见作出，形不成多数意见的，由仲裁委员会讨论决定

D. 仲裁裁决一经作出立即发生法律效力

【解析】本题考查仲裁裁决。

关于仲裁和解、调解与仲裁裁决，《仲裁法》第49条规定：当事人达成仲裁和解协议的，可以请求仲裁庭根据和解协议作出裁决书。《仲裁法》第51条规定：调解达成协议的，仲裁庭应当制作调解书或者根据协议的结果制作裁决书。据此，A项、B项正确。

关于仲裁裁决形成的意见表达机制，《仲裁法》第53条规定：裁决应当按照多数仲裁员的意见作出，仲裁庭不能形成多数意见时，裁决应当按照首席仲裁员的意见作出。据此，C项错误。

关于仲裁裁决的生效时间，《仲裁法》第57条规定：裁决书自作出之日起发生法律效力。据此，D项正确。本题答案为A、B、D。

### 四、法院对仲裁的支持与监督

1. 2012年3月，甲将某幕墙工程承包给了乙方，乙方指派丙方为项目经理。工程竣工验收合格交付后的两年内，丁方以实际施工人的身份，依据甲方、丙方、丁方签订的《关于补充协议的付款情况说明》向某仲裁委员会请仲裁，要求甲方支付工程尾款900万元。2019年9月，某仲裁委员会以丁方系实际施工人为由，裁决甲方支付给丁方工程尾款900万元。由于甲方没有按时履行义务，丁方申请执行仲裁裁决。乙方知道后，欲通过相关法律途径维护自己的权益。关于本案，说法正确的是？（2019年回忆版真题）

A. 丁方申请执行仲裁裁决，该仲裁裁决只能由相应中院来执行

B. 如甲方提出不予执行仲裁裁决申请，法院应组成合议庭审查

C. 乙方作为案外人，只可以提出执行行为异议，不能提出不予执行仲裁裁决申请

D. 乙方作为案外人，既可以提出执行行为异议，也可以提出不予执行仲裁裁决申请

【解析】本题是对生效仲裁裁决的执行管辖及不予执行仲裁裁决的考查。

最高人民法院《关于人民法院办理仲裁裁决执行案件若干问题的规定》第2条规定："当事人对仲裁机构作出的仲裁裁决或者仲裁调解书申请执行的，由被执行人住所地或者被执行的财产所在地的中级人民法院管辖。符合下列条件的，经上级人民法院批准，中级人民法院可以参照民事诉讼法第三十九条的规定指定基层人民法院管辖：（一）执行标的额符合基层人民法院一审民商事案件级别管

大咖点拨区

大咖点拨区

辖受理范围；（二）被执行人住所地或者被执行的财产所在地在被指定的基层人民法院辖区内……"据此，生效仲裁裁决的执行原则上由中院执行，在一定条件下，也可以交给基层法院执行，A项错误。

最高人民法院《关于人民法院办理仲裁裁决执行案件若干问题的规定》第11条第1款规定："人民法院对不予执行仲裁裁决案件应当组成合议庭围绕被执行人申请的事由、案外人的申请进行审查；对被执行人没有申请的事由不予审查，但仲裁裁决可能违背社会公共益的除外。"据此，B项正确。

最高人民法院《关于人民法院办理仲裁裁决执行案件若干问题的规定》第9条规定："案外人向人民法院申请不予执行仲裁裁决或者仲裁调解书的，应当提交申请书以及证明其请求成立的证据材料，并符合下列条件：（一）有证据证明仲裁案件当事人恶意申请仲裁或者虚假仲裁，损害其合法权益；（二）案外人主张的合法权益所涉及的执行标的尚未执行终结；（三）自知道或者应当知道人民法院对该标的采取执行措施之日起三十日内提出。"本案中，乙方作为案外人，其合法权益有可能遭受损害，故其可以申请不予执行仲裁裁决，D项正确。本题答案为B、D。

2. 甲公司因与乙公司的合同纠纷向某仲裁委员会申请仲裁，甲公司的仲裁请求得到仲裁庭的支持。裁决作出后，乙公司向法院申请撤销仲裁裁决。法院在审查过程中，甲公司向法院申请强制执行仲裁裁决。关于本案，下列哪一说法是正确的？（2012-3-50，单）

A. 法院对撤销仲裁裁决申请的审查，不影响法院对该裁决的强制执行

B. 法院不应当受理甲公司的执行申请

C. 法院应当受理甲公司的执行申请，同时应当告知乙公司向法院申请裁定不予执行仲裁裁决

D. 法院应当受理甲公司的执行申请，受理后应当裁定中止执行

扫码听课

【解析】《仲裁法》第64条规定：一方当事人申请执行仲裁裁决，另一方当事人申请撤销仲裁裁决的，人民法院应裁定中止执行。因此，D项正确，其他选项错误。本题答案为D。

3. 甲不履行仲裁裁决，乙向法院申请执行。甲拟提出不予执行的申请并提出下列证据证明仲裁裁决应不予执行。针对下列哪一选项，法院可裁定驳回甲的申请？（2011-3-49，单）

A. 甲、乙没有订立仲裁条款或达成仲裁协议

B. 仲裁庭组成违反法定程序

C. 裁决事项超出仲裁机构权限范围

D. 仲裁裁决没有根据经当事人质证的证据认定事实

扫码听课

【解析】本题考查不予执行国内仲裁裁决的法定情形。

《民事诉讼法》第244条规定，被申请人提出证据证明仲裁裁决有下列情形之一的，经人民法院组成合议庭审查核实，裁定不予执行：（1）当事人在合同中没有订有仲裁条款或者事后没有达成书面仲裁协议的；（2）裁决的事项不属于仲裁协议的范围或者仲裁机构无权仲裁的；（3）仲裁庭的组成或者仲裁的程序违反法定程序的；（4）裁决所根据的证据是伪造的；（5）对方当事人向仲裁机构隐瞒了足以影响公正裁决的证据的；（6）仲裁员在仲裁该案时有贪污受贿，徇私舞

弊，枉法裁决行为的。人民法院认定执行该裁决违背社会公共利益的。

本题四个选项中，只有"仲裁裁决没有根据经当事人质证的证据认定事实"不符合裁定不予执行仲裁裁决的法定情形。据此，D项所述事由不能作为申请不予执行仲裁裁决的事由。本题答案为D。

### 五、综合

1. 住所地在H省K市L区的甲公司与住所地在F省E市D区的乙公司签订了一份钢材买卖合同，价款数额为90万元。合同在B市C区签订，双方约定合同履行地为W省Z市Y区，同时约定如因合同履行发生争议，由B市仲裁委员会仲裁。合同履行过程中，因钢材质量问题，甲公司与乙公司发生争议，甲公司欲申请仲裁解决。因B市有两个仲裁机构，分别为丙仲裁委员会和丁仲裁委员会（两个仲裁委员会所在地都在B市C区），乙公司认为合同中的仲裁条款无效，欲向有关机构申请确认仲裁条款无效。请回答第（1）～（3）题。（2016-3-95～97，任）

（1）依据法律和司法解释的规定，乙公司可以向有关机构申请确认仲裁条款无效。关于确认的机构，下列选项正确的是？

A. 丙仲裁委员会　　　　　　　　B. 丁仲裁委员会
C. B市中级法院　　　　　　　　D. B市C区法院

【解析】本题是对仲裁协议确认机构的考查。

根据《仲裁法》第20条规定，当事人对仲裁协议的效力有异议的，可以请求仲裁委员会作出决定或者请求人民法院作出裁定。一方请求仲裁委员会作出决定，另一方请求人民法院作出裁定的，由人民法院裁定。当事人对仲裁协议的效力有异议，应当在仲裁庭首次开庭前提出。故本题中的丙仲裁委员会和丁仲裁委员会都可以确认仲裁协议的效力，故A、B正确。

《关于审理仲裁司法审查案件若干问题的规定》第2条第1款规定，申请确认仲裁协议效力的案件，由仲裁协议约定的仲裁机构所在地、仲裁协议签订地、申请人住所地、被申请人住所地的中级人民法院管辖。在本题中即B市中院、E市中院和K市中院，故C项说法正确，D项错误。本题答案为A、B、C。

（2）如相关机构确认仲裁条款无效，甲公司欲与乙公司达成协议，确定案件的管辖法院。关于双方可以协议选择的管辖法院，下列选项正确的是？

A. H省K市L区法院　　　　　　　B. F省E市D区法院
C. B市C区法院　　　　　　　　D. W省Z市Y区法院

【解析】本题是对协议管辖的考查。

根据《民事诉讼法》第35条规定，合同或者其他财产权益纠纷的当事人可以书面协议选择被告住所地、合同履行地、合同签订地、原告住所地、标的物所在地等与争议有实际联系的地点的人民法院管辖，但不得违反本法对级别管辖和专属管辖的规定。即只要与争议有实际联系的法院都可以在协议选择之中。因此，A、B、C、D选项中涉及的法院都可以成为协议约定的法院。本题答案为A、B、C、D。

（3）如仲裁条款被确认无效，甲公司与乙公司又无法达成新的协议，甲公司欲向法院起诉乙公司。关于对本案享有管辖权的法院，下列选项正确的是？

大咖点拨区

扫码听课

扫码听课

扫码听课

A. H省K市L区法院　　　　　B. F省E市D区法院

C. W省Z市Y区法院　　　　　D. B市C区法院

【解析】 本题是对合同纠纷管辖的考查。

根据《民事诉讼法》第24条规定，因合同纠纷提起的诉讼，由被告住所地或者合同履行地人民法院管辖。本案中，甲公司起诉乙公司，故被告乙公司住所地F省E市D区对本案有管辖权，本案约定的合同履行地W省Z市Y区，而试题中明确了是在合同履行过程中发生的争议，表明合同已经实际履行，故约定的合同履行地对本案也有管辖权。本题答案为B、C。

2. 甲市L区居民叶某购买了住所在乙市M区的大亿公司开发的位于丙市N区的商品房一套，合同中约定双方因履行合同发生争议可以向位于丙市的仲裁委员会（丙市仅有一家仲裁机构）申请仲裁。因大亿公司迟迟未按合同约定交付房屋，叶某向仲裁委员会申请仲裁。大亿公司以仲裁机构约定不明，向仲裁委员会申请确认仲裁协议无效。经审查，仲裁委员会作出了仲裁协议有效的决定。在第一次仲裁开庭时，大亿公司声称其又向丙市中级法院请求确认仲裁协议无效，申请仲裁庭中止案件审理。在仲裁过程中仲裁庭组织调解，双方达成了调解协议，仲裁庭根据协议内容制作了裁决书。后因大亿公司不按调解协议履行义务，叶某向法院申请强制执行，而大亿公司则以调解协议内容超出仲裁请求为由，向法院申请不予执行仲裁裁决。请回答第（1）～（3）题。(2016-3-98~100, 任)

（1）大亿公司向丙市中级法院请求确认仲裁协议无效，对此，正确的做法是？

A. 丙市中级法院应予受理并进行审查

B. 丙市中级法院不予受理

C. 仲裁庭在法院就仲裁协议效力作出裁定之前，应当中止仲裁程序

D. 仲裁庭应继续开庭审理

【解析】 本题是对仲裁协议效力确认机构的考查。

根据《仲裁法解释》第13条规定，依照仲裁法第20条第2款的规定，当事人在仲裁庭首次开庭前没有对仲裁协议的效力提出异议，而后向人民法院申请确认仲裁协议无效的，人民法院不予受理。仲裁机构对仲裁协议的效力作出决定后，当事人向人民法院申请确认仲裁协议效力或者申请撤销仲裁机构的决定的，人民法院不予受理。本题中，大亿公司已经向仲裁委员会申请确认仲裁协议效力，而仲裁机构也作出了决定。大亿公司又向法院申请确认的，法院不予受理，仲裁庭继续审理即可，故B、D项说法正确。本题答案为B、D。

（2）双方当事人在仲裁过程中达成调解协议，仲裁庭正确的结案方式是？

A. 根据调解协议制作调解书

B. 应当依据调解协议制作裁决书

C. 将调解协议内容记入笔录，由双方当事人签字后即发生法律效力

D. 根据调解协议的结果制作裁决书

【解析】 本题是对仲裁中调解的考查。

根据《仲裁法》第51条规定，仲裁庭在作出裁决前，可以先行调解。当事人自愿调解的，仲裁庭应当调解。调解不成的，应当及时作出裁决。调解达成协议的，仲裁庭应当制作调解书或者根据协议的结果制作裁决书。调解书与裁决书

扫码听课

扫码听课

具有同等法律效力。故 A、D 项说法正确。B 项错误，不是"应当"制作裁决书。C 项错误，仲裁中调解没有调解协议结案的方式，只能是制作调解书或者是制作裁决书。本题答案为 A、D。

（3）大亿公司以调解协议超出仲裁请求范围请求法院不予执行仲裁裁决，法院正确的做法是？

　　A. 不支持，继续执行

　　B. 应支持，并裁定不予执行

　　C. 应告知当事人申请撤销仲裁裁决，并裁定中止执行

　　D. 应支持，必要时可通知仲裁庭重新仲裁

【解析】本题是对仲裁裁决不予执行的法定情形的考查。

《民事诉讼法》第 244 条规定：被申请人提出证据证明仲裁裁决有下列情形之一的，经人民法院组成合议庭审查核实，裁定不予执行：①当事人在合同中没有订有仲裁条款或者事后没有达成书面仲裁协议的；②裁决的事项不属于仲裁协议的范围或者仲裁机构无权仲裁的；③仲裁庭的组成或者仲裁的程序违反法定程序的；④裁决所根据的证据是伪造的；⑤对方当事人向仲裁机构隐瞒了足以影响公正裁决的证据的；⑥仲裁员在仲裁该案时有贪污受贿，徇私舞弊，枉法裁决行为的。人民法院认定执行该裁决违背社会公共利益的。本题中，大亿公司向法院申请不予执行仲裁裁决的理由是调解协议内容超出仲裁请求，一方面该理由并不属于法律规定的 7 种情形之一；另一方面，调解协议的内容也不受到仲裁请求的限制。因此，法院应当对此请求不予支持，继续执行。故本题答案为 A。

3. B 市的京发公司与 T 市的蓟门公司签订了一份海鲜买卖合同，约定交货地在 T 市，并同时约定"涉及本合同的争议，提交 S 仲裁委员会仲裁。"京发公司收货后，认为海鲜等级未达到合同约定，遂向 S 仲裁委员会提起解除合同的仲裁申请，仲裁委员会受理了该案。在仲裁规则确定的期限内，京发公司选定仲裁员李某作为本案仲裁庭的仲裁员，蓟门公司未选定仲裁员，双方当事人也未共同选定第三名仲裁员，S 仲裁委主任指定张某为本案仲裁庭仲裁员、刘某为本案首席仲裁员，李某、张某、刘某共同组成本案的仲裁庭，仲裁委向双方当事人送达了开庭通知。开庭当日，蓟门公司未到庭，也未向仲裁庭说明未到庭的理由。仲裁庭对案件进行了审理并作出缺席裁决。在评议裁决结果时，李某和张某均认为蓟门公司存在严重违约行为，合同应解除，而刘某认为合同不应解除，拒绝在裁决书上签名。最终，裁决书上只有李某和张某的签名。S 仲裁委员会将裁决书向双方当事人进行送达时，蓟门公司拒绝签收，后蓟门公司向法院提出撤销仲裁裁决的申请。请回答第（1）~（3）题。（2014-3-98~100，任）

（1）关于本案中仲裁庭组成，下列说法正确的是？

　　A. 京发公司有权选定李某为本案仲裁员

　　B. 仲裁委主任有权指定张某为本案仲裁员

　　C. 仲裁委主任有权指定刘某为首席仲裁员

　　D. 本案仲裁庭的组成合法

【解析】根据《仲裁法》第 32 条规定，当事人没有在仲裁规则规定的期限内约定仲裁庭的组成方式或者选定仲裁员的，由仲裁委员会主任指定。本题中，蓟门公司未选定仲裁员，可由仲裁委员会主任指定，B 项说法正确。

根据《仲裁法》第31条规定，当事人约定由三名仲裁员组成仲裁庭的，应当各自选定或者各自委托仲裁委员会主任指定一名仲裁员，第三名仲裁员由当事人共同选定或者共同委托仲裁委员会主任指定。第三名仲裁员是首席仲裁员。因此A、C项说法正确。

故D项说法也正确，本题答案为A、B、C、D。

（2）关于本案的裁决书，下列表述正确的是？

A. 裁决书应根据仲裁庭中的多数意见，支持京发公司的请求

B. 裁决书应根据首席仲裁员的意见，驳回京发公司的请求

C. 裁决书可支持京发公司的请求，但必须有首席仲裁员的签名

D. 无论蓟门公司是否签收，裁决书自作出之日起生效

【解析】根据《仲裁法》第53条规定，裁决应当按照多数仲裁员的意见作出，少数仲裁员的不同意见可以记入笔录。仲裁庭不能形成多数意见时，裁决应当按照首席仲裁员的意见作出。因此，只有在形成不了多数意见的情况下，才按首席仲裁员意见作出，本题中已经形成了多数意见，故应按多数意见作出裁决。A项说法正确，B项说法错误。

根据《仲裁法》第54条规定，裁决书应当写明仲裁请求、争议事实、裁决理由、裁决结果、仲裁费用的负担和裁决日期。当事人协议不愿写明争议事实和裁决理由的，可以不写。裁决书由仲裁员签名，加盖仲裁委员会印章。对裁决持不同意见的仲裁员，可以签名，也可以不签名。故C项说法错误。

根据《仲裁法》第57条，裁决书自作出之日起发生法律效力。故D项说法正确。本题答案为A、D。

（3）关于蓟门公司撤销仲裁裁决的申请，下列表述正确的是？

A. 蓟门公司应向S仲裁委所在地中院提出申请

B. 法院应适用普通程序审理该撤销申请

C. 法院可以适用法律错误为由撤销S仲裁委的裁决

D. 法院应以缺席裁决违反法定程序为由撤销S仲裁委的裁决

【解析】根据《仲裁法》第58条规定，当事人申请撤销裁决的，应当向仲裁委员会所在地的中级人民法院提出。故A项说法正确。

根据《仲裁法解释》第24条规定，当事人申请撤销仲裁裁决的案件，人民法院应当组成合议庭审理，并询问当事人。只是要求组成合议庭进行审理，这和普通程序审理的要求还是差别很大的，故B项说法错误。

根据《仲裁法》第58条规定，当事人提出证据证明裁决有下列情形之一的，可以向仲裁委员会所在地的中级人民法院申请撤销裁决：①没有仲裁协议的；②裁决的事项不属于仲裁协议的范围或者仲裁委员会无权仲裁的；③仲裁庭的组成或者仲裁的程序违反法定程序的；④裁决所根据的证据是伪造的；⑤对方当事人隐瞒了足以影响公正裁决的证据的；⑥仲裁员在仲裁该案时有索贿受贿，徇私舞弊，枉法裁决行为的。该6个理由中，并没有法律适用错误这一理由，故C项说法错误。

本题中蓟门公司未到庭，也未向仲裁庭说明未到庭的理由，故仲裁对其缺席判决并没有违反法定程序，D项说法错误。本题答案为A。

客观题　主观题

# 内部嘟学班

▶ 录播课 ＋ 📺 直播课

全年保姆式课程安排

01 针对在职在校学生设置　02 拒绝懒惰没计划效率低
03 全程规划督学答疑指导　04 学习任务按周精确到天

## 你仅需好好学习其他的都交给我们

- ✓ 每日督学管理　　✓ 个人学习计划　　✓ 阶段测评模拟
- ✓ 专辅1V1答题　　✓ 个人学习档案　　✓ 考点背诵任务
- ✓ 主观题1V1批改

扫码立即
咨询客服

扫码下载
小嘟AI课APP

客观题　　主观题

# 面授密训班

✓ 内部密训课程　　✓ 内部核心资料　　✓ 揭示命题套路

✓ 直击采分陷阱　　✓ 传授答题思路　　✓ 强化得分能力

---

全封闭
管理

专题式
密训

专辅跟班
指导

阶段模拟
测评

点对点
背诵检查

手把手
案例批改

1V1
督学提醒

扫码立即
咨询客服

扫码下载
小嘟AI课APP